ドケチな広島、クレバーな日ハム、どこまでも特殊な巨人

球団経営がわかればプロ野球がわかる

伊藤歩

星海社

JN231048

105

SEIKAISHA SHINSHO

パ・リーグ球団の球団改革が本格化してかれこれ10年以上。この間、その努力の成果は観客動員数の増加という、極めてわかりやすい形で現れ、2016年シーズンの観客動員数はセ、パ両リーグ合わせて2498万1514人を記録した。

2005年の動員数は1992万4613人だったので、11年間で25%の伸びを記録したことになる。さらに、パ・リーグに限って言えば、2005年の825万2042人が1113万2526人に増えたので、伸び率は34・9%。

あらゆる産業が成熟化する中、経営努力がこれだけの数字となって現れることはそう多くはない。

だからか、プロ野球興業はマーケティング領域の研究テーマとして注目されるようになり、この10年ほどの間に、多くのマーケティングの専門家たちが、プロ野球興業をテーマに書籍を執筆している。

学者の関心の対象にもなっており、球場の座席のドリンクカップホルダーに、大学の先生が配布をしたと見られるアンケート用紙が差し込まれていたりもする。

単に観客としてゲームに関心を持つだけでなく、ビジネスの視点でプロ野球興業に関心を持つ層が急増している一方で、日本のプロ野球球団の経営会社は未だ閉鎖的で、経営情報の開示はほとんど成されていない。

ファンサービスの具体例や、球場の改装状況などは、球団がある程度メディアに積極的に開示している様で、報道もされているが、その結果は観客動員数の形でしか開示されず、計数情報となるととたんに露出が途絶えてしまう。

そもそもどんな事業者がどう係わってプロ野球の興業が成り立っているのかも、断片的かつ漠然とした説明が流布しているにすぎない。

クラブ経営に当事者として関心を持つJリーグサポーター

2016年の夏、とある雑誌の仕事で、Jリーグのファン、それも年間数十試合をスタジアムで観戦し、サッカーにいくら使っているのか怖くて計算してみようと思ったこともない、というほどのコアなファンに話を聞く機会に恵まれた。

驚かされたのは、彼らが等しく、本気で、まさに当事者としてクラブの経営に関心を持っていること、そしてそれだけに実によく知り、理解しているということだった。

Jリーグは2017年シーズン以降の放映権のうち、地上波と無料のBS放送を除く全てを、英国のパフォーム社が運営する国際スポーツメディア「DAZN《ダ・ゾーン》」に10年間、2100

億円で売却した。

このため、これまでスカパー！でJリーグのゲームを視聴していたファンは、新たにDAZNに加入しなければ視聴ができなくなったが、不便さに文句を言うどころか、「これでクラブへの配分金が増え、クラブの財政が潤い、選手への還元がある」と言って、DAZNへの感謝を口にしたのである。

ファン層の高齢化にも危機感を募らせ、ファン層を拡大するには自分たちは何をすべきなのかも真剣に議論する。クラブ側もサポーターと向き合う文化が定着している。

1991年に発足したJリーグは、プロ野球を反面教師とした仕組みが随所に組み込まれており、クラブごとの経営情報の開示もその一つ。

詳しい決算資料を各クラブが上場会社のようにHPに掲載しているというわけではないが、毎年7月下旬になると、JリーグがHP上で全クラブの決算数値のサマリーを公表する。

債務超過だとクラブライセンスを剝奪される規定もある。それだけに財務情報は一般には非公開とし、Jリーグの事務局だけがその状況を把握するという方法もあり得たはずなのに、誰もが閲覧可能な公開方法を採っているのは、ファンも重要なステークホルダーの一員という位置づけだからであり、それがFIFA（国際サッカー連盟）のスタンダードだからということらしい。

12球団中10球団は決算公告義務を履行

翻《ひるがえ》ってプロ野球の経営情報は殆《ほとん》ど公開されたものはない。球団に直接聞いても基本的には答えない。基本的には、というのは、断片的な情報は、親会社の決算説明会等で一部回答している球団があるため、そう表現したが、それでもプロ野球興業ビジネスに関心を抱くビジネスマンを満足させるレベルにはほど遠い。

唯一手がかりとなりうるのが、会社法４４０条に規定がある決算公告である。全ての株式会社は、貸借《たいしゃく》対照表及び損益計算書を、会計年度終了後、株主総会の承認など、法定の手続を終えた後、すみやかに公告する義務を負っている。

ただし、会社法上の大会社（資本金５億円以上もしくは負債２００億円以上）以外は簡易版の貸借対照表だけでいい。

掲載媒体は官報か日刊新聞紙、ホームページなどの電子媒体のいずれかとされていて、違反した場合は１００万円以下の過料《かりょう》という罰則規定もあるのだが、中小・零細企業の多くは履行《りこう》していないし、未だかつて、決算公告義務の不履行で過料に処せられたという話も聞いたことがない。守らなくても誰からも咎《とが》められることのない、権威のない条文なのだ。

プロ野球球団の経営会社もかつてはどこも履行していなかったが、パ・リーグ球団は２００５年から一斉に公告を始め、セ・リーグ球団も球団ごとにタイムラグはありながらも、徐々に公告を始めた。

結果、今も履行していないと見られるのは、**読売巨人軍と中日ドラゴンズの新聞系2社だけ**になった。両社とも商業登記簿に記載されている公告媒体は自社の新聞で、毎年執拗《しつよう》に掲載の有無をチェックしているが、発見できたことは一度もない。

いくら権威のない条文とはいえ、履行を怠ることは法律違反と言えば法律違反だ。各球団が公告するようになったのは、近年コンプライアンスがうるさく言われるようになった影響もあるのかもしれない。親会社を持たない広島カープを除く11球団の親会社は11社中8社が上場会社なのだから、「みんなやってないからやりません」とはさすがに言えないのだろう。

予想通り厳しかった球団の対応

今回、本書を執筆するに当たり、筆者は1球団あたり50〜60項目の質問書を作成し、本書の構成、趣旨も詳細に伝えた上で、全球団に取材依頼書を送った。質問の多くには答えてはもらえないことを承知の上で、筆者がどういう書籍を執筆しようとしているのか先方に伝える、いわば仁義を切る目的も兼ねていたからだ。

公告されている勘定科目の具体的な中身など、球団が最も嫌がる経営数値に関する質問のほかに、スポーツメディアには気軽に答えていそうな質問も混在させていたので、回答できるものにだけ回答してほしいということも伝えていた。

だが、予想通り反応は厳しく、取材を受けるとも受けないとも回答せず、完全無視だった球団が4球団あったほか、「対外的に開示しない質問を含んでいる」という、まるで申し合わせたように同じ理由、同じ文言で対応を辞退してきた球団が複数あった。

つまりは、経営数値を聞いてくるような無礼な記者に接触すべきではなく、他のメディアには回答している質問にも回答しないという判断なのだろう。

この反応はある程度想定されたものだったので、公表資料を収集し、そこに書かれていることを読み解き、実際に球場で目にする事実と符合させることで、各球団の経営実態、球団経営のありように多少なりとも迫ってみることをもともと想定していた。

そのために、シーズン中に、全球団の本拠地球場を回り、2016年シーズンだけで合計48回、ゲームを観戦した。首都圏在住という地理的な問題もあり、札幌ドーム、ヤフオク！ドーム、マツダスタジアムは1回ずつ、Koboスタ（現・Koboパーク）、京セラドーム、甲子園、ほっともっと、ナゴヤドームは2回ずつしか観戦していない一方で、QVCマリン（現・ZOZOマリン）3回、東京ドームと西武ドームが6回ずつ、横浜スタジアムは9回、神宮は11回観戦しており、球場によって観察頻度に差があることは認めざるを得ない。

目的は事業構造の解明

公表資料に関しては、球団自身が開示している観客動員数と官報公告、それに選手会が公表している年俸総額以外にも、参考になる資料が入手できた。

また、慶應義塾大学工学部の鈴木秀男教授が２００９年から毎年実施し、一部の球団は高い関心を示し、経営に反映もさせている「プロ野球のサービスの満足度調査」も参考にさせていただいた。

この調査は、７つの概念に関するアンケート結果を集計、管理工学の手法で分析しスコアリングしたものだ。既に実施回数は８回を数え、結論としての総合満足度のランキングは納得性が高い。

これも球団経営のありようを映す鏡そのものであり、お許しを頂いて球団経営の実態に迫る材料として使わせていただいた。

もっとも、筆者が解き明かそうとしている「球団経営のありよう」とは、「各球団がプロ野球興業をどうやって実施し、その結果どの程度の収益を生み、その収益がどのような方針の下に事業に投資されているのか」という、事業構造にすぎない。

一般には同一の事業を営む事業者は、ほぼ同一の事業構造であるものだが、プロ野球は球団ごとに事業構造が異なる。それを知る端緒が貸借対照表に現れているとはいえ、手探りの中、推測の域を出ない部分が多々あることは認めざるを得ない。

本書を手に取って下さる方には、その点もお含みおきいただいた上で、通読していただけ

顧客満足度ランキング

ベストスリー

調査時点	1位	2位	3位
2016年1月	ソフトバンク	日本ハム	ロッテ
2015年1月	広　島	日本ハム	ソフトバンク
2014年1月	楽　天	ロッテ	広　島
2013年1月	日本ハム	ソフトバンク	西　武
2012年1月	日本ハム	ソフトバンク	西　武
2011年1月	日本ハム	ロッテ	ソフトバンク
2010年1月	日本ハム	巨　人	楽　天
2009年1月	日本ハム	阪　神	中　日

ワーストスリー

調査時点	12位	11位	10位
2016年1月	中　日	横　浜	オリックス
2015年1月	中　日	横　浜	西　武
2014年1月	オリックス	中　日	横　浜
2013年1月	横　浜	オリックス	阪　神
2012年1月	横　浜	オリックス	広　島
2011年1月	横　浜	ヤクルト	オリックス
2010年1月	横　浜	オリックス	ヤクルト

れば幸いである。

プロ野球の記事を書くようになって10年以上になるが、今でも筆者の記事を見た読者が最初に抱く疑問は「何で金融ジャーナリストがプロ野球の記事を書くのか」だ。

筆者の中では、主要な執筆フィールドである法律と会計の視点で、「企業経営」に光を当てているのであって、対象企業の事業内容がプロ野球興行であるというだけ、という整理になっている。

筆者は学卒後、16年間一般事業会社でサラリーマン生活を送った末に、39歳でフリーの金融・経済記者になった。フリーの記者の多くは新聞社や出版社で記者の仕事を覚えて独立しているが、筆者は16年間で6回も転職を繰り返し、最初の10年間で勤務した6社のうち、大半の時間を過ごした4社でお金を貸す仕事や金融商品を売る仕事をしていた。


主要な執筆テーマを法律と会計と位置づけているのは出自ゆえなのだが、最後の7社目が信用調査機関で、ここで初めて記者の仕事を覚えており、記者になった経緯はかなり特異だ。

それだけに、履歴書の汚れとともに身に付いた価値観は、報道機関で育った純粋培養の記者とは相容れない部分が少なからずあるのも事実だが、初期の段階で筆者に記者のイロハを叩き込んでくれた編集者が言った「公益性のないテーマに正義はない」という一言は、記者の基本として心に深く刻み付けているつもりだ。

本書執筆にあたり、記者の使命なるものを改めて整理してみた。記者は読者の好奇心に応え、記事にすることが使命である。

覗き趣味的な好奇心に応えても公益性は認められないが、プロ野球を興業ビジネスと捉え、その事業構造を知りたいと考えることは、健全な知的好奇心の範囲を逸脱するものではないと信じて、この本をお送りしたい。

観客動員数推移（リーグ別）

単位：千人

		2005	2006	2007	2008	2009	2010	2011	2012	2013	2014	2015	2016
人数	パ・リーグ単年度計	8,252	8,529	9,046	9,555	9,707	9,832	9,777	9,579	9,845	10,242	10,726	11,132
	セ・リーグ単年度計	11,672	11,877	12,140	12,083	12,692	12,308	11,792	11,790	12,202	12,616	13,510	13,848
	セパ単年度合計	19,924	20,406	21,186	21,638	22,399	22,140	21,569	21,369	22,047	22,858	24,236	24,980
伸び率	前年比パ	-	103.4%	106.1%	105.6%	101.6%	101.3%	99.4%	98.0%	102.8%	104.0%	104.7%	103.8%
	前年比セ	-	101.8%	102.2%	99.5%	105.0%	97.0%	95.8%	100.0%	103.5%	103.4%	107.1%	102.5%
	前年比セパ計	-	102.4%	103.8%	102.1%	103.5%	98.8%	97.4%	99.1%	103.2%	103.7%	106.0%	103.1%
	05年比パ	-	103.4%	109.6%	115.8%	117.6%	119.1%	118.5%	116.1%	119.3%	124.2%	130.0%	134.9%
	05年比セ	-	101.8%	104.0%	103.5%	108.7%	105.4%	101.0%	101.0%	104.5%	108.1%	115.7%	118.6%
	05年比セパ計	-	102.4%	106.3%	108.6%	112.4%	111.1%	108.3%	107.3%	110.7%	114.7%	121.6%	125.4%

観客動員数推移（球団別）

単位：千人

		2005	2006	2007	2008	2009	2010	2011	2012	2013	2014	2015	2016
パ・リーグ	北海道日本ハムファイターズ	1,365	1,603	1,833	1,873	1,992	1,945	1,990	1,858	1,855	1,897	1,959	2,078
	福岡ソフトバンクホークス	2,115	2,037	2,307	2,250	2,245	2,164	2,293	2,447	2,408	2,468	2,535	2,492
	千葉ロッテマリーンズ	1,334	1,349	1,558	1,601	1,465	1,546	1,332	1,239	1,260	1,223	1,322	1,526
	埼玉西武ライオンズ	1,103	1,196	1,093	1,413	1,515	1,591	1,591	1,526	1,600	1,498	1,616	1,618
	東北楽天ゴールデンイーグルス	977	951	1,117	1,149	1,203	1,141	1,168	1,177	1,281	1,450	1,524	1,620
	オリックスバファローズ	1,356	1,390	1,137	1,266	1,285	1,443	1,400	1,330	1,438	1,703	1,767	1,794
セ・リーグ	広島東洋カープ	1,050	1,009	1,129	1,390	1,873	1,600	1,582	1,589	1,565	1,904	2,110	2,157
	読売ジャイアンツ	2,922	2,892	2,911	2,876	2,934	2,966	2,716	2,903	3,008	3,018	3,001	3,004
	横浜DeNAベイスターズ	976	1,106	1,231	1,129	1,246	1,209	1,102	1,165	1,425	1,564	1,813	1,939
	阪神タイガース	3,132	3,154	3,144	2,976	3,007	3,005	2,898	2,727	2,771	2,689	2,878	2,910
	東京ヤクルトスワローズ	1,307	1,315	1,333	1,281	1,332	1,332	1,348	1,322	1,432	1,438	1,657	1,779
	中日ドラゴンズ	2,284	2,398	2,390	2,427	2,298	2,193	2,143	2,080	1,998	2,000	2,049	2,058

出所）日本プロ野球機構。動員数はペナントレース中のホームゲーム。
クライマックスシリーズ、日本シリーズは含まず。

目次

2　パ・リーグの経営　71

北海道日本ハムファイターズ

福岡ソフトバンクホークス

オリックス・バファローズ

3 セ・リーグの経営 191

広島東洋カープ

阪神タイガース

4 プロ野球興業を支える裏方たち 281

1
球団経営の基礎知識

1　球団ごとに全く違う収入と経費

2016年シーズンの序盤戦が終わり、交流戦突入を控えた5月下旬、北海道日本ハムファイターズが札幌ドームとは別に、ドーム球場を自前で建設することを計画している、ということが突如報道された。目的は球団と球場の一体化。

2015年暮れに、横浜DeNAベイスターズが、横浜スタジアムのTOB（株式公開買付）を実施したのも、球団と球場の一体化を目指したものだった。

球団はかつては宣伝目的で大企業が保有するもので、赤字は当たり前、赤字が出たら親会社が補塡するものという位置づけだった。

だが、時代は変わり、親会社といえども厳しい競争に晒《さら》される中、かつてのように赤字子会社に対して大らかではいてくれなくなり、球団にも自力での黒字化が求められる時代になった。

その球団の黒字化に欠かせない条件とされるのが、球場と球団の一体化。球団の本拠地球場を球団が所有している、もしくは球団の親会社が所有している、或いは球団が球場を所有しているわけではないが、事実上支配できていると、球団と球場が一体化している、ということになる。

球場・球団一体化に関係なく発生する費用・収益は

球場・球団一体化の概念については次節に譲るとして、球場と球団が一体化しているかどうかにかかわらず、原則、全ての球団に共通する収入として考えられるのは、チケット代、放映権料、グッズ販売収入、ロイヤルティ収入、ファンクラブ会費、スポンサー収入である。「原則」としたのは、巨人、中日に関しては該当しない可能性があるからで、詳しくは第3章の同球団のページを参照いただきたい。

ロイヤルティ収入は、ファンの人数が多く、その球団のロゴ、キャラクターを使った商品を製造・販売したい外部の事業者が多い球団に、より多く入ることは言うまでもない。

例えば、阪神タイガースは球団自身が企画・販売しているグッズよりも、遙かに多くの商品が流通している。ホームページにはロイヤルティに関する特設ページもあり、ロイヤルティ収入を積極的に獲得しようとしている姿勢が窺われる。

次に原則、全ての球団に共通する費用は、選手に支払う年俸、契約金、試合が開催される球場までの移動に係る交通費、宿泊費、選手のスカウトに要する費用、キャンプ費用、グッズの仕入れ原価、球団職員の人件費や営業経費、本拠地球場でゲームを開催する際の入場チェック、場内案内、警備、清掃、ショップの販売業務、グラウンド整備、スコアボードの操作など、ゲーム開催に係る業務を外部の業者に委託している場合は委託費用。一部もしくは全ての業務を委託せずアルバイトを雇用して球団職員が指揮していることもあり、その場合はアルバイトの人件費など。

また、テレビ中継用の基本的な画像である基本映像を球団自身が制作している場合があり(詳しくは後述)、その場合は外部の映像制作会社への業務委託費用が発生する。

球場を所有していないと……

球場を所有していない場合は、これに球場使用料が加わる。

ゲーム開催業務の外注にあたって、球団と外注先が直接契約し、外注費も球団から外注先に直接支払われているのか、或いは球場が外注先と契約し、費用は球場使用料と合わせて球団が球場に支払っているのかについては、球団ごとに異なるのか、全球団共通なのか、全球団共通ならどちらの処理なのか、現時点では確認はとれていない。

が、いずれにしても実質的な費用負担者は球団である。

収益面では、球場内で販売している飲食、グッズなどの物販収益や、球場内の広告看板収入は球場のものとなり、球団には入らない。ただし、グッズのうち自チーム分は球場のショップに卸すことで球団が収益を得る。

また、球場内に球団直営のショップを出店している場合は、そのショップの収益に関しては全て球団の収入となり、他球団のグッズも置く場合は球団にその仕入れコストが発生する。

ただ、収入の一部をバックマージンの形で球場に支払っているケースもある様だ。

東京ヤクルトスワローズの本拠地・神宮球場は明治神宮の所有なので、球場内の飲食、物品販売収益は球団には入らないが、1塁側のスタンド下に球団直営ショップを出している。このため、神宮球場内の他のショップでは、買い物をしてもファンクラブポイントは付かないが、直営ショップではポイントが付く。

球場と球団が一体化している場合

親会社、もしくはグループ会社が球場を所有している場合は、基本的には球場を所有していない場合と収入も費用も同じで、支払う先が違うだけ。グループ会社の協力体制には、球団ごとに温度差がある様で、金額面での配慮がある場合もあれば、全く配慮がない場合もある様だ。

ただし、親会社・グループ会社との取り決めで、球団側が物品販売権や広告看板の販売権も得ている場合があり、その場合は物販品の仕入れ原価が加わる。

球団側が物品販売権や広告看板の販売権を得ている場合は、球場内の施設管理コストも球団側の負担になるのが通常なので、ゲーム開催時の業務委託契約の主体はおのずと球団になるものと考えられる。

また、球場施設はどこも広大なので、相当額の固定資産税が発生しているはずで、納付書は不動産登記上の所有者のところへ送付されるが、グループ会社保有の場合、その負担をどこが負っているのか、分け合っているとしたらどういう配分なのかは球団ごとに異なる可能性がある。

2 球団と球場の一体化とは

球場と球団の一体化にも4形態ある

現在、球団と球場が一体化していないとされるのは、読売ジャイアンツ（本拠地東京ドーム）、東京ヤクルトスワローズ（同・明治神宮野球場）、そして前節冒頭で取り上げた北海道日本ハムファイターズ（同・札幌ドーム）の3球団とされている。

他は、親会社もしくはグループ会社の所有となっているのが埼玉西武ライオンズ（西武鉄道所有）、オリックス・バファローズ（オリックス不動産所有）、中日ドラゴンズ（ナゴヤドーム所有）、阪神タイガース（阪神電鉄所有）の4球団。

所有は自治体だが、指定管理者となって、年間を通じて施設全体の運営権を得ているのが千葉ロッテマリーンズ（千葉市所有）と広島東洋カープ（広島市所有）。

横浜DeNAベイスターズ（横浜市所有）の場合は、第三セクターの横浜スタジアムが球場を建設した上で横浜市に寄付、その見返りに45年間のプロ野球等興業開催の優先的使用権や物販、広告看板の掲出権、放映の許可権などの権利を得ている。球団はその横浜スタジアムを子会社化したので、球団は球場の親会社かつ店子という立場だ。

東北楽天ゴールデンイーグルスも横浜スタジアムの方式とよく似ており、プロ野球参入以来、断続的に実施している大規模改修のコストは全て球団側で負担、改修した設備を球場所有者である宮城県に寄付する代わりに管理許可を得ている。

12球団中唯一、グループ会社ではなく球団自身が実態上、球場を所有しているのが福岡ソフトバンクホークス。「実態上」としたのは、本拠地のヤフオク!ドームの土地建物には信託設定がされており、不動産登記上の名義は球団ではないからだが、このあたりの詳細は第2章の同球団のページを参照願いたい。

グループ所有でも温度差がある

球場と球団の一体化が集客力向上に不可欠とされるのは、プロ野球興業にとってプラスとなる改修や、飲食などの物販の提供をタイムリーに実施できるからだ。

球場は最低限度の設備投資で最大限の収益を上げたい。球団は球場にとって主要顧客ではあっても、ホームゲームは年間約70試合しかない。年間の日数の2割しか使わないプロ野球だけのための改修は極力回避したい。

球場が他人のものであれば、球団が単価が高いＶＩＰ席を設け、特別メニューのフードやドリンクを提供したくても、球場側がクビをタテに振らなければ実現しない。

球場には基本的に外部の飲食店がテナントとして入居している。一部球団直営のショップもあるが、基本的にはテナントだ。従って、テナントの選定権は球場側にあり、どこまで球団の意向を汲むかは球場次第。

ジャンクフードのショップが多いからと、球団が入れ替えを望んでも簡単にはいかない。親会社やグループ会社が保有していれば、球団の希望通りにタイムリーな改修をしてくれるかと言えば、これも必ずしもそうではない。

親会社やグループ会社保有の場合、親会社なら球団よりも組織上上位の企業が保有していることになるし、グループ会社保有だと球団とは兄弟関係になり、グループ会社はグループ会社なりに収益目標を持っている。

勢い、球場から上がる収益の奪い合い、コストの押し付け合いが起きることもある。実際、かつての埼玉西武ライオンズがそうで、球団にはチケット収入以外の収益が殆ど落ちず、一時期は債務超過にまで陥ったほどだった（詳しくは第2章の同球団ページ参照）。

3　球団が持っているとは限らない興業権

地方開催ゲームで使われる「売り興業」

興業権とは、興業を主催する権利のことを指すというのが一般的な理解かもしれないが、興業権という言葉は法律用語ではない。

興業を企画、実行する主催者を興業主と呼び、主催者は開催場所を確保し、出演交渉をし、チケットを販売する。興業の収支の主体となる団体であり、資金的なリスクを負っている立場である。映画の場合は、映画会社単独では興業リスクを負わず、テレビ局や広告代理店などとともに立ち上げた製作委員会で資金リスクを負う形が定着している。


プロ野球の興業の場合は、普通に考えると球団が興業主となることが最も自然だが、実は「売り興業」という概念も存在する。


本拠地開催ではない、地方開催のホームゲームの場合、興業権を球団が別の団体に売却する「売り興業」となることが多い。地方開催は球団が自ら企画している場合よりも、地方からのラブコールに応えて実施している傾向が強い。

球団の本拠地がある都市に住んでいると鈍感になるが、地方に住む人は球場に足を運ぶ機会は滅多にない。交通費や宿泊費などのコストの発生も覚悟しなければならない。

プロ野球の興業が来れば、人が集まり、地元に収益を落とすので、自治体が直接、球団に遠征を働きかける場合もあるし、近年の球団は地元密着を徹底しているので、保護地域（この用語の説明は後述）内の地方球場を年数回の割合で使う球団は少なくないが、それも地方の要望があればこそ。

地方開催の場合は球団側よりも地元の人の方が、様々な面で土地カンがある。本拠地球場ほどの収容能力はない場合が大半ではあるが、それでも万の単位の人が集まる以上、警備や場内案内、観客の誘導をスムーズに行い、事故を起こすことなく興業を行うには、その「場所」を熟知していて、事前に起こりうることを想定できて、なおかつその対応策を臨機応変に実行できることが必須条件になる。

また、チケットも黙っていても完売になるわけではなく、宣伝も含めて現地の事情に長けた組織に委ねる方が効率が高い。

売り興業になると、主催者は球団とは別の団体になり、注意してチケットの券面を見ると、主催者の名前が球団以外の名前になっている。

以前、旭川スタルヒン球場で開催される日本ハムホームゲームのチケットを確保しようとしたところ、球団のチケットサイトでは売り切れになっているのに、北海道新聞のサイトでは余裕で買えたことがある。

これは、北海道新聞への売り興業となっていたため、チケットの販売枚数が球団よりも北海道新聞の方が多かったということなのだろう。

親会社が興業権を持っている？　巨人と中日

いわゆる地方開催ゲームの売り興業の場合は、球団が主体的に興業権を売る、売らないの判断をしているものと考えられるが、読売ジャイアンツのホームゲームはおそらく球団が興業権をそもそも持っていない。

中日ドラゴンズに関しては、球団と親会社である中日新聞社が共同で興業権を持つ形になっていることが予想される。

というのも、東京ドーム開催の巨人のゲームのチケット券面に記された主催者は、読売新聞社と日本テレビのみで、球団の名はない。

中日のナゴヤドーム開催のゲームのチケット券面に記された主催者は、中日新聞社と球団である。

巨人軍のビジネスモデルは他の球団と全く異なるユニークな形態で、詳細については第3章の球団ページをご参照いただきたい。

中日ドラゴンズに関しては、全く形態がわからないながら、同じく第3章の同球団ページで推定してみているので、そちらをご参照いただきたい。

4 球団ごとに異なる放映権の概念

放映権とは入場許可権であり、特等席の占有権である

巨人以外の球団は、かつては巨人戦の中継で1試合あたり1億円の収入があり、それで球団経営は成り立っていたが、巨人戦の全国中継がなくなったことで、巨人、阪神、広島以外の球団の経営が窮地に追い込まれた——。

耳にタコができるほど聞かされたこのロジック、確かにセ・リーグ球団に関してはあてはまるのだが、放映権とは一体何で、本来誰が持っているものなのか。改めて考えてみるとよくわからない。

そこで、メディアの法務に詳しい弁護士を頼ったところ、「端的に言えば、カメラなどの中継設備を球場内に持って入る入場許可を受ける権利と、ゲームが見渡せる特等席にカメラを設置させてもらえる、特等席の占有権のようなもの」という答えが返ってきた。

この弁護士によると、ヘリコプターで上空から球場を撮影して中継することには何の許可も要らないのだという。

放映権という概念は、法律に規定はない概念で、比較的近いのが著作権。著作権は文芸や演芸など、文化的な興業を放送する上では認められているが、スポーツは対象になっていない。

このため、打ったり投げたり走ったりしているところをカメラで捉え、放送すること自体は、法的には自由にできる。

しかし実際に中継をするには球場の中に入らねばならず、しかもカメラは好位置に設置したい。テレビ局が球団に支払う放映権料とは、入場許可料及び特等席の独占的利用料という整理になるのだそうだ。

パ・リーグ6球団は基本映像を自社制作

ただ、近年は実態に変化が起きている。パ・リーグ6球団は、球団自身が中継番組を制作しているからだ。

球場内にテレビカメラを設置し、独自に実況と解説を付け、複数台のカメラに映し出される映像を編集スタジオで編集し、音声をミックスして番組を作り上げる。

実際の編集機器の操作や音声のミキシングなどのオペレーションは、各球団とも地元の制作会社に委託しているらしい。

球場内に、スコアボードのコントロールルームとは別に、番組制作用のスタジオまであるのがどこの球場なのかまで特定できていないが、ヤフオクやＫｏｂｏスタあたりにはありそうな気がする。

スタジオが球場内にない球団の場合は、中継車を持っている制作会社に委託することになる。

こうして出来上がった基本映像の行く先は大きく分けると2箇所。1箇所はパ・リーグ6球団の全ゲームが視聴できるインターネットテレビ「パ・リーグＴＶ」に提供され、ネット配信される。

もう1箇所は中継を放送する放送局に行く。首都圏に住んでいると、地上波でプロ野球の中継が放送されることは、よほどのビッグゲームでない限りありえないが、北海道では日ハム、宮城では楽天、九州ではソフトバンク、広島ではカープ、関西ではタイガース、中京ではドラゴンズのホームゲームが、かなりの回数ゴールデンタイムに放送されている。

ホームゲームだけでなく、ロードゲームも地元の放送局による中継が多いのは、阪神、日本ハム、広島、ソフトバンクの4球団。２０１６年シーズンの実績で見ると、阪神は断トツの多さで48試合。次いで日本ハムと広島が31試合ずつ、ソフトバンクは24試合。

楽天も6月まではホームゲームもロードゲームもハイペースで中継されていたのだが、7月以降急減してしまったのは、おそらくチームの成績のせいだろう。

パ・リーグのゲームの放送を流している地方局は、基本的に球団から球団制作の基本映像を買い、自社で独自に設置した中継カメラの映像とミックスし、なおかつ独自の実況と解

2016年シーズン中継率ランキング

球団名	ゲーム数			中継回数			中継率		
	ホーム	ロード	合計	ホーム	ロード	合計	ホーム	ロード	合計
阪神タイガース	71	72	143	64	48	112	90.1%	66.7%	78.3%
北海道日本ハムファイターズ	71	72	143	61	31	92	85.9%	43.1%	64.3%
福岡ソフトバンクホークス	71	72	143	64	24	88	90.1%	33.3%	61.5%
広島東洋カープ	72	71	143	54	31	85	75.0%	43.7%	59.4%
中日ドラゴンズ	71	72	143	68	0	68	95.8%	0.0%	47.6%
東北楽天ゴールデンイーグルス	72	71	143	41	18	59	56.9%	25.4%	41.3%

中継回数は本拠地地域で視聴可能な地上波の中継試合数。
録画放送及びロード時の主催側の全国ネット中継除く。

説を付けて放送している。

一部、テレビ局が球団の基本映像を買わず、自社で独自に制作するケースもあるが、球団から基本映像を買って制作している場合は、放送の最後に流れるエンドロールでは、制作著作者名は球団とテレビ局の連名になる。

CSでもGAORAやJ SPORTSなどがそれぞれ各球団の全試合を放送しており、これも球団から買った基本映像に、自社独自の映像と音声を付けて放送している。

この基本映像の形になった時点で、放映権の概念はがらりと変わる。映像となった瞬間から著作権が発生するので、テレビ局は入場許可と放送機材の場所に対価を払うのではなく、球団が制作した著作物に対価を払う形に変わる。

ハマスタは球団制作の基本映像をパブリックビューイングで提供

横浜DeNAベイスターズも親会社がTBSからDeNAに代わってから、球団で基本映像を制作する形に変えている。

前親会社だった縁で、TBSのBS、CSの両チャンネルで主催全試合を放送しているほか、2016年8月からはDAZNとも契約、現在インターネットテレビだけで4媒体と全試合放送の契約を結んでいるが、いずれも球団制作の基本映像を売る形をとっている。また、横浜スタジアムでは正面入口近くのビアガーデンスペースに大型モニターを設置、そこで基本映像を流している。

ビアガーデンスペースは外から誰でも入れるので、チケットを買って中に入らずともゲーム中継が実況付きで見られる。シーズン中盤以降は、このスペースがゲームが開始される6時間近く前の昼過ぎから場所取りの対象となるほどの盛況ぶりだった。

Ｋｏｂｏスタ改め、Ｋｏｂｏパーク宮城でも、チケットがなくてもだれでも入れる場所にフード類のワゴンが出ていて、テーブルとイスを置いたスペースがある。

そこに大きさこそハマスタのものよりもだいぶ小さいが、モニターが設置されていて、球団制作の基本映像が見られる。

セ・リーグ球団は巨人は日本テレビ、ヤクルトはフジテレビが親会社もしくはグループ会社。中日も親会社は新聞社だが、中日新聞の出資先にテレビ局があり、テレビ局との関係は深く、球団の基本映像制作などおそらくありえない。基本映像を球団が制作するということは、著作権を球団自らコントロールしようとするものだからだ。

阪神と広島は属性からするとあり得るが、独自制作をしているかどうか、確認できていない。

膨らむインターネットテレビへの期待

２０１６年シーズンのクライマックスシリーズは、セ・リーグは3位横浜と2位巨人がフアーストステージを戦った。場所は東京ドームだったので、全試合、日本テレビが地上波で放送するのかと思ったら、3試合のうち2試合しか放送しなかった。

ファイナルステージはマツダスタジアムで開催され、広島地区では最高瞬間視聴率が7割を超えるという驚異的な記録を残したが地上波テレビの全国中継はなし。tvkが2試合めだけ放送したが、キー局の放送はなかった。

一方、パ・リーグはファーストステージがソフトバンク対ロッテで場所はヤフオク。ファイナルステージは日本ハム対ソフトバンクで場所は札幌ドーム。

日本シリーズは球団ではなくNPB（日本野球機構）が興業権を持っているが、クライマックスシリーズは球団に興業権があるので、映像はペナントレース中同様、球団が基本映像を制作し、中継する放送局が独自の加工をして放送した。

セ・パともにCS放送では全試合をスカパー!が放送し、インターネットテレビではセはDAZN、パはパ・リーグTVが放送した。

近年は地上波に代わってCS放送がプロ野球中継の主要なインフラの役割を果たして来たが、手軽さから言えばインターネットテレビへの期待は膨らむばかりだ。

パブリックビューイング実施時の権利処理が楽なパ・リーグ

9月27日に西武ドームで開催された西武・日本ハム戦は、日本ハムが勝つか、日本ハムが負けても2位のソフトバンクが負ければ日本ハムのリーグ優勝が決まるゲームだった。

結果は日本ハムの負けだったが、同時刻にQVCマリンで開催されていたロッテ・ソフトバンク戦が終了していなかったため、西武の選手が全員引き上げたあとも、1塁側ベンチに日本ハムの選手が全員残り、ライト側には内外野席ともに日本ハムファンが居残っていた。

結果的にこの日が西武での最後の登板となった岸孝之《きしたかゆき》投手のヒーローインタビューが終わり、種々の告知が全て終了し、しばらくしてバックスクリーンにQVCマリンの中継映像が流れ、拍手が沸き起こった。

結局、ソフトバンクが勝ったので、西武ドームでの胴上げはなかったが、日本ハムがこの日のゲームに勝っていれば必要がないサービスだったことを考えると、短時間でロッテ球団から基本映像をもらう権利処理をし、球場内のパソコンで受像したパ・リーグTVの映像をバックスクリーンに転送したものだろう。

全6球団が基本映像を制作し、共同でパ・リーグTVを運営しているからこそ可能になった機動的な対応だったと言えるだろう。

セ・リーグでは巨人、広島に加え、横浜も本拠地球場の座席稼働率が9割を超えたし、パ・リーグでもソフトバンクは9割を超えている。チケットを買えないファンへの視聴機会の拡大という点で、インターネットテレビの活用は、個別球団の対応だけでなく12球団全体で検討すべき時期が来ているように思う。

5 スポンサー営業も球場一体型が有利

球団によって異なるスポンサーの種類、呼称、定義

スポンサー収入は、チケット収入とならぶ、球団にとっての2大収益の一つ。球団によって、スポンサーの一覧を球団HPに掲載しているところとしていないところがあり、また、スポンサー関連の用語の定義も一律ではないらしい。

親会社もスポンサーだし、それ以外にオフィシャルスポンサー、オフィシャルパートナー、グラウンドパートナーなど呼び名はいろいろ。

広告掲載対象で分けると、ユニフォーム、球場の看板、スコアボードでのCM放送、球場内のコンコースへのブース出店、ファンクラブ会報誌への広告掲載などなど。夏場に花火を上げる球場も多いが、その花火代のスポンサーだったり、無料配布ユニフォームのスポンサーだったり。

程度に差はあるが、各球団が力を入れているのがゲームスポンサー。スコアボードにCMを流せる、球場内のコンコースにブースを出せる、イニング間のイベント時にもスポンサーであることがアナウンスされる、来場者にノベルティを配れる、始球式をそのスポンサー企業の社長が務めることができる、といった特典がある。ゲームスポンサーが付いている試合

のことを、業界内では冠《かんむり》試合《じあい》と呼んでいる様だ。

このゲームスポンサー営業に強そうなのは、ソフトバンク、楽天、オリックス、ベイスターズ、広島といったところが筆者の肌感覚だ。

だが、こればかりは1球団あたり多くの試合を観戦しているわけではないし、球団HP上の日程欄に、冠試合かどうかを記載している球団はごく一部。球団が答えてくれない限り確認のしようがないので、この肌感覚が正しいのかどうかはわからない。

球場と球団が一体化していない球団はもちろん、球場の所有者が親会社もしくはグループ会社で、球場内の看板広告収入が球団に入らない球団だと、球団のスポンサーなのか、球場のスポンサーなのかの区別もある。

2016年シーズン12球団本拠地球場稼働率ランキング

単位：人

球団名	本拠地球場	定員	動員総数	試合数	平均	稼働率
読売巨人軍	東京ドーム	46,000	2,871,122	6	43,502	94.6%
福岡ソフトバンクホークス	福岡ヤフオク!ドーム	38,500	2,343,226	65	36,050	93.6%
横浜DeNAベイスターズ	横浜スタジアム	28,966	1,919,615	71	27,037	93.3%
広島東洋カープ	マツダスタジアム	33,000	2,130,633	70	30,438	92.2%
阪神タイガース	阪神甲子園球場	47,508	2,627,563	63	41,707	87.8%
東京ヤクルトスワローズ	明治神宮野球場	31,941	1,680,920	65	25,860	81.0%
中日ドラゴンズ	ナゴヤドーム	38,200	1,995,369	66	30,233	79.1%
東北楽天ゴールデンイーグルス	koboパーク宮城	30,508	1,517,680	67	22,652	74.2%
北海道日本ハムファイターズ	札幌ドーム	42,270	1,806,205	60	30,103	71.2%
オリックスバファローズ	京セラドーム大阪	36,154	1,421,585	56	25,385	70.2%
千葉ロッテマリーンズ	ZOZOマリンスタジアム	30,119	1,482,521	71	20,881	69.3%
埼玉西武ライオンズ	西武プリンスドーム	33,556	1,551,488	67	23,157	69.0%

出所：観客動員数はNPB、定員は球場HPもしくは球場運営会社の開示情報。
球場HPに記載ない場合は各種報道。

スポンサー収入でこそ球場・球団の一体化は営業効率が高まる

自分がスポンサー営業の担当だったらどう動くか、ということを想像してみていただくとわかりやすいと思うのだが、スポンサー候補の企業に営業をかける場合、メニューは多い方が動きやすいはずだ。

少額から入りたいという希望なら、ファンクラブ会報誌の広告などから入り、年間シートを買ってもらう、球場広告なら小さいスペースから入って、徐々に大きくしてもらうなどの工夫が可能になる。

最近は多くのチームが夏場などに無料のユニフォーム配布を含むイベントを実施しているが、その場合は多くのスポンサーを募るので、様々な金額ランクを設けてその会社の予算に合わせてお金を出しやすくする、といった戦略がとれる。

もしも球場内の広告看板収入が一切球団に入らない、もしくはなけなしの代理店手数料が入るだけ、ということになると、球場の看板広告を取ってくるインセンティブは働かなくなるし、営業する側としてもメニューがその分減る。

スポンサー営業にこそ、球場と球団の一体化、それも形だけではない真の一体化が必要なのだろうと思う。親会社やグループ会社との間で、収益の奪い合いやコストの押しつけ合いが起きている球団では、球場が赤の他人所有の球団と同じことが起きるはずだからだ。

ちなみに、北海道日本ハムファイターズ前社長の藤井純一氏の著書『監督・選手が変わってもなぜ強い?』（光文社新書）によると、かつては多くの球団がスポンサー営業を広告代理店に丸投げし、高い手数料を取られていただけでなく、スポンサーの生の声を聞く機会も自ら放棄していたらしい。

6　未だ水増し疑惑健在、観客動員数の定義

実数公表ではなく実数に近い数値の公表

プロ野球の球団が唯一公表している数値であるところの観客動員数。これには今も水増し疑惑が付いて回っている。

一般には観客動員数は、2005年シーズン以降は実数で公表されるようになったということになっているが、正確には違う。より実数に近い数値に公表数値を近づけるよう、ルールを変えたにすぎない。

ルール変更のきっかけは、巨人軍が東京ドーム開催のゲームの動員数を、毎試合5万6000人と公表していたことにある。**東京ドームの客席数は4万6000しかないのに、なぜ5万6000人なのか。**1万人も立ち見がいるのか、いるわけがない、という話になった。

他球団もどんぶり勘定だったことに違いはなく、Jリーグが一人単位で実数公表というス

タンスだったことも少なからず影響したはずだ。

そこで、2004年のシーズン終了後にプロ野球実行委員会で算出方法を議論。決定した方法が、チケットの有料販売枚数と、無料配布券のうちの着券分（実来場者分）の合計という計算方法だった。

実際、どれだけどんぶり勘定だったかは、2004年シーズンと2005年シーズンの人数を比較すれば一目瞭然。セ・リーグは1377万人が1167万2571人へと15％も減り、パ・リーグも1068万4000人から825万2042人へと、22・7％も減った。

ちなみに、広島だけはなぜか微増。広島は2004年シーズン5位、2005年シーズンは6位だったので、2005年シーズンに動員数が劇的に増える理由がない。

筆者の知人のカープファンによれば、2008年シーズンまで使われた旧広島市民球場は、今と違ってガラガラ。このため、チケットチェック係のアルバイトが、自分の知り合いを顔パスで、チケットなしでもどんどん入場させることが横行していたため、12球団中唯一、有料販売枚数よりも実際に観戦している人数が多い球場だったのだという。言うまでもなくこの説が事実かどうかは定かではないのであしからず。

新たな計算方式の中で、水増し疑惑の元になっているのは有料販売枚数の方だ。ここには年間指定席の分が含まれている。通常のチケットを買っていても、急用で行けなくなるということはあるだろうが、その確率はさほど高くない。

だが、年間指定席となると、全試合行ける購入者はさほど多くはないので、空席になる確率が高い。

大体どこの球場でも7回終了後あたりまでに当日の動員数はスコアボードで公表されるが、その数が、球場に足を運んだ人の目の前に広がる光景と違和感があるからこそ、水増し疑惑は今も絶え間なく囁《ささや》かれるのだろう。

ルール上は実際に来場していなくてもカウントしてよしとされているわけだが、球団がそれを声高に説明しないのは、後ろめたさがあるということか。

2004年と2005年の観客動員数

単位：人

	総動員数		1試合平均		
	2004年	2005年	2004年	2005年	前年比
北海道日本ハムファイターズ	1,616,000	1,365,643	24,485	20,083	82.0%
東北楽天ゴールデンイーグルス	−	977,104	−	14,369	−
西武ライオンズ	1,649,000	1,103,148	24,612	16,223	65.9%
千葉ロッテマリーンズ	1,596,000	1,334,014	23,821	19,618	82.4%
大阪近鉄バファローズ	1,338,000	−	19,970	−	−
オリックスバファローズ(ブルーウェーブ)	1,415,000	1,356,156	21,439	19,943	93.0%
福岡ソフトバンク(ダイエー)ホークス	3,070,000	2,115,977	46,515	31,117	66.9%
パ・リーグ計	10,684,000	8,252,042	26,800	20,226	75.5%
読売ジャイアンツ	3,744,500	2,922,093	54,268	40,029	73.8%
ヤクルトスワローズ	1,686,000	1,307,731	24,435	17,914	73.3%
横浜ベイスターズ	1,500,000	976,004	21,739	13,370	61.5%
中日ドラゴンズ	2,330,500	2,284,400	33,775	31,293	92.7%
阪神タイガース	3,523,000	3,132,224	51,058	42,907	84.0%
広島東洋カープ	986,000	1,050,119	14,290	14,385	100.7%
セ・リーグ計	13,770,000	11,672,571	33,261	26,650	80.1%
セ・パ合計	24,454,000	19,924,613	30,030	23,438	78.0%

NPB公表値もとに筆者作成。

技術的には実来場者数のカウントは可能

それにしても、なぜ「実数」ではなく「実数に近い数値」などというわかりにくい方法を選んだのか、正確なところは不明だが、技術的な問題でないことは確かだ。

最近はQR発券、もしくはさらに一歩進めてQRコードをスマホ画面に表示させ、ゲートの読みとり機にかざす、完全チケットレスを導入している球場も出てきている。

そういう球場では、少なくともQR入場者については、もぎった半券を手で数える必要はない。

以前は筆者ももぎった半券をゲーム時間中にカウントし終わらないせいかと思っていたが、ある球界関係者に「当然できるに決まってるでしょ。手で1分に何枚数えられるかやってみたら？」と言われ、実行してみて考えが変わった。

指サックを使えば1秒で2枚は数えられる。全てが紙のチケットの発券だとしても、3万枚数えるのに必要な時間は1万5000秒。分単位で言えば250分。1人で数えると4時間かかるが、2人で数えれば2時間。3人なら1時間20分程度で済む。

要は「できない」のではなく、別の事情、つまり動員数が少なく、水増しをしたい心理が働く球団が存在し、その必要がない球団がその心理を汲んだということなのかもしれない。

公表値と現実、ギャップが出にくい条件とは

年間指定席については、どこの球団もオークションサイトやチケットショップなどへの転売を禁止している。ただ、購入者が全試合行ける訳ではないことは球団側も承知している。このため、購入者に対し、行けなかった日の分を他の日の内野指定席のチケットと交換したり、球場内で使用できる商品券と交換できたりといった措置《そち》を講じている球団もある。

球団にとって、年間シートはまとまったキャッシュがシーズン開始前に一括で入る、重要な商品だ。黙っていても完売し、キャンセル待ちの人が列を成して待っているような球団ならいざしらず、営業戦略上も購入を躊躇させるファクトは取り除くメリットはある。だが、転売を禁じるだけで何の措置も講じていないと、当然行けない日の分はチケット取引サイトに出品されてしまう。他のチケットとの交換措置をとっている球団のものですら、人気のある球団の年間指定席券だと大量に出品され、それが高値で落札されているのが現実だ。

こうしてセカンダリーマーケットが球団の好むと好まざるとにかかわらず確立している球団だと、年間シートホルダーで行かない人のチケットは、セカンダリーマーケットで買い取られることで、結果的に座席が埋まる。

甲子園周辺や梅田周辺のチケットショップに出回るチケットは、多くの場合年間シートだし、国内最大のチケット取引サイト・チケットキャンプにも、まだ年内だというのに（本稿執

筆時点)、東京ドームの巨人戦の年間シートが出品されはじめている。

しかし、球団の営業力は優れていて、年間シートはけっこう売れているが、セカンダリーマーケットは確立していない、あまり人気がない球団だと、席は空いたままになり、公表数値とのギャップの原因になってしまう。

水増し疑惑が常に囁かれる球団は特定の球団に限定されている。そういう球団は、おそらく営業力と人気のギャップが大きいのだろう。

いっそのこと営業力がなく、そもそも年間シートがあまり売れていない球団であれば、水増しできる余地がなく、結果的に実来場者数とのギャップが小さくなるのかもしれない。

7 チケットは誰が売っているのか

プレイガイドへの分配に影響する球団の人気度

チケットつながりで、次はチケットは一体誰が(どこが)売っているのかを取り上げたい。

プロ野球のチケットを購入できるルートは、大まかに言えばインターネットと球場窓口、ぴあなどのプレイガイドの店頭の3ルート。

おそらく今の時代、チケットの購入はインターネットが中心だろうから、ここではインターネットでの購入ルートを掘り下げてみよう。

インターネットでの購入は、さらに球団直営のチケットサイトと、ぴあやイープラス、ローチケHMVなどのプレイガイドサイト、コンビニサイトでのルートに分かれる。

球団が直接売らずにプレイガイドなどに卸すチケットの対象座席は、各プレイガイドやコンビニごとに、ブロックを区切ってまとめて卸している様で、コンビニサイトで座席指定で買おうとすると、買える座席として表示される場所がはっきりしているのでよくわかる。

プレイガイド等への委託には、委託手数料が1枚につき5％、もしくは7～12％かかるということも、前出の藤井前日ハム球団社長の著書に記されている。

球団としてはプレイガイドへの委託分が増えれば増えるほど手数料負担が増えるので、自力で売れるに越したことはないのだが、販売力がないチームは委託に頼らざるを得ないということだろう。

座席の配分権も、そもそもは球団側にあるとはいえ、球団自身の販売力が弱く、プレイガイドへの依存度が高いと、配分に係る発言権はおのずとプレイガイド側の方が強くなる。

場合によっては、対外的に見える部分は球団自前のチケットサイトのように見せながら、実際のオペレーションを、提携先のプレイガイドに丸投げしている球団もあるらしい。

逆に、自力で売る力がある球団には、プレイガイド側で、多少なりとも扱わせてもらえないかとお願いする関係になる。

システム構築にかかる有形、無形のコストを負担することが合理的ではないと判断すれば、丸投げになるし、自力で売る力がある球団は、チケットサイトのシステム増強も断続的に行っており、人気カードの発売日にシステムがダウンすることがないよう対応している。そこには当然、相当なお金がかかっていることは言うまでもない。

ちなみに、ファンクラブ会員以外の一般の人がチケットを買うための窓口も、球団のチケットサイトでは設けているのが普通で、会員登録をすれば利用できて、クレジットカード決済でチケットの受取場所を球場窓口にしておくと、通常は一切手数料はかからない。

巨人と中日には、一般の人がチケットを買う際に、球団のチケットサイトを利用するための会員登録制度は一見なさそうに見えるが、無料のファンクラブがそれを代用する形をとっている。

チケットゲッターはファンクラブ会員⁉

Bクラスが常態化しているチームでも、瓢簞《ひょうたん》から駒でクライマックスシリーズに進出したり、場合によっては優勝してしまうことがある。2015年シーズンのヤクルトがそうだった。

一部の例外を除けば、たいがいの球団はシーズン終了までファンクラブの入会を受けつけている。チケットを一般売り出し日より早く購入できる特典目当てに、転売目的のチケットゲッターがシーズン終盤になって、ファンクラブに入会する例は少なからずあるらしい。

Aクラスが常態化しているチームの場合はより顕著で、最高ランクに1人で2口も3口も入る人はかなりの確率でゲッターだという。

最高ランクの会員は、会員同士の中でも早く、多くの枚数を先行取得できるので、リーグ終盤の大一番や、クライマックスといった人気カードのチケットを、ファンクラブ枠で先行取得し、いち早くオークションサイトに出品するのである。

1人で2口、3口、なぜ入れるのかというと、グッズが選択制になっていると、グッズを全部ほしいという理由を述べ立てられ、球団としても断りづらくなるらしい。

チケット取引サイトは便利な存在である一方、ゲッターの跋扈《ばっこ》は本当に観戦したいファンから、正規料金でチケットを買う機会を奪ってしまう。

一応、球団側ではゲッターくさい会員の購入行動はモニターしてはいるが、ゲッターの存在撲滅はなかなか難しいらしい。

8 参入障壁の権化、加盟金改め保証金

球団の親会社の経営が傾き、球団株式を手放す話が出ると、必ず障壁になるのが加盟金だった。2004年に近鉄とオリックスの合併騒動に端を発する球界再編問題が起きるまでは、新規にチームを作って参入する場合は60億円、既存球団の株式を譲り

受けて参入する場合は30億円の加盟料を支払う規定になっていた。

1988年に南海電鉄からホークスを買ったダイエーも、阪急電鉄からブレーブスを買ったオリックスも、ともに30億円を支払って参入している。

2004年の制度改正までは、60億円ないし30億円はNPBに取られっぱなしの性格のお金だったはずだが、2004年9月25日のプロ野球実行委員会で、取りっぱなしの加盟料30億円からその中身の性格が一部衣替えした。

具体的には25億円を保証金、4億円を野球新興協力金、1億円を加入手数料とし、4億円と1億円は取りっぱなしだが、25億円の保証金は10年後に返還する性格のものに変わった。

このため、同年に参入したソフトバンクも楽天も、この規定に従って30億円を納付しており、10年後に返金される25億円が資産計上されている痕跡及び10年が経過し、返還を受けた痕跡が官報公告上のバランスシートに載っている。詳しくは第2章の両球団ページをご参照いただきたい。

尚、2001年に横浜ベイスターズの親会社となったTBSの場合は、筆頭株主の交代というロジックで取られっぱなし型の30億円の支払いを免除されているが、TBSから球団株式を取得したDeNAは25億円が10年後に返ってくる制度下で30億円を支払って参入している。

9　選手年俸は球団の経営方針を映す鏡

球場使用料とならぶ、球団経営に係る2大必要経費である選手年俸。その額も実は正確なところは開示されていない。

手がかりはスポーツ新聞の契約更改報道と、プロ野球選手の労組であるところの日本プロ野球選手会が公表している支配下公示年俸。選手会HPのトップページ左上に並んでいるコマンドのうち、上から3番目の「ファン必見！『ファンページ』」のところに載っている。

基本データは選手からのヒアリング、つまり自己申告で構築されていて、球団別、ポジション別、年齢階層別など、様々な角度から集計されたものが載っている。

ただ、このデータの難点は、とにかく自己申告であること。基本的に実際より少なめに申告する選手が多いらしい。

もう1点は、選手会に所属していない外国人選手の分が抜けている点だ。外国人選手といっても、外国籍ならだれでも球界で言うところの外国人枠に入るわけではない。

外国籍でも日本の高校、大学を出ている場合は外国人枠には入らないし、日本でのプレーが長期化し、FA権を取得すると外国人枠をはずれる。

従って、福岡第一高校出身の陽岱鋼《ようだいかん》選手ははじめから外国人枠ではないし、アレックス・ラミレス選手（現・ベイスターズ監督）も途中から外国人枠をはずれた。

外国人選手は高額で雇われてくることが多く、2〜3人で一気に10億円くらい軽く年俸総額がハネ上がってしまう。

日本人選手の実態を知るにはこの選手会の統計が役立つが、球団経営の視点から総額を知るには誤差が多き過ぎる。

球団は本当の年俸総額は公開しないので、本書執筆にあたっては、選手会公表の年俸総額に、その年にその球団に在籍した外国人選手の年俸を、過去の報道を頼りに加算して各球団の年度別年俸総額を算出してみた。

従って、推定値の域を出ないことは認めざるを得ないが、大きくはずしてはいないと思う。

球団ごとにそのとき、そのときの経営方針がしっかり現れていて、出来上がった数値を眺めてみてなかなかに興味深かった。

好成績なのに年俸はしっかり抑え込んでいる日本ハム。成績に報いる形で年俸が急上昇し、金満球団の誉高い巨人をも抜き去ったソフトバンク。ドケチ経営まっしぐら、6億円の年俸を払っていた黒田博樹投手が去って、またもや球界最低に戻るであろう広島。恐怖のリストラの痕跡《こんせき》が生々しい中日。

詳細はそれぞれ第2・3章の球団別ページをご参照いただきたい。

球団別推定選手年俸総額推移　　単位：百万円

パ・リーグ

	2006	2007	2008	2009	2010	2011	2012	2013	2014	2015	2016	平 均
北海道日本ハムファイターズ	2,605	2,108	2,278	2,400	2,543	2,529	2,548	2,496	2,411	2,343	3,066	2,484
福岡ソフトバンクホークス	3,241	3,230	3,562	3,245	3,158	3,574	3,344	3,045	3,836	4,834	5,732	3,709
千葉ロッテマリーンズ	2,665	2,662	2,670	2,717	2,398	2,255	2,203	2,329	2,498	2,449	2,814	2,515
埼玉西武ライオンズ	2,913	2,977	2,213	2,520	2,525	2,618	2,592	2,416	2,263	2,456	3,148	2,604
東北楽天ゴールデンイーグルス	1,803	1,720	1,727	2,112	2,396	2,495	2,275	2,351	2,713	2,301	2,634	2,230
オリックスバファローズ	2,538	2,124	2,344	2,516	2,010	2,260	2,361	2,506	2,492	3,838	3,778	2,615
合 計	15,765	14,821	14,794	15,510	15,030	15,731	15,323	15,143	16,213	18,221	21,172	16,157
平 均	2,628	2,470	2,466	2,585	2,505	2,622	2,554	2,524	2,702	3,037	3,529	2,693

セ・リーグ

	2006	2007	2008	2009	2010	2011	2012	2013	2014	2015	2016	平 均
広島東洋カープ	1,705	1,765	1,533	1,705	1,650	1,881	1,735	2,006	1,960	2,574	2,540	1,914
読売ジャイアンツ	4,064	4,182	5,240	4,532	4,871	3,875	3,670	4,277	4,574	4,658	4,963	4,446
横浜DeNAベイスターズ	2,284	2,135	2,397	2,276	2,532	2,330	1,923	2,401	2,124	2,265	2,383	2,277
阪神タイガース	3,334	3,729	3,406	3,900	3,421	4,076	3,875	2,829	3,808	3,345	3,380	3,555
東京ヤクルトスワローズ	2,653	2,632	2,265	2,343	2,423	2,789	2,516	2,294	2,319	2,608	3,228	2,552
中日ドラゴンズ	3,686	3,969	3,866	2,933	3,086	3,434	3,359	3,288	2,675	2,552	2,443	3,208
合 計	17,726	18,412	18,707	17,689	17,983	18,385	17,078	17,095	17,460	18,002	18,937	17,952
平 均	2,954	3,069	3,118	2,948	2,997	3,064	2,846	2,849	2,910	3,000	3,156	2,992

日本プロ野球選手会の支配下公示年俸調査結果に各種報道による外国人選手年俸を合計して算出。

10 球場スタッフの雇い主は球場？ 球団？

球場の入口で荷物チェックをしたり、チケットをもぎったりしているスタッフ。スタンドの座席入口でチケットの座席番号をチェックしたり、場内を案内しているスタッフ。試合開始前と終了後、それにイニング間でグラウンド整備をしているグラウンドキーパー。ショップの販売員、警備スタッフ、清掃スタッフなど、球場では多くのスタッフが働いているが、彼らが誰に雇われているのか、ご存じだろうか。

このプロ野球興業に於ける施設管理運営業務は、球団、球場によって部分的に外注に出している場合と、ほぼ全ての業務を外注に出している場合、ほとんどを自社のスタッフで賄っている場合とに分けられる。

東京ドームでは業界最大手のシミズオクトという会社に、ほぼ全業務を委託している様だ。入場の際の荷物チェックとチケットのもぎり業務、場内のチケットチェック及び案内、チケット売り場のスタッフ、グッズショップのスタッフ、清掃スタッフは全てシミズオクトのネーム入りのユニフォームを着ているし、警備員も胸のワッペンにＳＨＩＭＩＺＵと入っている。

ナゴヤドームもアルバイトの募集広告を見る限り、警備以外の多くの業務をシミズオクトに委託している可能性がある。警備に関してはシミズではないと思ったのは、球場で警備員の胸のワッペンを目視で確認したところ、ALSOKのワッペンだったから。このほか、西武ドームの警備員は共栄セキュリティーサービスのワッペンだった。

シミズオクトのHPによれば、なんと12球団中11球団と取引があるという。残る取引がない1球団というのは、広島である可能性が高い。というのも、広島は自社でアルバイトの募集をかけているからだ。

シミズオクトの競合先と思われるのが日本総業。同社のアルバイトの募集広告を見る限り、神宮球場の全業務を受託しているほか、横浜スタジアムにおける全業務のアルバイト募集広告を出している。募集職種の中にはスコアボードの操作やマスコットの中身などという専門性が高そうな職種も含まれている。

また、球場側が雇っているのか、球団側が雇っているのかは外形的には一切わからないが、いずれにしてもこの施設管理運営業務に係る費用は、球場が発注しているものであっても全て球団負担ということらしい。

あくまで推定値だが、施設管理運営業務委託費は、1球団あたり1シーズンで4、5億円かかっている可能性がある。にもかかわらず、球場の賃料のように球団側の不満がメディアに登場したことはかつてない。

万の単位の観客の誘導には相当なノウハウが必要であり、球団側も相応の評価をし、敬意も払っているということなのかもしれない。

グラウンド整備や球団直営のグッズショップに関しては、球団が自前の社員を確保しているケースもある様で、どちらも自社の社員の監督の下、アルバイトを雇用しているらしい。

グラウンド整備に関しては職人技でもあり、専門業者として有名な企業がいくつかある。シミズオクトや日本総業をはじめとする裏方企業のプロフィールは第4章をご覧いただきたい。

11 他球団の保護地域では無茶はご法度

プロ野球の球団には電力会社ばりのテリトリーがしっかり決められている。基本的に本拠地球場所在の都道府県を保護地域と呼び、保護地域内で他球団がゲームを開催する際には、その都道府県を保護地域としている球団に許可を得なければならない。

例えば、ソフトバンクが毎年6~7月頃に、鷹の祭典というどハデなイベントゲームを東京ドームで開催しているほか、楽天も毎年4月に東京ドームでイベントゲームを開催している。

東京ドームは東京都にあり、東京都が保護地域となっている球団は巨人とヤクルトなので、ソフトバンクも楽天も、巨人とヤクルトの許可を得て開催している。

2016年シーズン、巨人軍は山形、福島、富山、福井で1試合ずつ開催したが、この4

県を保護地域としている球団はない。楽天の保護地域は宮城県であって、山形や福島は同じ東北でファンも沢山居そうだが保護地域外。従って、巨人軍は誰にも許可をとる必要なく開催できたはずだ。

ただし、何年かに1度開催している札幌円山球場は北海道内にあるので、ここで開催するときはファイターズの許可がいる。

そのファイターズは、北海道移転前までは東京ドームを本拠地にしていた関係からか、今も東京ドームで主催ゲームを開催しており、２０１６年シーズンは7試合だった。この7試合に関しても、例年のことながら、巨人、ヤクルトには許可を得ているはずだ。

阪神は春、夏の高校野球の時期は甲子園を追い出されるので、開幕直後と8月は京セラドームを使っている。甲子園球場は兵庫県にあるので、阪神の保護地域は兵庫県。一方、大阪府内にある京セラドームを本拠地にしているのはオリックスなので、京セラドーム開催はオリックスの許可を取っているはずだ。

もっとも、オリックスは近鉄との合併前に使用していたほっともっと神戸で今も年間十数試合開催しているので、阪神とはお互いに許可を与え合っているのだろう。

保護地域内では積極的な宣伝や営業活動も控えなければならない様で、ヤフオク！ドームで開催される鷹の祭典の日は、博多駅構内は言うに及ばず、福岡市内の交通機関のスタッフまでソフトバンクのユニフォームを着用し、ソフトバンク一色に染まっているが、それと同じことを東京でやることは許されない。

12 球団社長と球団代表、どちらがえらいのか

球団社長以外に球団代表というポストを設けている球団は少なくない。それぞれの役割もまた球団ごとに異なる。

球団には必ず連盟担当の役員というのが居る。実行委員会をはじめ、他球団との会合の場に出て行く役員のことを言い、多くの場合は球団社長とは別の人が就く。その連盟担当＝球団代表としている球団もあれば、オーナー代行のことを指したり、或いは連盟担当はまた別に居て、不祥事が起きた際などに、球団を代表してメディアの前で頭を下げるなど、メディア対応のトップを球団代表と言っていることもある。

イメージとしては、球団代表は選手マネジメント及び事業マネジメントの責任者で、社長は経営全般の責任者。ゼネラルマネージャー（GM）制度を導入している球団の場合、GMは選手マネジメントに関する現場責任者で、そのGMの上に居る役職者が球団代表といったところだ。

いずれにしても、球団代表は球団の取締役もしくは執行役員が就任するものなので、レポ

ートライン的には社長の方が上ということになる。

13 球団ごとに異なるファンクラブ会員の定義

ファンクラブ会員の定義も球団によって様々

ファンクラブ会員の定義も球団によって異なる。有料会員以外に無料会員制度を設けている球団があったり、有料会員のランクの設定も球団によって全く異なるからだ。

例えば楽天は年会費500円のベーシックから、年会費10万500円のブースターまで8段階もあるし、ヤクルトは年会費2500円のライト会員から1万3000円のプラチナ会員まで5段階あるほか、無料会員制度もある。

巨人軍のG－poも年会費3500円のジュニア、4800円のプライム、3万2400円のチャンピオンの3種類の有料会員制度に加え、年会費無料のエンジョイメンバーという区分もある。

このエンジョイメンバーというのに登録をしておかないと、チケットを球団サイトで買えず、プレイガイドやコンビニのサイトで買わざるを得なくなる。手数料をタダにするために、巨人軍のファンではない筆者もエンジョイメンバーに会員登録をしている。

中日ドラゴンズも2016年シーズンからようやく球団のチケットサイト「ドラチケ」を

設ける様になったのだが、利用できるのはファンクラブ会員のみ。

ファンクラブの有料会員であれば、クレジットカード決済でチケットを球場受取りにすると手数料がタダになり、無料会員だとクレジットカード決済でチケットを球場受取りにしてもなおシステム使用料216円を取られる。

それでも会員登録をしていないと、プレイガイドからの購入になり、球場受取りもできないので、決済手数料、発券手数料、システム利用料で合計540円かかる。このため、中日ファンではない筆者も無料ファンクラブ会員登録をしている。

各球団直営のチケットサイトでチケットを買うには、そのチケットサイトへの会員登録が必要だ。巨人、中日以外の球団の場合は、そこに登録をしている人をファンクラブ会員とは言わないが、巨人と中日の無料ファンクラブ会員は、他球団のチケットサイト会員のような位置づけだ。

定義や位置づけが様々なせいか、球団によってファンクラブの会員数を公表する、しないの方針にもバラつきがある。表面的な人数だけで他球団と比較され、人数が少ないと思われるのがイヤだという心理が働くらしい。

強豪チームほど他チームのファンが会員になる

そのチームのファンではない会員が、チケットの優先販売枠を目的に、一定割合存在するというのも、ファンクラブの一つの側面だ。

ファンクラブに入会する人の動機として、第1番目に上がるのは、チケットの優先販売権だろう。

ファンクラブ会員は一般発売よりも前に前売りの販売が始まるので、クライマックスや日本シリーズなど、チケットの入手が困難なゲームのチケットを確保するため、そのチームのファンではなくても入会するのである。

当然、万年Bクラスのチームのファンは、クライマックスだの日本シリーズだのとは無縁だが、Aクラスの常連もしくはAクラスとBクラスを行ったり来たりというチームのファンは、ライバルとなるチームのファンクラブにも入る。

例えば3位になったチームのファンは、クライマックスのファーストステージは2位チーム主催で開催されるので、2位チームのファンクラブ会員登録をしていると、早めにチケットを押さえることができる。

交流戦や日本シリーズ対策のために、セ・リーグ球団のファンがパ・リーグ球団のファンクラブに入ったり、その逆もあったりする。日本シリーズはNPB主催なので、球団にチケット販売権はないが、先行受付枠は設けられる。

年間にかなりの日数、球場に通うコアなファンだと、必ずと言っていいほどいっしょに通う仲間がいる。自チームのファンクラブにも、仲間内で全てのランクに持ち回りで入会したうえで、ライバルになりそうなチームのファンクラブにも同様の方法で入会する。

たとえば、今シーズン、自チームの一番年会費が高いプラチナ会員に入る順番と、ライバルチームの年会費が安い会員に入る順番が同時に回ってくるようなイメージだ。

年会費が高額のランクは前売り解禁日が早いだけでなく、1回に1人が購入できる枚数も多いので、高額ランクの会員が、他の仲間の分のチケットもまとめて押さえるのである。

ちなみに、第3章のヤクルトと広島のページで詳しく述べるが、ヤクルトの本拠地・神宮球場はビジター球団のファンにとって天国なので、親会社のヤクルト本社の株を買い、株主優待で神宮の広島戦のチケットを確保しているカープファンもいる。

以上はあくまで実際に球場に行く人の話だが、本章の7で触れた通り、チケットゲッターたちも同様の行動を取っており、大量のチケットが転売目的の人たちの手に渡ってしまう弊害が起きてもいる。

年会費収益は、球団の収益全体の中でのシェアは数%でしかない。しかし、プロ野球興業は対戦相手がいなければ成立しないビジネスであり、ライバルチームのファンも球団収益の一部を支える存在なのだということを、ファンクラブは象徴しているように思う。

2
パ・リーグの経営

北海道日本ハムファイターズ

「マネーボール」を地で行くクレバーな経営で顧客満足度No.1

●ミニ球団史

ルーツは1946年設立のセネタース。1947年、東急が経営参加し、球団名が東急フライヤーズとなり、東映との共同経営を経て不動産会社の日拓が買収するも、1年で球団経営を断念。1973年に日本ハムが買収し、チーム名もファイターズとなる。

本拠地球場は後楽園～東京ドームを使用していたが、2004年シーズンから北海道へ移転。札幌ドームを本拠地球場として使用しているが、年間10試合前後は東京ドームで主催ゲームを開催している。

札幌ドームは札幌市所有で第三セクターの㈱札幌ドームが指定管理者として管理を受託。球団は賃借の形で使っており、今では少数派となった、球団・球場が一体化していない3チームの1つ。

北海道へのフランチャイズ移転を機に球団改革を進め、北海道移転初年度に136万人だった公式戦観客動員数は、移転13年目の2016年シーズンに200万人を突破した。

ファンに決算報告をした唯一の球団

経営数値に関する公表を極端に嫌う球界にあって、2015年秋のファンフェスティバル終了後にファンミーティングを開催、球団の収支を報告した。

売上高は毎年110億〜120億円、2007年から黒字化しているものの、親会社からの30億円の広告宣伝費なかりせば、ダルビッシュ有投手の移籍金40億円が入った2012年12月期以外は赤字であること、観客動員数が2009年以降横ばい傾向であることなどを公表したという。

ファイターズの収益構造に関しては、他球団とは比較にならないほどの手がかりがある。2006〜2011年まで球団社長を務めた藤井純一氏が『監督・選手が変わってもなぜ強い?』（光文社新書）という著書をしたためており、この中で、チケット、放映権、スポンサー収入、グッズ販売、そして後述する選手の評価システム、ファンクラブ運営に関する考え方や、実際に実施した施策などについて、かなり具体的な話を開示しているのである。

数字についての記述は限定的だが、2009年12月期の時点で、売上高の構成比を開示しており、これによるとチケット収入が33%、放映権が8%、グッズが11%、スポンサー収入が38%、その他収入が10%となっている。

7年経った現在も概ね同じかどうかは不明だが、スポンサー収入やグッズだけが、200

9年当時と比べて著しく伸びているという印象はないので、さほど変わっていないのではないかと推測する。業績表の売上高欄は、観客動員数や昨年のファンミーティングで開示された情報、藤井氏の著書などを参考に筆者が作った推定値である。それなりに計算根拠はあるつもりではいるが、あくまで推定値であることをお含みおきいただきたい。

ダルビッシュマネーを温存？

この球団は球場を所有していないのはもちろん、楽天のように改修した球場設備を球場所有者に寄付し、その見返りに営業権を得ているということもない。

おそらく流動資産の大半は現預金、固定資産は札幌市内の室内練習場、2軍の拠点である鎌ケ谷スタジアムの土地建物等であろうと思われる。

流動資産が2012年12月期に急増しているのは、ダルビッシュ有選手の移籍金40億円が入金されたため

北海道日本ハムファイターズの財務数値集計表

単位：百万円

決算期	官報公告ベース							売上高（推定）	来場者数（千人）				シーズン順位
	総資産			負債		総資産	・		ホーム総計	公式戦		CS・日本シリーズ	
		流動	固定		流動		当期純益			ホーム	ロード		
04/12	2,144	385	1,749	3,657	3,586	▲1,512	▲1,712	4,900	1,616	1,616	-	-	3
05/12	1,995	276	1,711	2,904	2,769	▲908	604	5,700	1,365	1,365	-	-	5
06/12	2,294	625	1,664	2,674	2,498	▲380	528	7,800	1,813	1,603	-	210	1
07/12	3,036	1,246	1,787	2,490	2,267	545	926	9,000	2,125	1,833	-	292	1
08/12	2,791	1,056	1,735	2,073	1,760	717	172	8,300	1,873	1,873	-	-	3
09/12	3,376	1,732	1,643	2,329	2,032	1,047	329	10,000	2,269	1,992	1,525	277	1
10/12	2,655	1,190	1,465	1,502	1,291	1,153	106	9,400	1,945	1,945	1,563	-	4
11/12	3,373	1,970	1,403	1,874	1,675	1,498	345	10,800	2,073	1,990	1,729	83	2
12/12	7,821	6,432	1,388	3,641	3,478	4,179	2,681	15,800	2,067	1,858	1,593	209	1
13/12	6,023	4,389	1,634	1,569	1,397	4,454	274	11,000	1,855	1,855	1,763	-	6
14/12	6,435	4,500	1,935	1,792	1,609	4,643	188	11,200	1,897	1,897	1,702	-	3
15/12	7,194	4,558	2,636	2,170	1,990	5,024	381	12,300	2,073	1,959	1,858	114	2
16/12	-	-	-	-	-	-	-	14,300	2,384	2,078	1,951	306	1

来場者数はNPB公表値。CS、日本シリーズはホーム開催時。

ホーム総計は公式戦ホームとCS、日本シリーズホーム開催時の合計。

であることは明らかだ。

この40億円の収入は、前期比減収減益が確実だった、親会社日本ハムの2013年3月期の連結決算を増収増益に導く効果をもたらした。

翌期に20億円落ちているのは、税金を支払うために現預金を取り崩したか。**残額を未だ温存しているのは、新球場建設のための布石かもしれない。**

少し遡って2006年12月期までは純資産がマイナス、つまり債務超過だったことがわかる。2007年12月期に黒字化し、債務超過も解消したことが見てとれ、2015年秋のファンミーティングで公表されている「2007年に黒字化した」という話と符合する。

ちなみに親会社・日本ハムから支払われているという30億円のスポンサー料について、藤井氏は一貫して「球団の価値に見合う対価をもらっているのであって、損失補填ではない」と主張している。

従って、日本ハムが支払っているスポンサー料30億円は、特別利益ではなく、他のスポンサーからの収入同様、売上高に計上しているはずである。

藤井氏は著書の中で、かつての球団がスポンサー収入獲得を広告代理店任せにし、自ら営業活動をしていなかったことに加え、スポンサー営業に関するノウハウも惜しみなく開示している。読者諸氏には是非とも一読されることをお勧めしたい。

地上波中継率は球界屈指の64％

第1章で述べた通り、パ・リーグ6球団はゲームの映像を球団で制作し、中継放送するテレビ局には、球団制作の基本映像を提供する形で放映権料を得ている。

パ・リーグ6球団が共同出資で設立したPLM（パシフィックリーグマーケティング）という会社で、パ・リーグTVというインターネットTV事業も展開している。

ファンはホームもビジターも関係なく、そのチームのゲームを見たいもの、という需要に応えるもので、1か月950円（パ・リーグ6球団いずれかの有料ファンクラブ会員の場合）でパ・リーグ6球団の主催ゲームが見放題のサービスである。

球団自身による基本映像の制作は、このパ・リーグTVに提供する目的で始められたものかと思っていたのだが、藤井氏の著書によれば、シーズンオフにそのシーズンのハイライト部分をまとめたDVDを出そうにも、中継をテレビ局任せにした結果、映像の著作権がテレビ局にあると、対価を出して買わねばならなくなるというのが動機だった、とある。

首都圏に住んでいると、プロ野球の地上波でのテレビ中継とはおよそ無縁になる。CSではスカパー！が月額3980円でプロ野球セットを販売、12球団の全試合が見られるが、この金額を出して契約する人はかなりコアなファンに限られる。

しかし、地方では事情が全く異なり、ファイターズの場合、2016年シーズンは主催ゲームが71、ビジターゲームが72あったが、このうち主催61ゲームが地元の5つのテレビ局によって地上波中継されている。主催ゲームの地上波中継は毎年概ねこの水準で、北海道のテレビ関係者によると、視聴率はいずれも二桁台後半を確保しているらしい。

加えて、2016年シーズンは6月18日からの15連勝で、首位ソフトバンクを猛追したこともあり、ビジターゲームが31回地上波中継されており、この回数はカープと同じ。阪神が48回という驚異的な回数なので、それと比較すれば見劣りするが、球界屈指の水準であることは間違いない。

ビジターでの中継は、球団に直接金銭的恩恵をもたらすものではないが、北海道地区に於けるコンテンツとしてのバリューの高さを証明するファクトであり、スポンサー営業を有利に展開する材料になっているはずだ。

自慢のBOSで驚異のパフォーマンスを実現

ファイターズと言えばBOS（ベースボールオペレーションシステム）。「マネーボール」ばりの球団オリジナルの選手評価分析システムである。システム構築に2億円を投じたことも、藤井氏の著書に記されている。

もともとは球団に予算がなく、高額の年俸で有力選手をスカウトすることができない中で選択した戦略で、メジャーで使われているシステムを参考にしつつ、**選手の性格、礼儀、マナー、忠誠心**など日本球界ならではの価値観や判断基準を取り入れて構築したらしい。

ドラフト指名選手や自由獲得枠で獲得する選手の選定にも使い、チームの強化方針もBOSを基準に獲得した選手を2軍で育てる「育成型」に変更。


監督選びの基準も、「育成で勝つという方針を理解した上で、ファンサービスができる人物」とある。


BOSの運用開始は2005年のオフシーズンからの様なので、2006年シーズン以降の11シーズンのファイターズの成績を振り返ってみると、導入初年度の2006年シーズンでいきなり日本一。

以降は2016年シーズンまで日本一はお預けとなるが、リーグ優勝5回（うち日本一が2回）、リーグ2位とリーグ3位が2回ずつ、4位と最下位が1回ずつで、11年間でBクラスは2回しかない。

一方で球団別年俸総額ランキングでは10位が2回、9位が1回、8位が4回、7位が2回、6位が2回。11年間の平均では9位。金額ではソフトバンクの6割強、巨人の5割強である。

11年間の平均で1ランク上の8位のロッテの成績は、同じ11シーズンで最下位1回、5位2回、4位3回、3位が4回、2位が1回。リ

北海道日本ハムファイターズの年俸総額推移　　単位：百万円

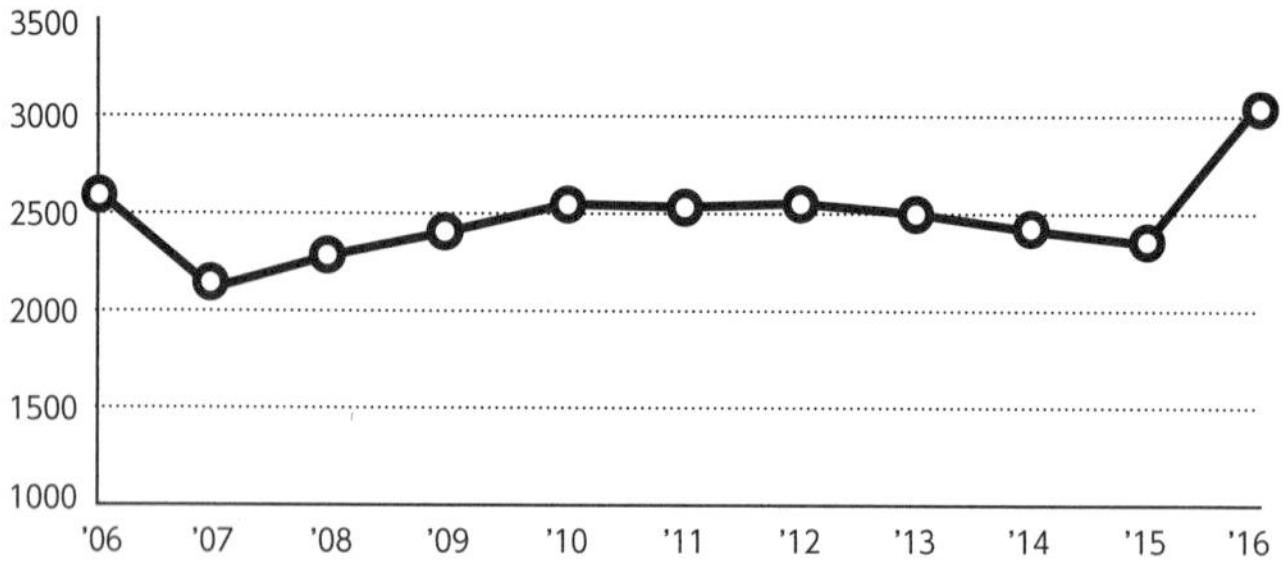

ーグ優勝は1度もなく、その代わりに2010年シーズンに3位から下克上で日本一になっているが、Bクラスが半分以上の6回ある。

7位のヤクルトに至っては、最下位3回、5位と3位が2回ずつ、4位とリーグ優勝が1回ずつ。Bクラスの回数はロッテと同じ6回。

6位より上位でBクラス2回以下はソフトバンク（2回）と巨人（1回）の2チームしかない。リーグ優勝の回数では、ソフトバンクが4回、巨人が6回。リーグ優勝回数ではソフトバンクを上回っている。言うまでもなくこの2チームは群を抜く高額年俸チームであり、ファイターズのパフォーマンスの高さは突出している。

2年契約2億5000万円で契約更改したとされ、2016年シーズン本塁打王と日本シリーズMVPを獲得したレアード選手も、来日1年目の年俸はわずか6000万円だった。ちなみに2016年シーズンは2015年までの水準から一気に上がった感があるが、特段高額年俸の選手が入ったわけではなく、大谷翔平選手、増井浩俊選手が1億円アップを勝ち取り、バース、マーティンの両外国人選手を獲得した以外は、前シーズンに活躍した選手の年俸が少しずつアップしたことによるものだ。

高水準の顧客満足度

慶應義塾大学工学部の鈴木秀男教授が、2009年から毎年1月に実施している顧客満足度調査でも、ファイターズは、2009年から2013年まで5年連続で12球団中1位。

リーグ最下位に沈んだ2013年シーズン終了後の調査となった2014年1月の調査ではさすがに6位に落ちたが、2015年、2016年は2年連続で2位。

2016年シーズンは日本一に輝いただけでなく、大谷翔平選手の投打両面での驚異的な活躍があったので、2017年1月の調査では1位に返り咲く可能性は高い。

ただし、25年ぶりに優勝を果たし、鈴木誠也選手の活躍が「神《かみ》ってる」という流行語を生みだしたカープも、かなりのハイスコアを獲得する可能性があるので、日本シリーズを戦った2チームのデッドヒートになることはまず間違いない。

この調査は7項目に分けてスコアリングしてはいるが、チーム成績が悪いと「チーム成績」の項目以外の項目でもスコアが落ちる傾向があるのは確か。

しかし、総合満足度6位に沈んだ2014年調査でも、「ファンサービス・地域振興」だけは高い水準のスコアを獲得している。

顧客満足度調査（順　位）

	総合満足度		チーム成績	チーム選手	球場	ファンサービス地域振興	ユニホーム・ロゴ	応援ロイヤルティ	観戦ロイヤルティ	成績
		パ								
2016年1月	2	2	3	4	2	3	7	8	3	リーグ2位
2015年1月	2	1	3	2	1	2	2	2	5	リーグ3位
2014年1月	6	4	7	6	2	3	6	5	8	リーグ6位
2013年1月	1	1	1	2	1	1	1	1	1	リーグ1位
2012年1月	1	1	2	1	1	1	1	1	3	リーグ2位
2011年1月	1	1	1	1	1	1	1	1	3	リーグ4位
2010年1月	1	1	1	2	1	1	1	1	1	リーグ1位
2009年1月	1	1	–	–	–	–	–	–	–	リーグ3位

後述するソフトバンクの場合、ファンサービスが充実している割には、ファンの評価があまり高くない印象があるが、ファイターズファンは球団に高い評価を与えている。

この違いの原因が何なのか、推測の域を出ないが、ソフトバンクファンにとって、リーグ優勝、もしくは日本一は当たり前になっているのだろう。

2016年シーズンは前半の好調さからすると、日本一どころかリーグ優勝を逃すなどありえないことだったはずだ。期待値が大きいと裏切られた時の落胆も大きくなる。

一方、ファイターズファンにとっては、リーグ優勝も日本一も決して当たり前ではないだけに、チーム成績への落胆で他の項目のスコアまで落ちる確率が低いのかもしれない。

球団が北広島への移転を計画

2016年5月、突如球団が自前の球場建設を検討していることを全国紙が報じた。候補地は札幌市のお隣の北広島市。天然芝で開閉式の屋根を設置したドーム型。2023年の開業を目指し、札幌市の秋

顧客満足度調査（スコア）

	総合満足度	チーム成績	チーム選手	球場	ファンサービス地域振興	ユニホーム・ロゴ	応援ロイヤルティ	観戦ロイヤルティ	成績
2016年1月	66.45	65.42	69.55	62.69	67.03	67.87	66.28	64.76	リーグ2位
2015年1月	69.97	64.94	70.99	66.96	70.16	70.74	73.28	72.44	リーグ3位
2014年1月	62.61	48.64	63.65	60.67	64.72	67.95	70.70	72.64	リーグ6位
2013年1月	72.12	82.77	79.57	66.56	70.76	71.71	75.35	75.96	リーグ1位
2012年1月	72.48	73.62	76.50	68.97	73.00	71.63	75.59	75.35	リーグ2位
2011年1月	75.98	76.73	81.79	72.12	76.20	76.21	77.08	76.74	リーグ4位
2010年1月	77.00	92.91	87.86	70.02	77.04	76.05	69.98	71.68	リーグ1位
2009年1月	75.49	–	–	–	–	–	–	–	リーグ3位

顧客満足度構成概念レーダーグラフ（日本ハム）

2016

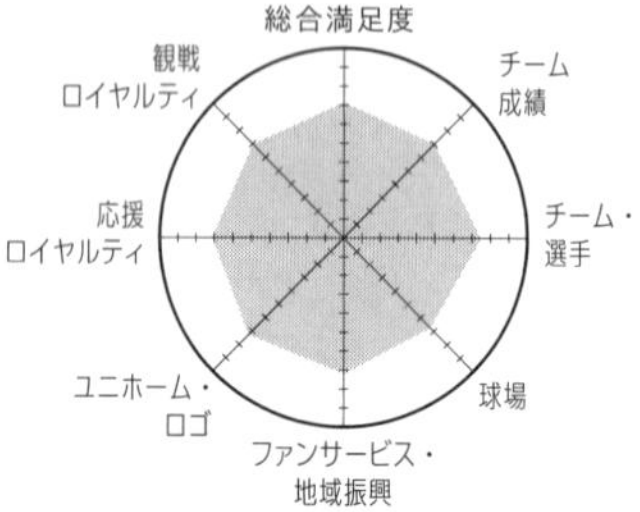

2015

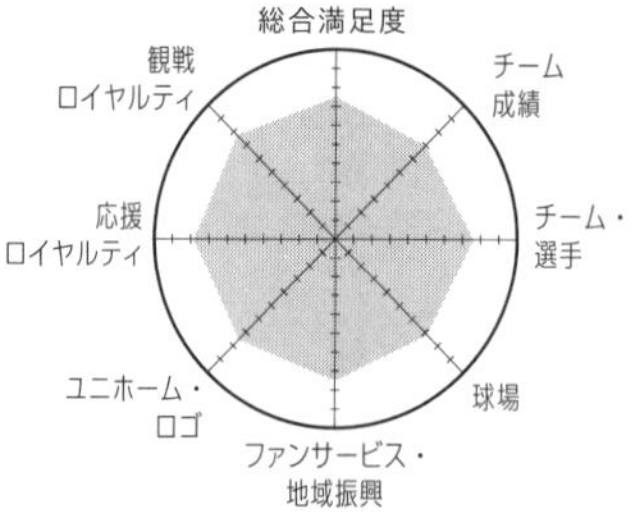

2014

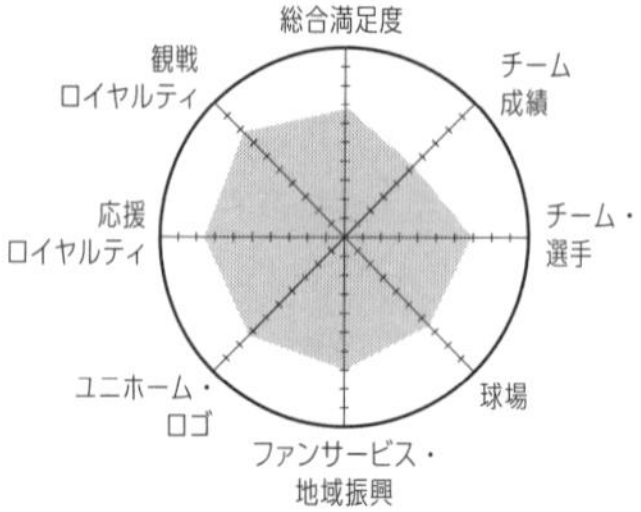

2013

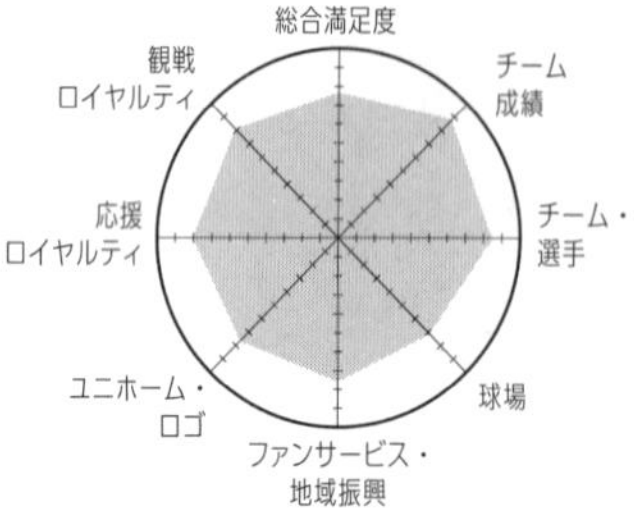

2012

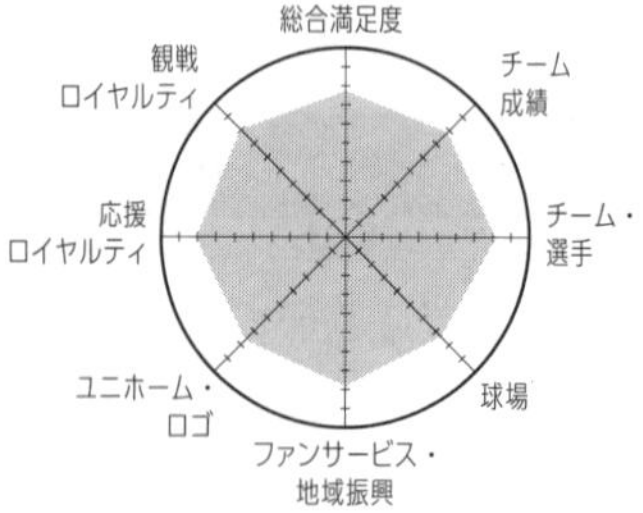

2011

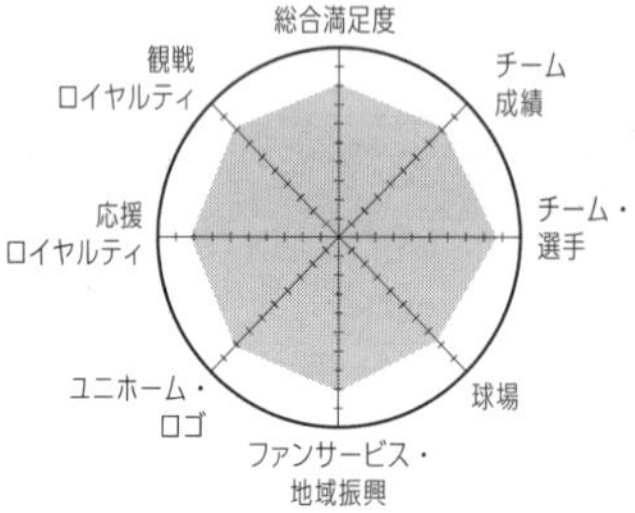

元市長からも「球団から専用球場について調査検討したいという打診が1月末にあった」というコメントまで取っている、ひどく具体的な記事だった。

正式に検討に入った旨の発表があったのは、その半年以上後の同年12月19日。親会社の日本ハムも共同で検討組織を立ち上げるという内容で、翌日はスポーツ紙のみならず、全国紙が一斉に報道。出て行かれてしまう札幌市は、ほぼあきらめているとの内容だった。

自前の球場を志向する理由は言うまでもなく球場と球団の一体化。札幌ドームはもともとサッカーのワールドカップに向けて計画された施設で、コンサドーレ札幌の本拠地でもある。野球専用ではないので、球団が負担して作ったフィールドシートも、サッカーやコンサートでドームを使う際には、球団の負担でその都度撤去作業を行わなければならないことも不満のタネの様だ。

詳細は日本ハムの節に譲るが、札幌ドームは第三セクターのイメージを覆す経営努力で黒字を維持している。

札幌市所有の施設であるドーム球場を、指定管理者として管理している立場なので、本来改修は札幌市にやってもらうべきものだが、札幌市任せにしていたらいつまでも話が進まないからと、自社負担で8億5900万円を投下、スコアボードを大型ビジョンに替えてもいる。民間企業並みのアピールぶりで、HPには過去の改修履歴がずらりと並ぶ。

しかしそれでも相手は何しろ顧客満足度No.1の球団である。球団が営業努力をすればするほど、利害の対立が深刻化していったのだろう。

藤井氏の著書には、球場でグッズを販売する際に、売上げの一部をドームに納めねばならないが、このパーセンテージがバカにならず利益が出にくいから、ドームよりも球団直営のオンラインストアでの販売に力を入れた、というようなことが書かれている。

しかも、そのために自前の球場建設を検討したことがある、とすら書いている。この書籍は2012年の発行なので、ファイターズは相当以前から自前の球場の必要性を考えていたということだろう。

ファイターズは2009〜2015年シーズンまで、ミニチュアヘルメットの容器にアイスクリームを入れた人気球場フード・ヘルメットアイスを、球団直営の移動販売車両で売る「ボーノ！」事業を展開していたのだが、これもドーム内に球団直営の店を出そうとしたものの、球場の許可が下りなかったため、やむを得ず移動販売車両の形をとったらしい。

以前、筆者は他球団の関係者から、ファイターズがロッテや広島に倣い、指定管理者になるべく本気で動いた時期があるが、実現に至らなかったという話を聞いたことがある。札幌ドームがコンサドーレ札幌の本拠地でもあるという性格上、無理な相談だったのだろう。

観客動員数増で東京ドーム時代の賃料水準に接近

もっとも、報道は賃料に対する不満ゆえの移転決意というトーンなので、具体的にはどうなのか、検証を試みたい。

球団が札幌ドームに支払っている賃料は、報道によって13億円とも15億円とも、諸説あるが、札幌ドーム条例では、入場者が2万人以内なら1日800万円、2万人を超えると1人当たり400円アップとなっている。

つまり、2万人以下だと入場者数が何人でも1人400円の2万人分で、それを超えると1人800円の超過人数分にハネ上がる。

2016年シーズン、日本ハムは年間71試合の主催ゲームのうち、60試合を札幌ドーム、7試合を東京ドームで開催。この他、静岡、旭川、帯広、函館で1ゲームずつ開催している。札幌ドームでの60試合の動員数の合計は180万6205人。1試合平均3万103人である。この人数を、条例にあてはめると、1万103人×800円＝808万2400円に、基本料金の800万円を足すと1608万2400円。これを60試合倍すると9億6494万4000円。10億円弱だ。

2016年シーズンはクライマックスシリーズと日本シリーズで合計8ゲームを札幌ドームで開催している。この8ゲームで30万6648人を動員しており、上乗せ金額は1億1731万円。

ちなみに2015年シーズンはクライマックス3ゲームが開催されているので、上乗せ分は6758万円だった計算になる。

このほかに、球団側が資金を出して設置、ドームを所有する札幌市に寄付した上で、球団が賃借している広告看板があるはずで、この賃料を足すと2016年シーズンは12億～13億円。

これに球場から球団に請求している警備等の実費が加わって15億円と考えれば、報道と一致する。

北海道移転前の東京ドームの賃料は、入場者数に関係なく1日1750万円だった様なので、年間賃料はざっと12億円。

北海道移転後の観客動員数はどうか。2004年シーズンはまだどんぶり勘定の時代なので、2年目の2005年シーズンの動員数で検証してみよう。

この年は年間68試合の主催ゲーム数で136万人。68試合の内訳は、札幌ドーム55試合、東京ドーム10試合、札幌円山球場、釧路、帯広が1試合ずつ。

開催場所別の動員数を記した資料を見つけられなかったので、過去の地方3球場での集客実績から割り出すと、札幌ドームの動員数はざっと110万人。1試合あたり2万人だから、年間賃料は4億4000万円だった計算になる。

現在の動員数は当時の倍近い。2万人を超えると単価が倍になることもあって、東京ドーム時代の賃料に近づいてきたことで、俄然、球団側の不満度が上がったのかもしれない。

自前球場の経済合理性を検討してみると……

それでは新球場に移ると球団の収支はどうなるのか。まずは建設費である。今のところどのくらいを想定しているのか、報道でも出てきていない。

過去の例で言うと、札幌ドーム（2001年竣工）が422億円、ヤフオク!ドーム（1993年竣工）が760億円、京セラドーム（1997年竣工）が696億円。

天然芝にしようとしている様なので、開閉式はマストだろう。札幌ドームはサッカーフィールドを冬季間中屋外に出しているが、これは分厚い積雪が掛け布団のような効果を発揮し、芝を保護してくれるからで、室内で芝を管理するとなると、屋根は開閉式でなければ日光を当てられない。

とすると、参考になるのはヤフオクのみ。2002年7月に刊行された、福岡3点セット（ダイエーグループが福岡市で展開した、球団・球場・ホテル事業の通称。詳細は115ページ参照）の改革秘話を綴った『プロジェクトH』（竹森健太郎著／朝日新聞社）によれば、球場に開閉式の屋根を付けたことで、建設コストが200億円余計にかかった、とある。

ヤフオクはバブルのピークで計画された施設なので、建設費もべらぼうに高かったはずだし、技術も進歩し、開閉式屋根の建設コストも下がっているかもしれないが、その一方で近年の職人の人件費や資材価格の高騰ぶりはすさまじい。

仮に、総工費が700億円、うち建物建設費が400億円だとすると、償却期間をSRC

構造の最長50年として年間の減価償却費を計算すると7億～8億円。工場、倉庫に適用される38年なら年間9億～10億円。

700億円全額を借入で調達するとして、仮に調達金利が親会社の日本ハムなみの0・8％だと、年間支払利息は5億6000万円。

10億円の賃料負担がなくなる一方で、最低でも12億～13億円の費用増になるので、ミニマムで差引2億～3億円のコストアップになる。

この他に、ゲーム開催時の警備、清掃、場内案内、グラウンド整備などの業務委託費がかかっているはずだが、その額は推定で4億～5億円。根拠は楽天の数値だ。『楽天三木谷浩史』（溝上幸伸著／ぱる出版）に、プロ野球参入当時に弾いた収支計算に関する記述があり、そこに「試合運営費5億8200万円（ホーム、移動費など）」とある。

楽天は球場の管理を通年で受託してはいるが、高校野球やリトルリーグの試合などのアマチュア野球以外で、オフシーズンにコンサートやイベントなどで球場利用させている形跡はないので、この金額がシーズン中の業務委託費と近似値であると考えられる。

今はあくまでゲーム開催時の分だけでこの額のはずで、自前で持つとなると、通年でかかるため、何倍かに増えるはずだが、その分プロ野球で使用しない日にはコンサートやイベントを誘致するのだろうから、そちらで吸収すると考えればいいだろう。

逆に言えば、プロ野球で使用しない300日の稼働を確保するため、新たに専門の営業部隊を確保する必要も出てくる。当然、札幌ドームは手強い競合先になる。

何よりも借入金の元本返済もしなければならない。となると、総工費の相当部分を北広島市に負担してもらうことも、マストではないかと思えてくるのである。

札幌ドームの開示は上場会社に準ずる水準

㈱札幌ドームはドーム施設の運営業務を担う会社として設立された第三セクターで、札幌市の出資比率は55%。それ以外は、札幌商工会議所や北海道電力、北海道瓦斯、北海道新聞など地元企業が数%ずつ出資しており、株主総数は27名。

その出自ゆえか、設立初年度からしっかり官報公告を続けている。資本金10億円で設立されているので、会社法上の大会社だからか、損益計算書も揃えて公告されている。

それどころか、2007年3月期以降は、事業報告書に貸借対照表、損益計算書、株主資本等変動計算書、個別注記までHP上にアップされており、開示姿勢は上場会社並みとまでは言わないが、それに準じる水準と言える。

報道関係者向けに決算報告もしており、その内容はHP上にもアップされているので、誰でも閲覧できる。サマリーを手っ取り早く把握するなら、この報道向けのリリースだろう。

まず、財務状況はというと、流動資産の大半は現預金、負債の大半は未払い金、前受金といった類で借入金はゼロ。財務体質は極めて良好だが、後述する通りかなり積極的に同社独自に設備投資を実施しているので、いわゆる「貯め込んでいる」印象はない。

続いて損益状況はというと、竣工《しゅんこう》・開場が2001年なので、それ以前は収入はゼロ。コンサドーレ札幌は開場当初から使用しているが、ファイターズが移転して来たのは2004年シーズンから。従って、ファイターズが支払う賃料が売上高に反映されているのは2005年3月期以降。

2011年3月期に売上高が大きく落ち込んでいるのは、期末に震災が発生、プロ野球のオープン戦が行われなかった影響だろう。

任意積立金で独自に設備投資

この年以外は売上高はファイターズの観客動員数に比例して増減しているが、営業利益は概ね安定している。営業利益が極端に減っている年は、基本的に自前で大型の設備投資を実施している年だ。2015年3月期は8億7600万円をかけて大型ビジョンの更新を実施している。建造物の所有者は札幌市なので、改修や設備増強は本来札幌市が実施すべきものだが、それを待っていると何も進まないことから、施設保全設備更新積立金という任意積立金で、中長期的な維持保全に向けた積み立てもしている。

この中から同社独自に一定金額を毎年設備投資に回しており、2001年の開業以来の15年間で、同社独自に実施した設備投資額は累計で41億9700万円に上る。有形固定資産の残高がほぼ、自前で投資した分から減価償却費を差し引いた分だ。

概ね安定的に稼ぎ出している営業利益は、最終的に設備投資に回っていることがわかる。

2018年度までに2階のトイレ増設や、スタンドの階段手すりの増設などを同社独自で計画している。ちなみに札幌市も2017年2～3月にかけ、無料Wi－Fiサービスの整備やアリーナの音響設備の更新を予定しているので、2017年シーズンはこれらのサービスをファイターズファンは享受《きょうじゅ》できることになる。

札幌ドームの財務数値集計表

金額単位：百万円　来場者数単位：千人

決算期	売上高	営業利益	当期純利益	純資産			負債		純資産		来場者数		順位
					流動	固定		流動		利益剰余金		ファイターズ	
99/3	0	▲89	▲5	1,051	1,042	2	56	56	995	▲5	－	－	－
00/3	0	▲228	▲104	932	924	3	42	42	889	▲110	－	－	－
01/3	0	▲394	▲53	928	922	2	92	83	836	▲163	－	－	－
02/3	2,245	123	256	2,220	2,206	11	1,126	1,093	1,093	93	1994	－	－
03/3	2,091	91	64	1,966	1,805	161	808	775	1,157	157	1858	－	－
04/3	2,226	195	136	1,977	1,444	532	682	646	1,294	294	1,808	－	－
05/3	2,743	356	242	2,515	1,693	821	978	942	1,536	536	2,338	1,365	3
06/3	2,883	335	233	2,936	2,199	736	1,186	1,149	1,750	750	2,116	1,603	5
07/3	3,536	297	208	3,273	2,553	719	1,334	1,297	1,938	938	2,685	1,833	1
08/3	3,677	452	318	3,680	2,592	1,088	1,443	1,407	2,237	1,237	2,973	1,873	1
09/3	3,127	150	116	3,385	2,257	1,128	1,052	995	2,333	1,333	2,997	1,992	3
10/3	3,694	383	166	3,796	2,702	1,094	1,316	1,249	2,480	1,480	3,079	1,945	1
11/3	2,847	51	40	3,416	2,537	878	916	853	2,499	1,499	2,453	1,990	4
12/3	3,617	362	232	3,922	3,437	485	1,210	1,142	2,711	1,711	3,069	1,858	2
13/3	3,645	379	243	3,891	3,175	716	956	877	2,935	1,935	2,874	1,855	1
14/3	3,315	122	74	4,179	3,525	654	1,189	1,105	2,989	1,989	2,783	1,897	6
15/3	3,677	▲492	▲427	3,588	2,855	733	1,046	877	2,541	1,541	2,782	1,959	3
16/3	3,894	413	394	4,289	3,093	1,195	1,373	1,215	2,916	1,916	3,033	2,188	2
17/3	－	－	－	－	－	－	－	－	－	－	－	2,078	1

数値は全て会社公表ベース。ファイターズの来場者数は公式戦のみでオープン戦、CS、日本シリーズ含まず。
順位はファイターズのシーズン順位。

女子、子供の視界は良好？

札幌ドームの施設のスペックに関して、個人的な意見を言わせていただくと、内野B指定クラスの座席での観戦を基本としている筆者にとっては、12球団の本拠地球場の中では最も居住性が高い。というのも、比較的グラウンドに近い下段の内野席でも、前後の段差が40㎝あるからなのだ。座席の幅は39㎝とやや狭めだが、前後の段差が30㎝以上という条件は、筆者にとってマストなのだ。

標準もしくは標準以上の身長の男性にはぴんとこないかもしれないが、身長157㎝の筆者の場合、野球場にしろ映画館にしろコンサート会場にしろ視界方向の前列にごく標準サイズの男性が座っただけで、たいていの場合視界を遮られて、全く見えなくなってしまうのだ。前後の段差が16㎝しかない東京ドームでは、運良く小柄な女性が視界方向の前列に座ってくれるか、さもなければ視界方向の側に通路がある通路沿いの席でしかゲームは見えない。

小柄な女性であっても、髪を頭頂部でお団子状にまとめていたり、高い位置でポニーテールにしたりしている様な、「盛った」髪型の女性だとアウト。

段差が30㎝あれば、前列が標準サイズの男性であっても、普通に背もたれに背中を付けて座ってくれればぎりぎり見えるが、それでも身を乗り出されたら見えなくなるし、大柄な男性では完全に視界を遮られる。

小柄な男性でも同じ経験をしているはずで、子供は実は、ほとんどゲームは見えていないのではないかと思う。外野席やかなり上段の内野席でなら、40㎝近い段差がある球場は他にもあるが、比較的下段の内野席で40㎝の段差があるのはここだけ。その分、客席全体が切り立った断崖のようになっていて、年配者にはかなりきついらしい。

また、客席からグラウンドまでの距離があるので、どこから見ても選手が小さくしか見えないという難点につながってもいる面は否めないが、筆者個人にとっては、この段差ゆえに、視界を遮られることなくゲームが観戦できる、希有でありがたい球場なのだ。

収益の3分の2はファイターズに依存?

次に、気になるファイターズ移転の影響を、札幌ドームの事業報告書と計算書類を手がかりに検証してみる。

札幌ドームの売上高は、アリーナの貸出事業である「貸館事業」、飲食やグッズなどの物販を扱う「商業事業」、見学ツアー事業の「観光事業」、球場内の看板広告や駐車場などの「その他事業」で構成されている。構成比は順に45%、25%、0・6%、30%。

2016年3月期の売上高39億円弱のうち、貸館収入は17億4940万円。報道通りならこのうち15億円がファイターズからの収入ということになってしまう。

だが、札幌ドームを本拠地にしているコンサドーレ札幌のゲームが19試合開催されていて、その平均入場者数は1ゲームあたり1万1960人。賃料は1ゲームあたり800万円として、1億5200万円になる。

ネット検索をかけると、減免措置を受けている可能性があるのだが、減免分は札幌市から補塡を受けているとされているので、どちらにしろ札幌ドームに入るのはこの金額だ。

このほか、コンサートが12日間あって、動員が46万人だったそうなので、1日あたり平均3万8000人強。1日あたり2240万円として、12日間で2億6880万円となり、15億円にこれらを加えると17億円を大きく上回り、計算が合わない。

従って、17億円のうち15億円がファイターズというわけではなさそうなので、貸館収入に直接影響を与える「来場者数」から検証してみる。

この期の総来場者数は303万3000人だったそうだが、このうち200万人がファイターズ戦なので、貸館収入17億4940万円の3分の2というと11億円強。条例記載の規定と球団発表の観客動員数から算出した金額とも一致する。

ファンはどう思うのか

商業事業では9億7371万円の売上げがあるが、これは飲食・物販収入なので、年間動員数の3分の2をファイターズ戦が占めていることからすると、ファイターズ関連の売上げが3分の2を占めるものと想定できる。

この他、広告事業や駐車場事業などの売上高が11億4600万円あったが、報道の15億円と、貸館収入の3分の2である11億円の差額が、この部門に振り分けられているとしたら、この部門もファイターズなかりせば厳しい。

極めておおざっぱだが、現在の売上高の3分の2をファイターズ関連が占めている可能性があり、それがごっそり抜ける影響はどう考えても甚大だ。

稼働日数は2016年3月期は285日だが、これはコンサートの設営、撤去日を含めた日数であって、真水のイベント利用日数は139日。このうちオープン戦含めて68試合がファイターズ関連だったそうなので、稼働日数の面でも5割の貢献度だ。

稼働日数割合が5割で、収益貢献度が7割弱となると、ファイターズ戦は札幌ドームにとって、収益率の高い顧客ということになる。どの部門も、ファイターズが抜ける穴を埋めるだけの受注を獲得するハードルはかなり高そうだ。

ファイターズは1年以内に結論を出すとしていて、新球場を造るとしたら完成は2023年だというから、あと6シーズンは札幌ドームが本拠地であり続ける。

いずれにしても、球団は移転検討を正式表明した。いずれかのタイミングでファンの意見を聞く機会も設けられるはずだから、ファンは忌憚のない意見を球団にぶつけるべきだろう。

球団の体質からすると、ファンの声を全く無視することはなさそうなので、その価値はあると思われる。

福岡ソフトバンクホークス

積極的な投資姿勢は他球団垂涎の的、球界随一の超ポジティブ経営

◉ミニ球団史

ルーツは1938年に南海電鉄が設立した南海。オリエント・リース（現・オリックス）が阪急ブレーブスを買収したのと同じ1988年、スーパーのダイエーに買収され、同時に大阪から福岡にフランチャイズが移され、福岡ダイエーホークスとなる。

その後ダイエーが経営危機に陥ったため、2005年1月、親会社がソフトバンクに交代、球団名も福岡ソフトバンクホークスとなる。

福岡ダイエーホークス時代の1999年に外部招聘された、リクルート出身の髙塚猛《こうつかたけし》氏が、他の球団が球団改革に手を付けるおよそ5年近く前に強力な球団改革を実施。プロ野球界に於ける球団改革の先陣を切った球団として、その遺伝子はソフトバンクに親会社が交代して以降も引き継がれた。

ソフトバンクに親会社が交代した時点では、本拠地球場である福岡ドームは外資系投資ファンドの所有だったため、2012年3月までの7年間は、球団は年間50億円の賃料をファンドに支払っていた。2012年3月以降はリースに切り替わり、年間リース料は20億円程度になったらしい。

一般には2012年3月に、親会社のソフトバンクが870億円で球場を買い取ったと理解され

ているが、厳密には違い、2012年3月の時点では、2015年7月にソフトバンクグループが買い取ることを前提に、まずはグループ外のSPC（特別目的会社）が870億円でファンドから買い取っておき、2015年7月までの3年4か月間は、SPCがリースで球団に貸す形をとった。

この間の詳細は104ページ以下に譲るが、福岡ソフトバンクホークスは2015年7月以降、文字通り球団自身が本拠地球場の利用権だけでなく所有権も事実上保有している、12球団中唯一の球場・球団完全一体型の球団となっている。

球界唯一の損益計算書公告会社

球団経営会社である福岡ソフトバンクホークス㈱（以下、ホークス球団）は12球団中唯一、官報で貸借対照表に加え、損益計算書も公告している。

というのも、ホークス球団は2014年3月1日付で、福岡ソフトバンクホークスマーケティング（以下、マーケ社）という、ホークス球団とは別の会社を吸収合併し、会社法上の大会社になったからだ。2015年2月期は損益計算書の公告はなかったが、2016年2月期から公告が始まった。

会社法440条は、全ての株式会社に決算公告を義務付けており、会社法上の大会社（資本金5億円以上または負債200億円以上）以外は貸借対照表の要旨だけの開示で済むが、大会社には損益計算書の公告も義務付けている。

ホークス球団は2014年2月期末時点では、総資産はわずか42億3800万円。資本金は1億円、負債総額も11億7900万円だったので、公告義務があったのは貸借対照表の要旨版だけだった。

しかし同決算期末翌日にマーケ社を吸収合併したため、2015年2月末時点の貸借対照表は大きく様変わりし、資本金こそ1億円のままだったが、総資産は一気に1123億円、負債総額も908億円に拡大した。なぜか。吸収したマーケ社が1000億円を超える資産規模の会社だったからだ。

ダイエー時代に球団経営機能を2社に分割

それではそのマーケ社とは一体どういう会社なのかというと、一言で言えば、選手マネジメント以外の球団経営に係る、全ての機能を集約した会社である。

球団の経営機能は大きく分けると、選手管理と、それ以外のチケットやグッズの開発、放映権管理、スポンサー営業などの事業管理の2つに分かれる。

マーケ社は後者の事業管理の役割を担う会社であり、設立は2002年8月。まだホークス球団の親会社がダイエーだった時代であり、ダイエーが再建を断念する2年以上も前だ。

この時期は中内正《なかうちただし》前オーナーが１９９９年に招聘した、リクルート出身の髙塚猛氏の経営改革が実を結び、いわゆる福岡3点セットの経常損益が黒字化した時期にあたる。

福岡3点セットとは、福岡市の博多湾に面した港湾部の再開発地区に、ダイエーグループが社運をかけて複合施設を建設したプロジェクトの総称である。

ホテル及びショッピングモール、ドーム球場、そしてホークス球団で構成されている事業だから「福岡3点セット」。総工費は１７００億円で、このうちドーム球場の建設費だけで７００億円かかった。

１４００億円もの借金をして作ったのに、球場は閑古鳥が鳴き、ホテルもガラガラ。ダイエーグループ本体の経営悪化の元凶とされた。

従って、分社化はダイエーの再建とは関係がなさそうなので、あくまで経営効率の向上を狙ったものだったのだろう。

当然のことながら、球団経営に係わる業務を2社に分けると、収入があるのはもっぱら事業管理の会社となり、選手管理の会社は選手年俸やロードゲームのための旅費交通費など、もっぱら費用が出て行くだけのコストセンターになる。

マーケ社は２００６年2月から２０１３年2月期までの8期間にわたって官報公告を実施しており、そのうち２００６年2月期から２００８年2月期の3期間と２０１３年2月期は、貸借対照表に加え損益計算書も公告している。

財務数値集計表

福岡ソフトバンクホークス

単位：百万円

決算期	官報公告ベース							売上高（推定）	来場者数（千人）				シーズン順位
	総資産			負債		総資産			ホーム総計	公式戦		CS・日本シリーズ	
		流動	固定		流動		当期純益			ホーム	ロード		
03/02	2,899	1,357	1,542	9,078	9,078	▲6,178	▲1,231	−	−	3,108	−	−	3
05/02	5,098	733	4,365	4,996	4,982	101	▲141	−	−	3,070	−	−	2
06/02	5,070	791	4,279	4,850	795	219	117	−	2,283	2,115	−	168	1
07/02	5,460	1,026	4,434	5,273	817	187	31	−	2,037	2,037	−	−	3
08/02	4,996	511	4,484	4,768	4,754	228	40	−	2,307	2,307	−	−	3
09/02	4,688	455	4,232	3,427	3,399	1,260	32	−	2,250	2,250	−	−	6
10/02	4,586	500	4,085	2,470	2,455	2,115	855	−	2,245	2,245	1,589	−	3
11/02	4,142	346	3,796	1,755	1,748	2,386	271	−	2,674	2,164	1,598	510	1
12/02	4,205	539	3,666	1,433	1,433	2,772	385	−	2,540	2,293	1,649	247	1
13/02	4,425	548	3,876	1,516	1,354	2,908	135	−	2,447	2,447	1,497	−	3
14/02	4,238	2,838	1,400	1,179	1,046	3,058	150	−	2,408	2,408	1,592	−	4
15/02	112,376	13,891	98,485	90,829	84,781	21,547	2,773	28,100	2,768	2,468	1,713	300	1
16/02	103,425	3,582	99,843	80,948	7,611	22,477	929	27,435	2,718	2,535	1,684	183	1
17/02	−	−	−	−	−	−	−	25,900	2,566	2,492	1,887	74	2

売上高は16年2月期のみ官報ベース、それ以外は推定値。03年2月期は福岡ダイエーホークスの実績。

来場者数はNPB公表値で単位は千人。CS、日本シリーズはホーム開催時。

ホーム総計は公式戦及びCS、日本シリーズのホーム開催分の合計。

福岡ソフトバンクホークスマーケティング

単位：百万円

決算期	官報公告ベース							売上高
	総資産			負債		総資産		
		流動	固定		流動		当期純益	
05/2	−	−	−	−	−	−	−	19,500
06/2	20,365	5,892	14,466	20,466	17,763	▲101	▲1,288	18,780
07/2	18,907	5,207	13,696	20,378	17,664	▲1,471	▲1,370	18,173
08/2	17,682	4,652	13,011	12,224	9,397	5,458	▲1,070	18,579
09/2	20,595	6,963	13,618	13,739	7,790	6,856	702	19,500
10/2	20,180	6,629	13,548	12,956	5,035	7,223	367	21,000
11/2	21,590	7,692	13,897	12,114	4,821	9,475	2,252	26,000
12/2	23,277	10,221	13,055	13,033	6,304	10,243	767	26,700
13/2	111,162	12,742	98,419	98,614	10,919	12,548	2,304	27,000
14/2	−	−	−	−	−	−	−	24,100

売上高は06年2月期～08年2月期まで官報ベース、13年2月期は報道値、それ以外は推定値。

05年2月期と14年2月期は官報掲載なし。

ホークス球団との合併で消滅する直前の2014年2月期は公告がされていないが、2社で一体であることからすると、マーケ社の売上高が、球団の実質的な売上高と考えるのが妥当だろう。

もともと球場内の飲食広告収入を取り込めていた

前ページの集計表のうち、マーケ社の売上高は、官報で損益計算書の開示がなかった2009年2月期以降は、前後の公告数値や各種報道、観客動員数などから割り出した筆者の推定値を掲載した。

基本的に外部売上げはマーケ社で計上、球団の売上高は、その業務の性格上マーケ社宛ての内部取引になると想定、マーケ社の売上高＝プロ野球事業の売上げという前提で推定値を作っている。

2013年2月期は、マーケ社と球団の合計で前期比1％増収の270億円という報道があったので、2013年2月期は270億円、2012年2月期は267億円としてみた。

マーケ社の年商は2008年2月期までは180億円台。球場が一体化していない球団の売上高はせいぜい100億〜120億円止まりなのに、なぜ180億円、もしくは270億円という水準になるのかというと、この会社が球場の飲食やグッズなどの物販と広告看板を扱う営業権を持っているからなのだ。

それではなぜこの会社が球場の営業権を持っているのか。話はかなり複雑なので、本節の後半で細かいいきさつを解説してある。かなり複雑かつテクニカルな話なので、興味のある方はそちらをご覧いただきたい。

ここは、もろもろのいきさつがあって、「マーケ社は球場内の飲食・物販、広告看板収入を丸取りできる会社」になっているのだ、という理解で、先に読み進んでいただきたい。

50億円の賃料を負担しながら黒字転換

よく球場は飲食や物販、広告看板収入があるのに選手年俸の負担はない、ゆえに球場黒字、球団は赤字になる、と言われる。そのロジックに従えば、マーケ社は黒字であるはずだが、黒字化したのは２００９年２月期以降であって、それ以前は赤字だった。

なぜか。マーケ社負担の球場賃料が極めて高額だったからだ。２０１２年３月まで、マーケ社は年間48億円もの高額の賃料を所有者であるファンドに支払っていた。

２０１２年４月以降は、賃貸借の契約形態が、レンタルからリースに切り替わり、賃料は20億円になったので、負担は年間30億円も減って、利益水準が一挙に上がっている。

リースとレンタルの違いについては１２２ページ以降を参照していただくとして、そうなると、２００９年２月期から２０１２年２月期までの4期間は、約50億円の賃料を払いながら黒字化したことになる。

2011年2月期の当期純利益はケタが違うので、何か特別利益の計上があったのかもしれないが、それ以外の期はなぜ黒字化したのか。

このあたりの事情については推測の域を出ないが、ホークスは球界屈指のスポンサー営業力を誇る球団である。球団の成績が上位で安定し始めたのもこの時期なので、スポンサー営業にとって有利な環境が整い、売上高の水準が上昇した可能性が高い。出て行くものが同じなら、売上げが増えれば利益は増える。

売上高上昇の原因はスポンサー収入？

マーケ社の売上高が最後に官報掲載されたのは2008年2月期。その後2013年2月期の売上高として270億円という数値が報道されるまで、およそ5年間の空白がある。

この間に、既に球場内の飲食・物販、広告看板収益を取り込み済みのマーケ社の売上高を180億円から90億円も引き上げるような、劇的な変化をもたらすイベントが何かあったかというとそうは思えない。

2011年1月に、週刊東洋経済の取材で笠井和彦球団社長（当時）にインタビューした際、年商がおよそ200億円強であること、その200億円強の売上構成比は、チケット収入が3割、球場の広告看板収入が2割、飲食収入が1割強、それ以外にゲームスポンサーなどから入る協賛金収入が1割前後であるということ、そして既にこの時点で、全主催ゲームに冠スポンサーを付けることに成功している、という話を聞いている。

マーケ社の収益科目の中で、最も伸びしろが大きそうなのは協賛金収入の部分だ。常にシーズン成績でリーグ2位以内に入るチームだと、クライマックスシリーズや日本シリーズがホーム開催になる機会を得られる。本拠地球場を使うゲーム数が増えれば、その分チケット収入も飲食収入も上乗せされる。日本シリーズも、主催はNPBなので、チケット収入という形での恩恵はないが、配分金の形で一部還元があるし、何より観客が入れば飲食収入は伸びる。

だが、50億円の賃料を払いながら黒字化した時期は、まだ1~2位が常態化していたとは言い難い時期だ。

また、親会社のソフトバンクからの損失補塡で黒字化したというシナリオも説得力を欠く。親会社のソフトバンクも球団スポンサーの1社であり、多額の広告料を球団に提供する存在であることは間違いないが、これについても笠井氏は「損失補塡ではなく、球団の価値に見合った広告料」であると発言しているからだ。

球場買収で年間50億円の賃料が20億円に

その後、マーケ社は2014年3月に球団と合併して消滅するのだが、その合併の1年前の2013年2月期に、貸借対照表が劇的に変化している。

資産規模が前の期の232億円から、一気に1111億円へと激増しているのだ。1000億円を超える資産の会社を吸収合併したから、球団の総資産も2015年2月期に劇的に増えたのである。

1000億円も総資産を底上げさせたイベントとは何だったのかというと、ずばり、外資系投資ファンドからの球場買収である。

ただ、この買収手続も手続そのものはかなり複雑だ。というのも、単純に球場不動産の土地建物を、マーケ社がこの時点で買ったわけではないからだ。

2012年3月24日に、親会社のソフトバンクが開示したリリースを要約すると、次のようになる。

- マーケ社がドームの所有権を外資系投資ファンドから870億円で買う。
- ただし実際にマーケ社が買うのは3年4か月後の2015年7月。
- それまでは、いったんグループ外のSPC（特別目的会社）が外資系投資ファンドから870億円で買っておき、SPCがマーケ社にリースする。

話をわかりやすくするために「所有権」と書いたが、正確には所有権ではなく、信託受益権である。外資系投資ファンドが所有している間に、福岡事業に信託設定が成されたため、信託受益権の売買という形が取られたわけだが、この話も非常に難解なので、詳細は115ページ以降にまとめてある。

いずれにしても、球場の貸し手が外資系投資ファンドからSPCに代わったことで、球場賃料は年間50億円から20億円に下がった。

このため、マーケ社の2013年2月期の当期純利益は、一気に23億円へと急改善したのである。

合併前最後の決算期だったはずの2014年2月期はマーケ社の官報公告はなかったが、合併2年目にあたる翌2015年2月期には、球団が27億円強の当期純利益を計上している。

2016年2月期に当期純利益が急減しているのは、おそらく球場への設備投資が嵩み、償却費負担が増えたためだろう。

2015年7月、球団はマーケ社が買う予定だった球場の所有権を、予定通り取得した。これによって、12球団中唯一の、球団自身が球場を所有する、完全一体型の球団になった。年間20億円かかっていたリース料負担がなくなる一方で、減価償却費負担は発生するはずなので、利益水準はさほど変わらないのかもしれない。

「鷹の祭典」が象徴する「がっつり稼いでがっつり使う」経営方針

ホークスといえば、どハデなイベント。現在年間8回実施しているイベント付きゲーム「鷹の祭典」は、チケット単価が高いにもかかわらず、発売当日にチケットがほぼ完売する人気カードだ。

試合開始前、終了後だけでなく、イニングの間にもありとあらゆるイベントを組み込んで試合を盛り上げる。お笑い芸人を登場させたり、著名なミュージシャンに国歌独唱をさせたり、若い女性のカリスマ・西内まりやを、ファン層拡大大使ともいうべき「タカガールアンバサダー」に起用、本人が作詞作曲した応援歌を本人に歌わせたり。ゲーム終了後はムービングライトやレーザーを使った光の演出で締めくくる。ユニフォームの無料配付も定例化しており、一見して莫大なコストがかかっていることがわかる。

第1回目は、ダイエー時代最後の2004年シーズンに実施しており、この年は1試合だけだった様だが、年々回数を増やし、2012年シーズンからは東京ドームでも開催するようになった。現在では京セラドームや北九州でも実施している。

イベントに使うペンライトやフラッグなど、小道具も無料配付しているし、演出に使うライトなどの仕掛けに相当なコストがかかっている。

地元の福岡や北九州で実施する際は、他球団の保護地域ではないので、思う存分演出ができる。このため、鷹の祭典の開催日には、博多駅構内の店舗スタッフから交通機関の職員までもがホークスのユニフォームを着用。ホークスが街をジャックすることが恒例化している。ホークスがシーズン中に展開しているイベントは他にも多々ある。

他球団のスタッフからは、「お金持ちの球団は何でもできてうらやましい」という声が聞かれるほどなのだが、それを可能にしているのが、この球団最大の強味であるところのスポンサー営業力だろう。

現在、本拠地のヤフオク!ドーム内に広告看板を出している企業数は地元企業を中心に300以上。主催全試合が冠試合になっており、2016年6月27日に東京ドームで「鷹の祭典」が開催された際、コンコースにこのイベントへの協賛企業が掲示されていたのだが、その数およそ200社。

イベントごとに手をかえ品をかえ投入されるグッズも、安かろう悪かろうとは対極にあり、高いクオリティのものをけっこうな値段で売っている。一定の利益貢献を果たしていることは間違いない。

選手年俸も、もともとパ・リーグ6球団の中では最高水準だったが、2014年シーズンあたりから上昇ペースが加速。2015年シーズンに巨人を抜いて、球界トップに立った。

チームの成績が上がり、それに報酬で報いた結果こうなったわけだが、2016年のシーズンオフに、巨人軍が久々にFA選手の獲得に巨額の資金を投じたので、2017年シーズンは巨人と順位が入れ替わるのかもしれない。

いずれにしても、イベントに惜しげもなく資金を投じ、球場の改修にも積極的。選手年俸も高水準。かかるコストはがっつり稼いで賄う。コストを削るのではなく、収入を増やして、かかるコストを吸収する。そういう方針の球団なのだろう。

球界屈指の営業力、その原点は

この強力な営業力が培われたのは、おそらくダイエー時代に高塚猛氏が進めた球団改革によってだろう。高塚時代の球団改革秘話を描いた『プロジェクトH』によれば、高塚氏は利益率が高い「球場の年間指定席」「ホテルの婚礼」「ホテルの宿泊」を3大商品と位置づけ、管理部門のみならず、調理部門も含めた全部門の管理職も総動員して徹底的に売らせたらしい。

地元密着路線の徹底を図ったのもこの時期で、地元の老舗百貨店・岩田屋からチケットの販売協力を取り付け、「地元球団福岡ダイエーホークスを応援します」という横断幕を作ってもらえたエピソードなどが紹介されている。

現在、球団は九州の企業にはロイヤルティを無償開放しているが、これも高塚氏が始めたもので、当時5億円あったロイヤルティ利益を

福岡ソフトバンクホークスの年俸総額推移　　単位：百万円

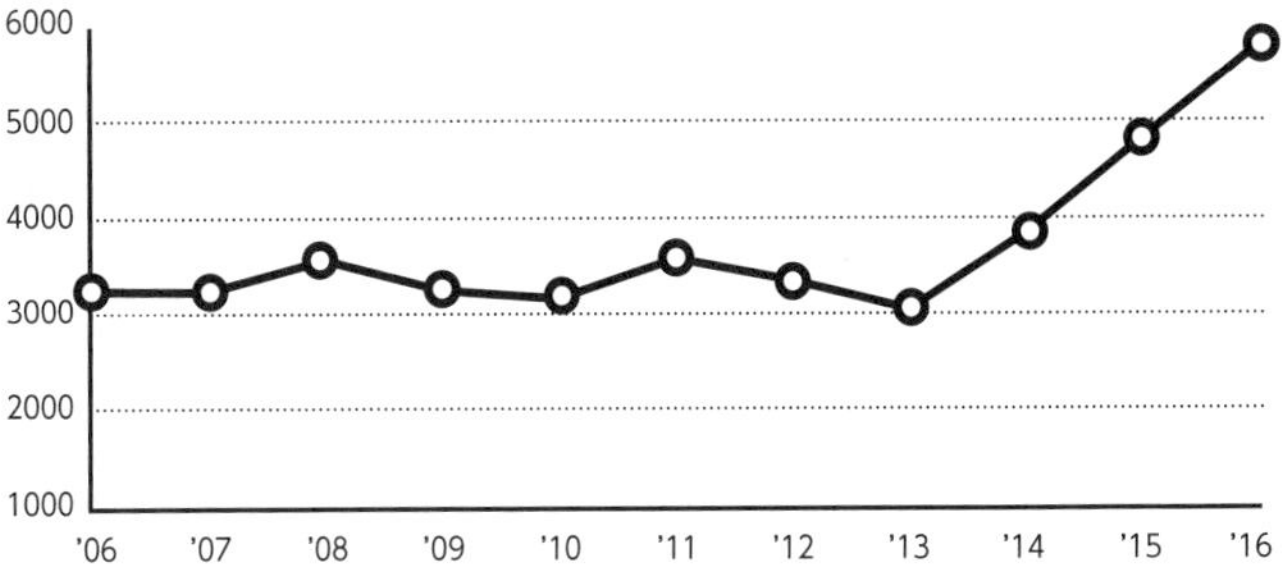

放棄する代償を払って、チケット、グッズの収入を大きく伸ばすことに成功した、とある。

2001年の時点で、平均単価25万円の年間指定席が1万1345席売れたという記載もある。現在でもこれだけの席数が年間指定で売れているのかどうかは不明だが、球団のHPで見る限り、年間指定で買える対象座席はかなり広範囲だ。

特別仕様の座席以外の、内野A指定席でも年間指定で売れている席はけっこうある。年間指定のオプションサービスで、クッションを設置してもらえる（持ち帰りは不可）ので、少なくともそこは年間指定だということがわかるのだ。

高塚改革の時代にたった1度だけ球団の官報公告が出されている。それが2003年2月期のものなのだが、これによると、この期の最終損益は12億3100万円の赤字。賃料が50億円になる以前の段階で、これだけの赤字が出ていた。

ということは、高塚時代は売上高の水準の引き上げには成功したものの、利益の確保に関しては途上段階だったということだろう。

参入時に払った25億円のその後

ソフトバンクの球界参入から早12年。当時は簡単に手放すようでは困るのなんのとさんざんな言われようだったが、今や押しも押されもせぬ球界を代表するチームになった。

12年が経過しているということは、球界参入時に支払った25億円は、既に返金されていなければおかしい。

その25億円、参入から満10年を迎えたタイミングで無事、返金された様で、球団の貸借対照表には、返金された痕跡がちゃんと残っていた。

マーケ社を吸収合併する2期前の2013年2月期の固定資産残高は38億円ある。この中に25億円は含まれていたはずで、2014年2月期には固定資産が24億円減って14億円になっている。その一方で、流動資産は28億円へと23億円強増えている。

おそらく決算期末直前に返金され、現預金の形で流動資産に計上されたのだろう。

大抵のことは球界初

旧ダイエー時代に球団改革が始まっているからか、ホークスが球界で初めて実施した施策は少なくない。

今では広島以外の全球団が実施するようになり、半ば当たり前になったユニフォームの無料配付も、最初に始めたのはホークスである。

ダイエー時代最後の2004年、鷹の祭典を企画するにあたり、ファンにユニフォームを着て貰うにはどうしたらいいかと考えたことが、無料配付を決めた動機だったらしい。

Jリーグのサポーターたちは当たり前のようにチームのレプリカユニフォームを着るのに、当時はプロ野球ファンでユニフォームを着ている人はごく一部の人に限られた。

「お金を出して買う」というハードルを取り払い、タダで配ればいくらなんでも着てくれるのではないか、という発想だったらしい。

ベンチ前のファールグラウンドのスペースを広告スペースにしたのもホークスが最初。現在、ヤフオク！ドームのこのスペースには、1塁側、3塁側ともに地元の化粧品メーカーが広告を出している。

ここを広告スペースにしたのはダイエー時代の2001年。札幌ドームもこの場所を広告スペースにしているが、それはヤフオク！ドームを真似たものらしい。

さらに、ヤフオク！ドームの2箇所の外野守備位置には、セブン－イレブンのマークが入っている。染料を使って描いている様だが、これも2007年にヤフオク！ドームが始め、現在では札幌ドーム、Koboパーク宮城、京セラドーム、ほっともっと神戸の4箇所も導入している。

1993年シーズンからのチアリーダーの導入も、実質1番乗りではある。ただ、日本ハムファイターズ、近鉄バファローズ、読売ジャイアンツ、中日ドラゴンズも同時だった様なので、「球界初」感は劣る。

ちなみに、ウィキペディアによれば、阪神が1978年に1年だけ

顧客満足度調査（スコア）

	総合満足度	パ	チーム成績	チーム選手	球場	ファンサービス地域振興	ユニホーム・ロゴ	応援ロイヤルティ	観戦ロイヤルティ	成績
2016年1月	1	1	1	1	1	1	1	1	1	日本一
2015年1月	3	3	1	1	3	3	4	4	3	日本一
2014年1月	4	2	6	6	2	4	5	3	2	リーグ4位
2013年1月	2	2	4	3	3	2	2	2	2	リーグ3位
2012年1月	2	2	2	1	3	2	4	2	2	日本一
2011年1月	3	3	4	4	3	3	4	3	3	リーグ1位
2010年1月	8	4	7	8	3	6	10	10	8	リーグ3位
2009年1月	6	4	–	–	–	–	–	–	–	リーグ6位

チアリーダーを導入しているそうで、それが球界初なのだそうだ。

悲願の顧客満足度1位獲得

慶應義塾大学鈴木教授の顧客満足度調査では、ホークスは2〜3位の常連だったが、2016年1月の調査で遂に1位を獲得した。

この調査は7つの構成項目別に集計し、総合評価を出しているのだが、どうしてもチーム成績に他の項目が影響を受けてしまう傾向にある。それでも、球場と観戦ロイヤルティへの評価はかなり安定している。

リーグ4位だった2013年シーズン終了直後の2014年1月調査でも、総合評価を下げたのは成績と選手、それにユニフォーム。例年実施している鷹の祭典では、毎年テーマカラーを決め、鷹の祭典で着用したユニフォームを、鷹の祭典以外のゲームでも着用するため、成績が悪かった年は、悪い記憶とオーバーラップするのかもしれない。

2017年1月調査では、広島や日ハムが躍進する可能性があるので、2位もしくは3位以下への後退はやむを得ないだろう。

個人的な感想で言えば、球団が実施しているファンサービスの水準

顧客満足度調査（順　位）

	総合満足度	チーム成績	チーム選手	球場	ファンサービス地域振興	ユニホーム・ロゴ	応援ロイヤルティ	観戦ロイヤルティ	成績
2016年1月	72.59	83.07	79.48	68.17	68.17	71.24	73.98	73.23	日本一
2015年1月	69.71	79.19	75.00	64.15	64.53	67.12	68.40	69.79	日本一
2014年1月	64.51	53.40	64.54	65.27	63.57	67.69	72.19	73.81	リーグ4位
2013年1月	68.33	70.07	70.49	65.53	65.47	68.29	74.43	75.51	リーグ3位
2012年1月	70.62	83.88	79.52	66.07	66.28	68.18	74.19	73.89	日本一
2011年1月	68.29	72.03	72.83	69.16	65.94	70.17	71.34	71.62	リーグ1位
2010年1月	59.10	45.78	63.36	63.11	59.82	61.49	57.60	61.15	リーグ3位
2009年1月	61.39	–	–	–	–	–	–	–	リーグ6位

顧客満足度構成概念レーダーグラフ（ソフトバンク）

2016

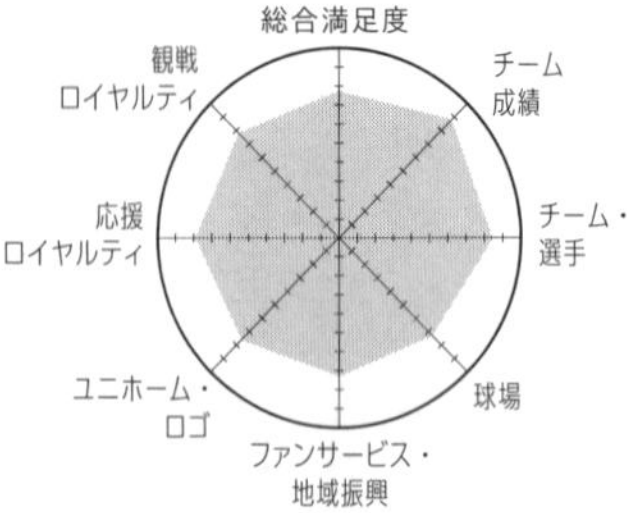

2015

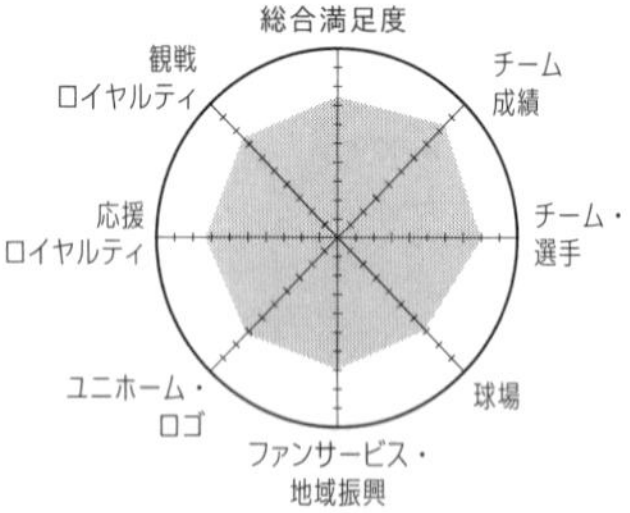

2014

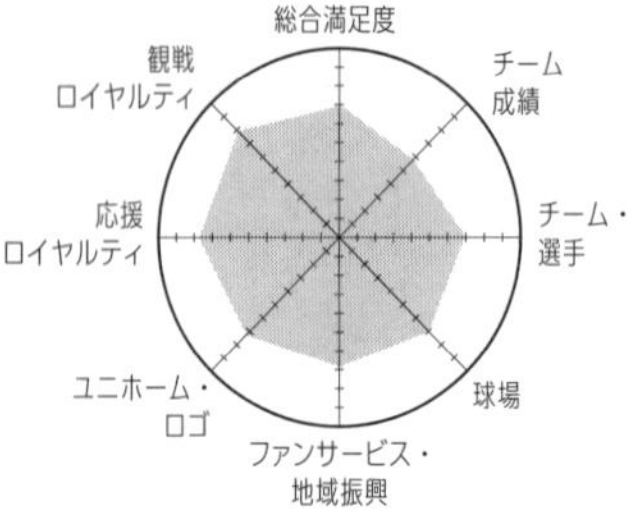

2013

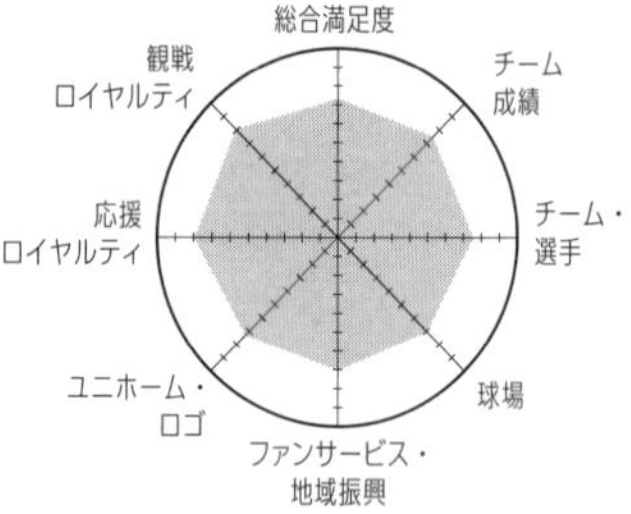

2012

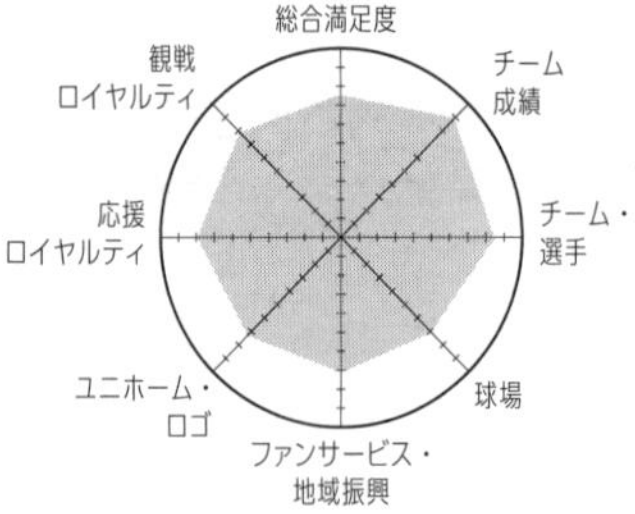

2011

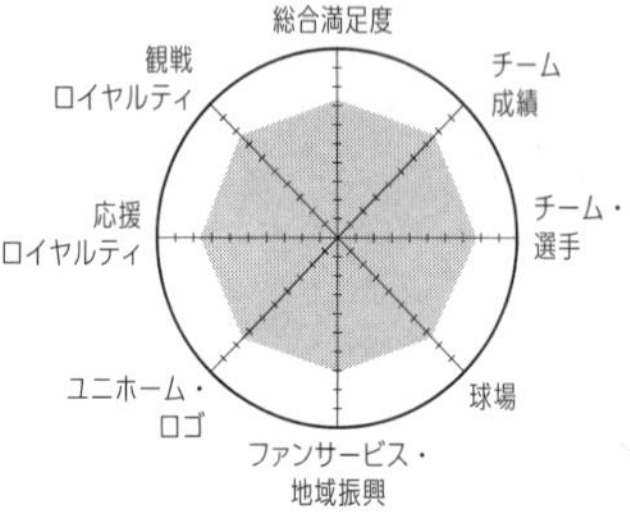

の割に、ファンサービスへの評価があまり高くない。チケットが高いという不満を差し引いても、もう少し高くてもいい気がする。

基本的にファンは、交流戦やCS、日本シリーズなどで他球場へ出かけていかない限り、他球団のサービスに触れる機会はほとんどない。

他のチーム、他の球場のことをあまりよく知らない中で、満足度に回答していることが予想され、ホークスファンは高水準のサービスに慣れてしまい、より強い刺激を受けないと満足しなくなっているのかもしれない。

福岡3点セット小史

球場の営業権を巡る複雑な経緯

そもそもダイエーがこの球場を造った当時は、球場の所有権は、㈱福岡ダイエー・リアル・エステートという会社にあった。球場だけでなく、隣接するモール、シーホークホテルも含めた、福岡事業の不動産の登記上の所有名義は、㈱福岡ダイエー・リアル・エステートだった。

ところが、球場が竣工したときから、球場内の物販権や、広告看板の管理権といった「営業権」は、㈱福岡ダイエー・リアル・エステートではなく、なぜか球団のものとされていた。

球団（㈱福岡ダイエーホークス）が興業権を持っているのだから、それに付随する営業権も球団が持っているというロジックだったらしい。要は、ダイエーグループ内の取り決めでそうなったということなのだろう。

そして球団は、興業権の付帯権利である営業権に基づき、球場内での物販、広告看板管理業務を㈱福岡ダイエー・リアル・エステートに委託。結果、㈱福岡ダイエー・リアル・エステートの貸借対照表の資産の部に百数十億円規模の「営業権」が載るに至った。

その後、ダイエー本体の経営が傾き、2004年3月、㈱福岡ダイエー・リアル・エステートの株式が、米国系ファンドのコロニーキャピタルに売却された。

つまり3点セットのうち、球団以外の不動産の所有権を持つ会社ごと、コロニーは買収したわけだ。買収後、㈱福岡ダイエー・リアル・エステートは㈱ホークスタウンという社名に変わる。

球団の株式だけはコロニーに売却されず、引き続きダイエーとオーナーの中内正氏の所有のままだった。というよりは、オーナー会議で承認されなければ、球団株式は売却できないので、ダイエーとしては自分の財産でありながら、売ろうにも売れなかったと言ったほうがいい。

ソフトバンクが球団と球場の営業権を取得

一方、㈱福岡ダイエー・リアル・エステート改め㈱ホークスタウンがコロニーのものになってしまったので、ホークスタウンやシーホークホテルの営業権とともに、球場内の飲食、物販、広告看板の収入の根拠である営業権もコロニーのものになってしまった。

この時から、福岡ダイエーホークス球団は、球場の物販・広告看板収入も入らないのに、コロニーに年間50億円という莫大な賃料を支払わされる運命を背負う。

ダイエーが自主再建を断念し、産業再生機構に支援を要請するのは、コロニーに福岡事業を売った半年後。

ソフトバンクが球団株式を総額50億円で取得することで、ダイエー及び中内正氏と合意に至るのはその1か月後の2004年11月。オーナー会議の承認も得て、実際の取引は2005年1月28日付で行われることが決まった。

同時に、コロニー傘下の㈱ホークスタウンが持っている営業権も、150億円で買い取ることでコロニー側と合意。

福岡ダイエーホークスマーケティングの社名で2002年に設立されていた、球団の事業管理会社が、買い取る営業権の受け皿になったため、福岡ダイエーホークスマーケティング改め福岡ソフトバンクホークスマーケティングの貸借対照表には、無形固定資産として150億円の興業権が、新たに載るに至った。

福岡３点セットの権利関係移転経緯図

	球場興行権	球場営業権	土地建物所有権			株式所有権			
			球場	ホークスタウン	シーホークホテル	㈱福岡ダイエーホークス（DH）	㈱福岡ダイエーホークスマーケティグ（DHM）	㈱福岡ダイエーリアルエステート（DR）	㈱福岡ドーム
1993/3/26	福岡ダイエーホークス	DRが取得	ダイエーリアルエステートが保存登記			ダイエー	ダイエー	ダイエー	ダイエー
2004/3/31		DRがHTに社名変更（コロニーが取得）	コロニーが取得					㈱ホークスタウン（HT）に社名変更（コロニーが取得）	コロニーが取得
2005/1/28	福岡ソフトバンクホークス（SH）	福岡ソフトバンクホークスマーケティングが取得				ソフトバンクが取得㈱福岡ソフトバンクホークスに社名変更	ソフトバンクが取得㈱福岡ソフトバンクホークスに社名変更		
2007/3/8			ホークスタウンTMKが取得（=GCIが取得）					GCIが取得	
2007/9/26			三菱UFJ信託銀が信託設定（委託者、受益権者ともにホークスタウンTMK）						
2012/3/27			FYDファンディング（合）が受益権者の地位取得						
2015/1/22				三菱地所が信託受益権取得					
2015/7/1			SHが受益権者の地位取得						
2016/7/8			SHが委託者の地位取得	三菱地所が信託委託者の地位取得					

官報公告では、この興業権は、２００６年2月期は１３３億９０００万円、２００７年２月期は１２６億７９００万円、２００８年2月期は１１９億６８００万円へと、年間7億１００万円ずつ減っているので、この時点では20年で均等償却していたのだろう。

重すぎた50億円の賃料負担

めでたく営業権を取り戻したものの、この後7年間もの間、球団は50億円の年間賃料に苦しめられることになる。

ソフトバンクによる球団買収から2年後の２００７年3月、コロニーは㈱ホークスタウンの株式を、ＧＣＩ（シンガポール政府系のファンド）に転売してしまう。

球団にとっては、大家さんがコロニーからＧＣＩに代わっただけで負担は同じ。あまりにも負担が重いせいか、飲食、物販、広告で稼いでも、毎年10億円以上の赤字が出ている。賃料は球団ではなくマーケ社の負担にしていた様で、マーケ社の債務超過額は２００７年2月期には14億７１００万円に膨らみ、放っておけば債務超過額は毎年十数億円ずつ膨らんでいく状況に陥ってしまう。

２００７年11月に増資を実施し、約40億円のニューマネーをマーケ社に注入、２００８年2月期は債務超過をいったん解消。その翌年あたりから、期間損益が黒字に転換している。

賃料負担が重いのは相変わらずのはずだし、この決算期に対応する２００８年シーズンは、チームが最下位に沈んでいる。

公式戦の観客動員数も前年比2・47％減。選手の年俸総額も減っているわけではなく、むしろ1割増なので、この年以降の収益好転の理由はよくわからないが、スポンサー収入あたりが大きく伸びたとすると辻褄が合う。

ちなみに、2011年2月期は当期純利益が22億5200万円と、ケタが違うので、何か特別利益があったのだろうと思う。

当初はオフバラ処理

前述のとおり、2012年3月、ソフトバンクとは無関係のSPC（特別目的会社）が870億円でGCIから球場の資産を買取り、それをマーケ社にリースすることが決まった。

報道のトーンはソフトバンクが買い取って、50億円の賃料負担から解放される、というものだったので、この時点でソフトバンクが買ったと思っている人も少なくないはずだ。

だが、3年4か月後にマーケ社が買い取ることを前提に、それまでの間、ソフトバンクグループとは関係ない「他人」に物件を持っていてもらい、3年4か月間その「他人」にリース料を支払って使わせてもらう、というのが正確なところ。

このスキームを使うことになったのは、もっぱら親会社のソフトバンク側の事情ゆえだ。

連結子会社であるマーケ社が球場を買うとなると、その資金をソフトバンクが貸さねばならない。ソフトバンクもそんな巨額の買取資金を、子会社にたやすく貸せるほど手持ちのキャッシュが潤沢なわけでもなかったので、ソフトバンク自身も金融機関から借りてくる必要がある。

ところが、その当時ソフトバンクは有利子負債を増やさない方針で金融機関と合意していた時期だったので、870億円を銀行から借りてくるわけにはいかなかった。

そこで、ソフトバンクとは無関係のペーパーカンパニーを作り、そこでソフトバンクとは無関係に資金調達をし、物件を買い、マーケはリース料を払って使わせてもらう形にしたのだろう。

この方法だと、ペーパーカンパニーはソフトバンクとは無関係だからソフトバンクの連結対象にならないし、連結子会社のマーケ社は巨額の借金をまだ背負っていない状態を維持できる。

この手法は、大規模な不動産開発でよく用いられる定番の手法である。プロジェクトごとにペーパーカンパニーを作り、開発行為そのものはデベロッパーの社員が主導するが、デベロッパーが開発にかかる資金の全てを出すのではなく、自らは2～3割しか出さず、残りは投資家に出してもらうのである。

リスク分散を図れるうえ、2～3割しか資金を出していないので、ペーパーカンパニーはデベロッパーの連結対象ではなくなる。デベロッパーは他の投資家を呼び込むことで、連結決算上負債を増やさずに大規模な開発を手掛けることができる。

貸借対照表の資産勘定と負債勘定、双方に計上しないで済むようにする取引なので、俗にオフバランス取引とか、オフバランス処理などと言う。

ペーパーカンパニーの住所が、このようなオフバラ処理のアドバイザリーで有名な、東京共同会計事務所内になっているので、SPCの設立は東京共同会計が行い、GCIからの買取り原資は金融機関が投資家から集めたか、もしくはローンを出すなどの形をとったのだろう。3年4か月後の出口がはっきりしているので、資金を集めること自体は難しいことではなかったはずだ。

賃料が激減したのはレンタルがリースになったから

従って、マーケ社の2013年2月期の貸借対照表に載っている、984億円の固定資産は、球場の土地建物ではない。おそらくリース資産だ。

50億円がなぜ20億円になるのか。おそらくコロニーやGCIと結んでいた契約は、厳密に言うとリースではなくレンタルだったのだろう。

ここから先はかなりマニアックな話になるので、興味のない方は千葉ロッテのページに飛んでいただきたい。

リースとレンタルは似て非なるものだ。貸し手が物件代金を短期間で回収しようとするのがレンタル、長期間にわたって回収しようとするのがリースである。基本的にリースは耐用年数の8掛けをリース期間に設定するので、1か月のリース料は、レンタルに比べて遥かに安い金額になる。

報道によれば、ダイエーが2004年にコロニーに売却した際の価格は総額800億円。GCIはそれを1000億円で購入したとある。球場だけ切り出したらそれぞれいくらになるのかは不明だが、球場だけで50億円の賃料という設定は、明らかにレンタルだ。

リースだと、途中解約しようとすると残リース料を全額、リース会社から請求されるのは、リース会社は、物件代金、リース期間中の金利、減価償却費など諸経費の合計額をリース期間で割って月額リース料を決めており、期間中に解約されると、物件購入代金や諸経費を回収できなくなってしまうからだ。

要するに、リースの貸し手は物件取得にかかったコストを全て借り手から回収するので、リースは賃貸取引ではなく金融取引だということになる。

借り手にとっては長期の分割払いでモノを購入したのと変わらない。故に、会計ルール上、借り手はリース料全額を「リース債務」として負債計上し、資産側には物件の所有権を持っていないにもかかわらず、「リース資産」としてリース債務と同額を資産計上する。レンタルなら借り手が資産計上することはない。

従って、マーケ社を吸収合併した球団の、2015年2月期の貸借対照表に載っている固定資産984億円の大半はリース資産だろう。

その5か月後の2015年7月にリースで払うのをやめ、SPCから球団が物件、正確には信託受益権を買ったはずなので、2016年2月期の998億円の大半は、リース資産ではなく信託受益権に、そして負債はリース債務から、おそらく親会社からの借入金に振り代わったはずだ。

なぜ信託受益権なのか

最後に、なぜわかりやすい普通の所有権ではなく、信託受益権なのか、だが、理由は単純で、GCIが、節税目的で信託に出してしまったからだ。

信託とは、読んで字のごとし、資産の管理を第三者に信じて託すことを言う。信託の受任は信託銀行の主要業務だ。

不動産登記のルールでは、信託に出す、専門用語で言うと、信託設定をすると、登記上の所有権も移転する。

このため、不動産登記上、球場の所有権は、2007年9月以降現在に至るまで、信託を受託している三菱UFJ信託銀行になっている。

コロニーは2004年3月にダイエーから福岡事業を買う際、不動産を所有している㈱福岡ダイエー・リアル・エステートの株式を買う形をとっている。この会社はコロニーに買われてすぐ、㈱ホークスタウンに社名を変えており、登記上の所有者は2006年6月までこの会社だった。

2006年6月まで、というのは、2006年6月に、コロニーは球場不動産を含む福岡事業すべての所有権を、コロニーHT特定目的会社に移している。

特定目的会社というのは、資産の流動化に関する法律（通称資産流動化法）に基づいて設立される法人で、最寄りの財務局に所定の書面を出して手続をとると、不動産の流通に伴って課税される税金が軽減されるなどの特典を受けられる。

コロニーは福岡事業を売る準備として、特定目的会社を作り、福岡事業の所有権をそこへ移したのだろう。GCIは2007年3月に、この法人ごと福岡事業を買収。買収した時点で法人名を、ホークスタウン特定目的会社に変更している。

社名が旧㈱ダイエー・リアル・エステートと同じなので混乱しそうだが、このホークスタウンは、㈱ホークスタウンとは全く別の法人だ。

ちなみに、このホークスタウン特定目的会社、住所が汐留シティセンターで、ソフトバンク本社と同じ。思わずソフトバンクの会社かと早とちりしそうになるが、ソフトバンクが入居しているフロアと全然違うので、この時期、GCIの拠点がたまたまここにあったということなのだろう。

その後、前述の通り、三菱UFJ信託銀行が信託を受託したので、三菱UFJ信託銀行に所有権が移る。ここまでが不動産登記簿の所有権に関する事項を記載した「甲区」でわかることだ。

信託銀行の所有名義のまま球団が実質支配

ここから先は、信託目録の世界だ。信託目録には、誰が信託したか（委託者）と、受託者（＝三菱ＵＦＪ信託銀行）、それにこの資産から上がる収益を享受する受益者が記載されている。

信託には、委託者が自分以外の誰かに利益を享受させる他益型と、自分自身で利益を享受する自益型がある。不動産取得税など、不動産の流通に係るコストを節約するために使われる信託は後者の自益型なので、委託者＝受益者になる。

委託者及び受託者の名義は、２０１２年３月に、ＦＹＤファンディング合同会社という法人に変わっている。これが２０１２年３月の８７０億円でのＧＣＩからの買取りである。今度は合同会社が登場してきたわけだが、この法人が、１２２ページで説明した、東京共同会計が設立したペーパーカンパニー。合同会社も信託受益権の売買の場合は不動産の流通税の優遇を受けられる。

委託者及び受託者の名義が球団に移るのは２０１５年７月。形式上は信託受益権の売買だったので、取得に伴う税金は安かったはずだ。

今も三菱ＵＦＪ信託銀行が受託した状態が続いているのだが、球団が信託契約を解除し、わかりやすくてきれいな完全所有権に変えることはまずないだろう。

というのも、実態はともかく、甲区の所有権の名義は三菱ＵＦＪ信託銀行なので、信託契約を解除し、ここを球団名義に変えるとなると、優遇なしの莫大な不動産取得税が球団にかかってきてしまうからだ。

球団は信託銀行に信託報酬を支払っているはずで、その報酬がもったいないと考えていたとしても何ら不思議ではない。資産管理と言っても、信託銀行が扱うのはお金の管理のみ。改修や日々の運営管理にはノータッチ。自治体が固定資産税の納付書を送る先は信託銀行だが、信託銀行が自腹で支払うはずはなく、おそらく球団に実費請求しているだろう。それでも、信託をやめれば莫大な不動産取得税が発生するので、信託をやめる合理性はないのである。

千葉ロッテマリーンズ

かつては球団改革の先頭集団、指定管理でも黒字化せず

◉ミニ球団史

1949年に毎日新聞が創設した毎日オリオンズがルーツ。毎日新聞に代わり、ロッテがスポンサーになったのは1969年。

本拠地は球団創設から1973年まで後楽園球場。1974年から3年間は宮城スタジアムを使用したが、1978年から川崎球場に移転。1992年の千葉マリンスタジアム完成を機に、本拠地を同スタジアムに移し、球団名も千葉ロッテマリーンズに変更した。

2003年オフに、ボビー・バレンタイン氏が9年ぶりに監督に復帰したのを機に、ボールパーク化構想を打ち出し、球団改革を開始。

1990年代末に球団改革に着手したダイエーホークスを除けば、同時期北海道に移転して球団改革に着手した、日本ハムファイターズとともに、球団改革の先頭集団を形成した球団と言える。

地元行政の協力を引き出すことにも成功、2006年4月からは、第三セクターの㈱千葉マリンスタジアムに代わって、指定管理者の指名を獲得。スタジアム敷地内の使用規制の大幅緩和も勝ち取っている。

東日本大震災以降、観客動員数の低迷が続いたが、2014年シーズンに底を打ち、マリーンズ

誕生から25周年を迎えた2016年シーズンは、断続的なイベント投入が奏功、リーグ3位から日本一を勝ち取った2010年シーズン以来、6年ぶりにシーズン観客動員数が150万人超えとなった。

ロッテ、広島が使っている指定管理制度とは

自治体所有の球場の最大のデメリットは、利用上の規制が事細かに決められていて、しかもそれが条例に定められている場合が多く、飲食を充実させたり、イベントを開催したりしようとしても、思うようにできない点にある。

12球団のうち、自治体所有の球場を本拠地にしているのは、ロッテ以外では日本ハム（札幌ドーム）、楽天（Ｋｏｂｏパーク宮城）、横浜（横浜スタジアム）、広島（マツダスタジアム）の4球団。これにほっともっと神戸で年間14試合開催しているオリックスを加えると5球団。

日本ハムの場合は、所有者である札幌市から指定管理者に指名されている、(株)札幌ドームからの賃借だが、それ以外の球団は、自治体から何らかの形で直接、管理を受託することで、球場及びその敷地内で、ある程度の自由度を確保している。

このうち、ロッテと広島が指定管理者として球場施設の管理を受託している。楽天、横浜、

オリックスは、都市公園法5条の管理許可である。

指定管理制度と都市公園法5条の管理許可の違いは、前者は自治体側が事業者に対価を支払って管理を任せるのに対し、後者は事業者から対価を徴収する点にある。後者についての詳細は、該当球団のページをご覧いただきたい。

指定管理制度は、行政が直接運営して莫大な税金を投入している施設の運営を、民間事業者に任せることで、税金の投入額を減らす目的で利用される。

指定管理者の運営は、年間にかかる運営コストを①全額、自治体から支払われる指定管理料でまかなう、②全額利用者から徴収する利用料金でまかなう、③利用料金でまかないきれない分を自治体から支払われる指定管理料でまかなう、の3パターンがある。

自治体が募集をかけ、複数の候補者が手を挙げたら、当然、②の全額利用者から徴収する利用料金でまかなう計画になっている事業者が最優先され、次に①と③のうち指定管理料が低くて済む方が優先される。

また、指定管理者は委託事業以外に自主事業も行うことができるが、この自主事業に関しては、事業者の独立採算であって、自治体から指定管理料が支払われることはない。

指定管理者評価シートに見る千葉ロッテの売上構成

指定管理者の収支は当然に自治体に報告されるが、それを一般に開示するかしないかは自治体の判断次第。札幌ドーム、マツダスタジアム、そして千葉マリンスタジアム（正式名称は今もコレ）の3箇所について、収支が記載された、「指定管理者評価シート」が開示されているかどうか調べてみたところ、自治体によってフォーマットは微妙に異なるが、3箇所とも開示されていた。

ロッテは2006年4月から指定を受けており、5年更新らしい。開示済みの直近のものは2015年度のもの。対象期間はおそらく2015年4月1日から2016年3月までだろう。

従って、2015年シーズンの3月分は反映されていないが、4月以降の分が全て反映され、なおかつ2016年シーズンの3月分が反映されているものと思われる。

指定管理業務として挙げられているのは施設の利用受付業務、維持管理業務、清掃、保安警備業務。人工芝や設備機器の点検・保守や、イベントの際の警備業務は指定管理業務にあたる。

これに対し、自主事業に挙げられているのは、飲食物販、施設見学ツアー、広告看板。球場一体化のキモであるところの飲食物販と広告看板は自主事業であることがわかる。

次に収支状況だが、収入は利用料金の3億5155万円と、自主事業の24億3557万円の合計27億8712万円。利用料金は、千葉ロッテ自身がシーズン中球場を使用した際の使用料や、コンサートなどイベントで貸したときに徴収した利用料金の総額である。

千葉市から指定管理委託料は全くもらっておらず、上記②の、全額利用者から徴収する利用料金で賄うパターンである。

興味深いのは、2011年以降、観客動員数が低迷しているのに、自主事業の収入が毎年着実に増加している点だ。

自主事業のうちの飲食物販収入と広告看板収入の内訳は不明だが、2013年を除くと、冠試合が年間約50試合前後で安定しており、スポンサー営業力が広告看板収入増にも貢献した可能性が高い。

支出は指定管理業務に係るものが、管理費6億1353万円など合計6億5140万円。自主事業に係るものが14億6899万円。合計で21億2039万円で、収支は6億6673万円の黒字。自主事業が管理業務の赤字を埋めたうえで、プラスも生み出していることがわかる。

指定管理制度の場合、黒字分を自治体と事業者で分け合う場合と、まるまる事業者のものになる場合とがある。

千葉市によると、自主事業の支出のうち、売店や広告スペースの使用料1億8080万円が、「行政財産の目的外使用料」名目で、球団から千葉市に納められていて、6億円強の黒字分は、全額球団のものになっているという。

一体化しているのに黒字にならない

一方、官報公告に記載されている当期純損益を見ると、毎年ごく少額ながら赤字が続いている。球場の収支はプラスなのに、球団収支のマイナスに食われているのだろう。この当期純損益が、親会社・ロッテによる赤字補塡があった上での数値なのか、そもそも赤字補塡は受けていないのか、球団から回答を得られていないので確証はないが、指定管理者の指定を受ける前の、2004年12月期は当期純利益欄が非表示で、2015年12月期はゼロ。しかも1000円単位表示でのゼロなので、通常はここまできれいにゼロにはならないと考えると、指定管理者の指名を受けるまでは補塡を受けていたが、それ以降は補塡を受けなくなったとも考えられる。

2016年シーズンは、マリーンズ創設25周年だったため、ユニフォームの無料配付をホークスと並んで12球団中最多となる8回実施、例年を遥かに上回るイベントも投入され、7月12日には初めて東京ドームでも主催ゲームを開催した。

2004年シーズンまでは毎年、富山、金沢で1試合ずつ、仙台で2試合主催試合を開催していたが、2005年に仙台の2試合分を釜山、仁川で実施することを計画しながら断念、指定管理者となった翌2006年以降は、主催全試合を千葉マリンのみで開催しているので、千葉マリン以外での開催という点では11年ぶり。

観客動員数が150万人を回復してもいるので、2016年12月期は大幅な増収となるのは間違いないだろう。

選手年俸総額はシブい

費用構造については殆ど解明できていないが、メインとなる選手年俸総額は総じて「シブい」。年によって成績にバラつきがあることも原因なのだろうが、２００６年以降の11年間で12球団中5位と6位が3回ずつ、9位と10位が2回ずつで11位が1回。5位、6位だったのは２００９年頃まで。

２０１０年以降は10位、11位が続き、２０１４年に久々に6位に浮上しているが、この年は中日ドラゴンズで大リストラが実施された年であり、前年比で選手年俸を減らした球団が5球団あるので、わずか1億６９００万円の増額なのに順位は一気に上昇してしまった感はある。

球場と球団が一体化していながら、なかなか黒字にならない原因が選手年俸以外にあるとしたら、設備投資負担だろうか。設備投資をすれば当然に償却費が増える。

総資産は指定管理者となった２００６年12月期に

単位：百万円

決算期	指定管理者評価シートベース		
	収入	支出	収支
04/12	−	−	−
05/12	−	−	−
06/12	1,846	1,831	15
07/12	1,985	1,960	25
08/12	1,830	1,783	47
09/12	1,853	1,819	34
10/12	1,876	1,875	0.4
11/12	2,172	1,959	213
12/12	2,505	2,023	482
13/12	2,527	2,029	498
14/12	2,628	2,045	583
15/12	2,787	2,120	666
16/12	−	−	−

一気に9億円増えており、増えた原因は固定資産が12億円増えて15億5900万円になったためであることがわかる。

その内訳は、有形固定資産が9億7400万円、無形固定資産が1億8800万円、投資その他の資産が3億9600万円。

球場は自治体所有なので、改修は自治体の費用で自治体に実施してもらうべきものではあるが、自治体は何かにつけて決定に時間がかかるため、球団側の負担で設備投資をして自治体に寄付し、その見返りに営業権もしくはそれに準ずる権利を取得する形をとったり、或いはそのまま球団の資産として保有したりした可能性はある。

2006年12月期中に増資を実施した形跡はなく、固定資産が増えた分は、流動負債の増加でバランスしているので、借入金で球団が何か設備投資を実施したことは間違いないだろう。

千葉ロッテマリーンズの財務数値集計表

決算期	官報公告ベース							売上高（推定）	来場者数（千人）				シーズン順位
	総資産			負債		総資産	当期純益		ホーム総計	公式戦		CS・日本シリーズ	
		流動	固定		流動					ホーム	ロード		
04/12	1,368	1,096	271	1,308	1,167	60	非表示	5,300	1,596	1,596		–	4
05/12	2,128	1,815	313	2,068	1,930	60	0	4,800	1,447	1,334		113	1
06/12	3,034	1,475	1,559	2,996	2,837	38	▲21	6,600	1,349	1,349		–	4
07/12	3,049	1,556	1,493	3,011	2,850	38	▲0.02	7,400	1,647	1,558		89	2
08/12	3,000	1,623	1,376	2,940	2,788	59	99	7,200	1,601	1,601		–	4
09/12	2,902	1,638	1,264	2,790	2,655	111	51	6,700	1,465	1,465	1,674	–	5
10/12	3,193	2,132	1,061	3,076	2,955	117	5	7,300	1,627	1,546	1,734	81	3
11/12	3,327	1,856	1,471	3,213	2,812	114	▲3	7,500	1,332	1,332	1,692	–	6
12/12	3,231	1,681	1,549	3,122	2,764	108	▲5.0	7,400	1,239	1,239	1,775	–	5
13/12	3,392	1,952	1,440	3,287	3,022	105	▲3	7,500	1,260	1,260	1,748	–	3
14/12	3,451	1,972	1,479	3,339	3,008	112	▲8	7,600	1,223	1,223	1,757	–	4
15/12	3,105	1,748	1,356	2,997	2,741	107	▲4	8,000	1,322	1,322	1,891	–	3
16/12	–	–	–	–	–	–	–	9,000	1,526	1,526	2,011	–	3

来場者数はNPB公表値。CS、日本シリーズはホーム開催時。
ホーム総計は公式戦ホームとCS、日本シリーズホーム開催時の合計。

ちなみに、球団は２００７年11月に、総資産４億円弱の千葉マリンスタジアムビジョンという会社を吸収合併しているのだが、なぜか球団の貸借対照表にこの影響は反映されていない。

近年は毎年、シーズンオフにスタジアムの改修が実施されているが、それが球団のバランスシートを膨らませている印象は受けないので、球団が自治体に働きかけ、自治体の費用で自治体が実施したということか。

もともとかつかつだった球場の利益

球団は大赤字、球場はしっかり黒字というのが一般的なイメージだが、この球場に関しては、そもそも球場がしっかり黒字だったわけではない様だ。

球団が指定管理者になる前は、第三セクターの㈱千葉マリンスタジアムが指定管理者だった。探してみたら、同社の官報公告が見つかったので集計してみた。

千葉マリンスタジアムの財務状況　　金額単位：百万円　来場者数単位：千人

決算期	官報公告ベース							来場者数	順位
	純資産			負債		純資産			
		流動	固定		流動		当期純益		
90/3	196	176	16	51	51	144	▲55	841	6
91/3	299	291	8	89	78	210	65	786	5
92/3	1,625	1,609	15	1,412	1,249	213	3	1,021	6
93/3	1,909	1,480	428	1,621	1,466	287	74	1,305	6
94/3	1,794	1,385	408	1,498	1,373	295	7	930	5
95/3	1,322	940	382	1,015	930	307	11	1,086	5
96/3	1,649	1,265	384	1,325	1,278	324	17	1,270	2
97/3	1,500	1,088	412	1,159	1,100	340	16	1,064	5
98/3	1,244	858	385	903	863	341	0	1,002	6
99/3	1,169	814	354	826	809	343	2	946	6
00/3	1,210	871	338	859	832	351	8	1,070	4
01/3	1,346	1,006	340	959	907	387	36	1,192	5
02/3	1,157	871	286	742	703	415	37	1,301	5
03/3	1,090	833	257	677	615	413	8	1,210	4
04/3	1,112	886	226	678	601	434	20	1,225	4

１９９２年３月期に総資産が一気に増えているのは、千葉ロッテがこの球場を本拠地球場

としたのが、開場から2シーズン後の1992年シーズンからだったからだろう。

負債で調達した資金がそのまま流動資産にバランスしており、以降、2005年を最後に指定管理者からはずれるまで、常に流動資産と流動負債がバランスしたまま漸減していった印象を受ける。

流動資産、流動負債の中身がそれぞれ何だったのかは不明だが、指定管理者自ら設備投資を実施したという印象は受けず、利益もかろうじて黒字という程度。スタンドに閑古鳥が鳴いていた時代に、2億～4億円の黒字を安定的に確保していた横浜スタジアムとは対照的だ。

賃料は比較的良心的でも、飲食物販収入や広告看板収入も伸ばせず、縮小均衡のスパイラルに嵌《はま》っていたのかもしれない。

チーム成績に他のスコアが影響を受ける顧客満足度

最後に慶應鈴木教授の顧客満足度調査の結果だが、成績への不満が、成績以外の項目全体に影響を及ぼしている印象がある。

ファンにとっては、2010年シーズンにリーグ3位からクライマックスを勝ち上がり、日本一となった「下克上」の記憶が鮮明らしく、

千葉ロッテマリーンズの年俸総額推移　単位：百万円

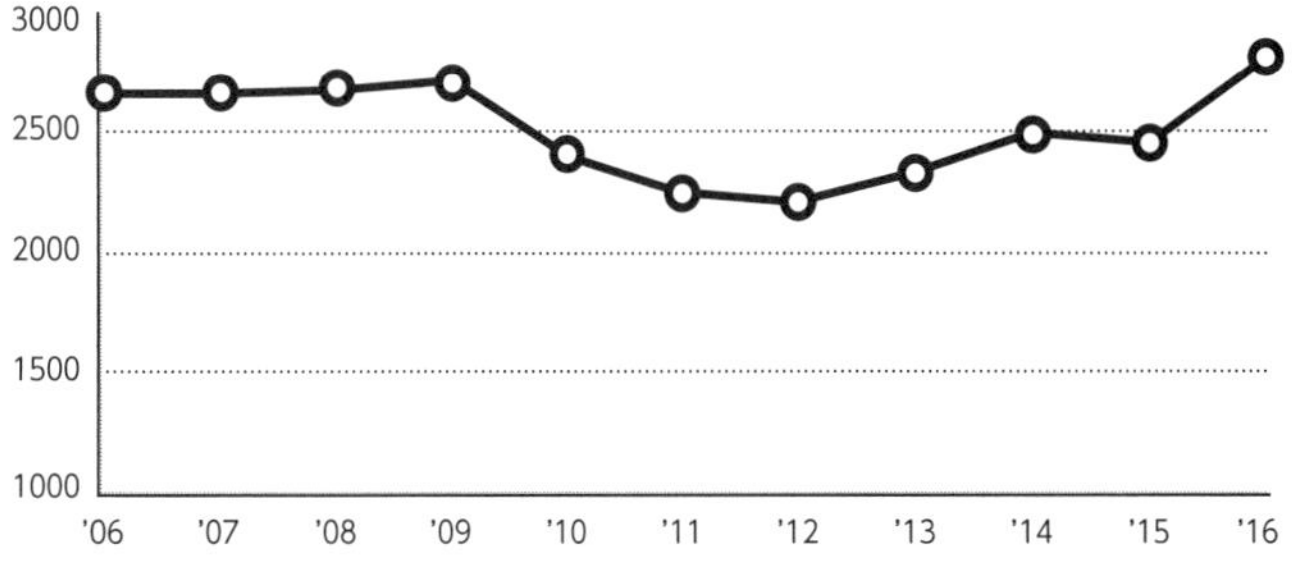

Ａクラス入りするかしないかで、応援・観戦ロイヤルティが、チーム成績、チーム選手のスコア順位と比例して上下している。
ただ、成績とはほぼ無関係に高かったファンサービスのスコアが、Ｂクラスに終わった２０１４年シーズンに大きく後退しているのは若干気になる。

個人的には、球場に対する評価はもう少し高くても良い気がする。最寄り駅から徒歩だと10分強かかる点はハンディではあるのだろうが、１００円のシャトルバスはあるし、ゲーム終了後のバス輸送の機動力も高い。

球場の改装もかなり進んでいる。２０１４年の夏にこの球場で観戦した際には、女子トイレの洋式化が４階だけ終了していなかったのだが、２０１６年シーズンは完璧に完了していた。

毎シーズンオフには観客が目で見てわかるレベルの改修が実施されていて、２０１５年のシーズンオフには外野スタンドに、ライト、レフトそれぞれに１枚ずつ、サブスクリーンが新設されている。

ビジョンへの掲載データ項目も充実しており、他球場の経過がリア

顧客満足度調査（順　位）

	総合満足度		チーム成績	チーム選手	球場	ファンサービス地域振興	ユニホーム・ロゴ	応援ロイヤルティ	観戦ロイヤルティ	成績
		パ								
2016年1月	3	3	6	6	6	3	5	4	2	リーグ3位
2015年1月	7	5	8	9	10	9	7	8	8	リーグ4位
2014年1月	2	2	3	5	4	1	4	5	4	リーグ3位
2013年1月	6	4	8	7	8	3	5	7	7	リーグ5位
2012年1月	6	4	8	7	8	4	3	8	8	リーグ6位
2011年1月	2	2	1	2	6	2	2	2	2	日本一
2010年1月	9	5	9	9	10	4	4	8	9	リーグ5位
2009年1月	5	3	－	－	－	－	－	－	－	リーグ2位

ルタイムで表示されるのはこの球場だけだ。

また、あくまで筆者の主観ではあるが、この球場の飲食の水準はKoboパークには及ばないものの、それに次ぐ水準ではないかと思う。コンコースのショップのメニューもかなり充実しているが、球場外周部に出店している屋台のレベルが極めて高い。

2016年シーズンからグラウンド開放も開始

西武ドームしか実施していなかった、ゲーム終了後のグラウンド開放も、2016年シーズンから始めている。内野には入れないが、その内野で行われているグラウンドキーパーによる整備作業が間近で見られる。

ファンクラブ会員を対象にした、抽選による限定的な開放は他球場でも実施しているが、希望すれば誰でも入れるのは、2008年から実施している西武ドームとここだけ。グラウンドからスタンドを見上げた光景は壮観だ。

ただ、西武ドームは内野から入れて外野中央部分から出すが、ここは入れるのも出すのも外野からなので、内野の観客は一度外へ出て、

顧客満足度調査（スコア）

	総合満足度	チーム成績	チーム選手	球場	ファンサービス地域振興	ユニホーム・ロゴ	応援ロイヤルティ	観戦ロイヤルティ	成績
2016年1月	63.51	50.81	62.40	61.41	64.47	67.02	67.74	68.15	リーグ3位
2015年1月	58.37	41.97	57.39	58.54	58.23	64.13	63.77	64.20	リーグ4位
2014年1月	65.57	59.06	67.09	61.27	65.48	67.81	71.47	72.86	リーグ3位
2013年1月	59.09	40.51	57.31	58.82	60.79	67.74	69.97	71.14	リーグ5位
2012年1月	60.21	46.81	62.47	59.73	61.40	68.57	65.64	66.20	リーグ6位
2011年1月	70.43	83.87	79.27	64.27	68.48	72.84	72.78	74.48	日本一
2010年1月	57.76	35.48	60.71	59.82	61.84	68.34	60.10	60.93	リーグ5位
2009年1月	63.56	−	−	−	−	−	−	−	リーグ2位

2016

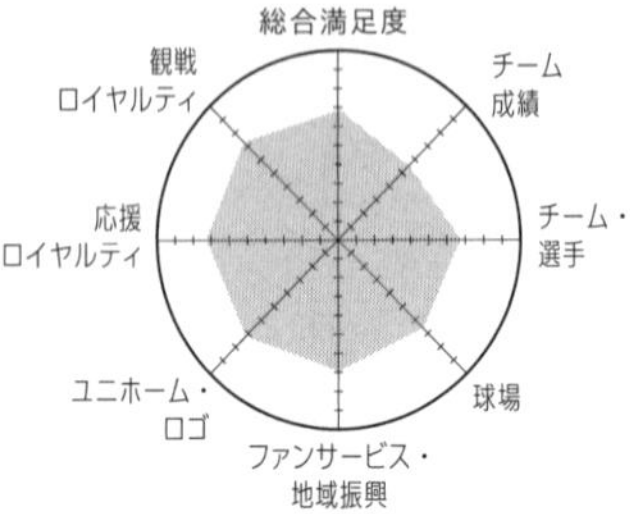

2015

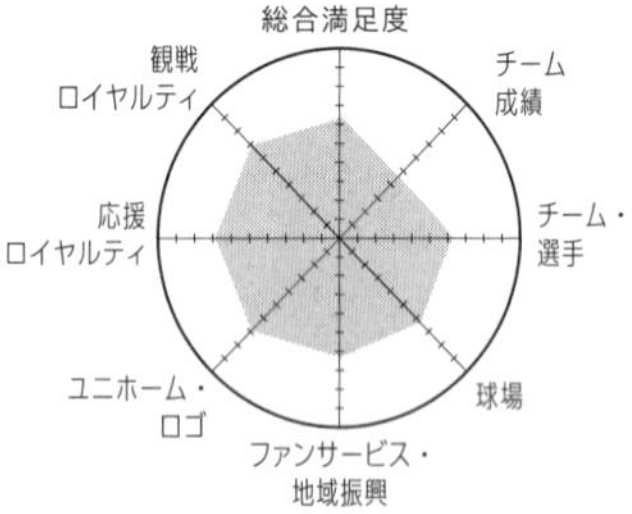

2014

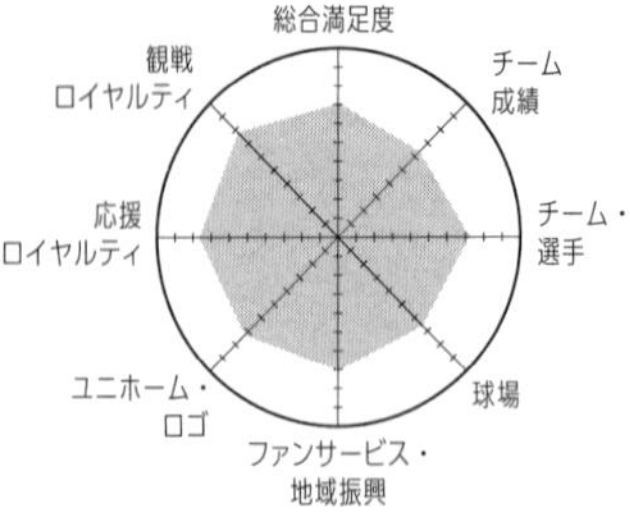

2013

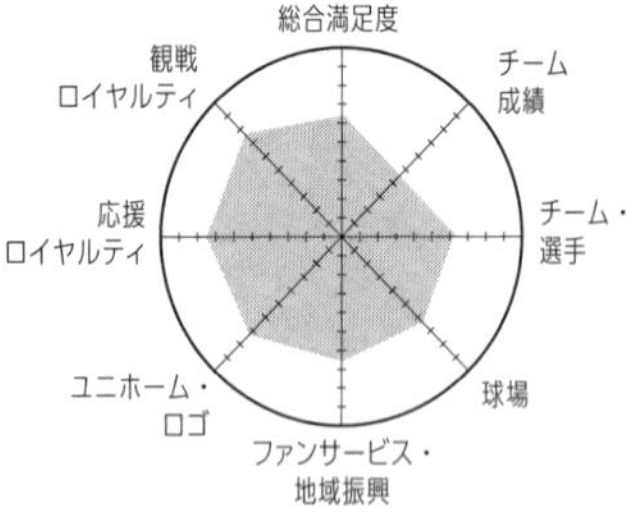

2012

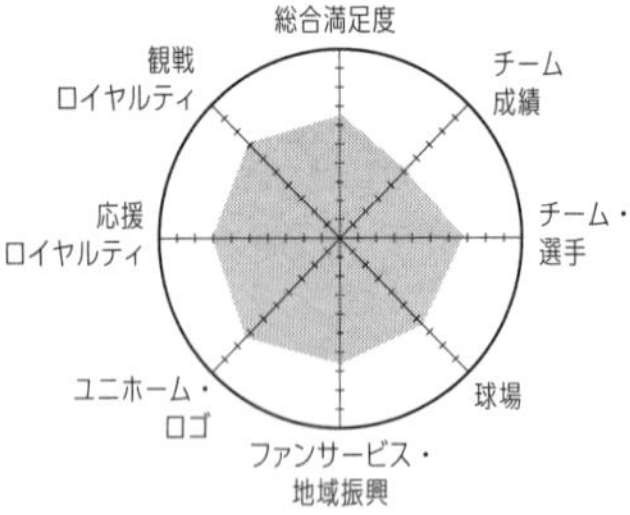

2011

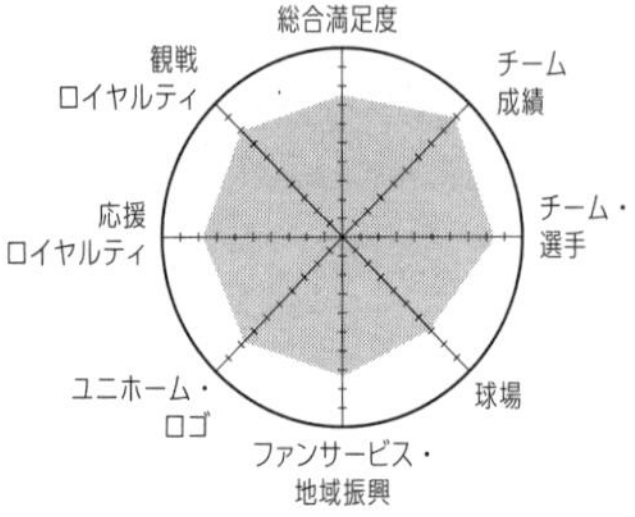

外野出口付近まで回らなければならない。動線の改善余地はある気がする。

ちなみに、2014年の観戦時には、球場のすぐ外側にある砂浜への出入りが禁止されていたが、2016年シーズンの観戦時には解禁されていて、観客がゲーム開始前の時間に散策を楽しんでいた。

埼玉西武ライオンズ

名ばかりの球場・球団一体から脱却、黒字定着

●ミニ球団史

ルーツは1950年創設の西鉄クリッパーズ。翌年球団名を西鉄ライオンズに変更。福岡市を本拠地とし、1954年から1958年までの5年間でリーグ2位1回、リーグ優勝4回、うち1956年から3年連続日本一に輝いたほどの強豪チームだったが、神様、仏様、稲尾様と呼ばれた鉄腕稲尾和久投手の引退前年の1968年以降、リーグ5～6位が定着。

同時期に選手の八百長への関与が発覚（いわゆる黒い霧事件）、所属選手が永久追放となる中、チームは長い低迷期に入った。

親会社も1973年に西日本鉄道からゴルフ場経営の太平洋クラブへ、そして1977年には太平洋クラブからライター製造のクラウンライターに交代。

クラウンライターは2シーズンで球団を西武鉄道グループの国土計画に譲渡。西武グループは埼玉県所沢市に新球場を建設、チームの本拠地は福岡市の平和台球場から所沢市の西武球場に移転した。

所沢移転後は常勝チームに変貌。1982年から2016年までの35年間でリーグ優勝16回、うち日本一が10回。Bクラス転落は2006年までの25年間では皆無だったが、2007年以降の10

年間では直近の3年間連続を含めて5回に上る。

オリックス・近鉄の合併問題に端を発する球界再編騒動の最中の2004年10月、西武鉄道が有価証券報告書虚偽記載で上場廃止になり、西武グループ内の再編が進んだ。球団の親会社は、コクド（1992年に国土計画から社名変更）が2006年にプリンスホテルに吸収されたことからプリンスホテルに交代。さらに、2009年のグループ内再編で、プリンスホテルから西武鉄道に交代している。

球団改革は他のパ・リーグ球団から3～4年遅れの2008年から始まっている。球団名に「埼玉」を加えて地域密着路線を明確に打ち出した。

プロ野球開催日のみとはいえ、球場の営業権を親会社から獲得したのもこの年。2011年シーズンからは通年での営業権を球団が獲得。黒字が定着するようになった。

所沢移転時点からグループ会社が球場を保有していたことから、形式的には球場・球団一体経営だったが、球場の収益は親会社が独占していたため、球団は長らくコストセンターに甘んじていた。

松坂マネーで債務超過を一挙に解消

2007年シーズンまでは、球場の飲食物販、広告看板収入は全て親会社に入り、なおかつ親会社にゲーム開催日分の賃料も支払っていた様で、球団は典型的なコストセンターであり、赤字分は親会社からの補填で埋めていたのだろう。

2005年11月期の総資産はわずか6億7200万円で、純資産も1億2500万円しかなく、決算期を3月に変更するため、4か月の変則決算となった2006年3月期に債務超過に転落している。

決算期を11月から3月に変えたとたんに、総資産が20億円規模になったのは、3月だとファンクラブの年会費や年間シートの販売収入が入り、現預金の残高を押し上げる12～2月の実績が反映されるから、とも考えられるのだが、負債勘定もほぼ同額膨らんでいるので、親会社からの借入金で、当面のキャッシュを確保したとも考えられる。

この球団の債務超過を一挙に解消したのが60億円の松坂マネー。2006年のシーズンオフにポスティングでメジャーに移籍した松坂大輔投手の移籍金が、球団の財政を癒したことがよくわかる。

報道では60億円のうち36億円が実際に球団に入った金額とある。この当時の平均的な税負担率は利益の4割だったので、税金24億円を除外した36億円が手取りと考えると計算が合う。

流動負債が12億円増えているのは、おそらく納税に備えて引き当てた未払い税金が原因だろう。松坂マネーのうち、10億～12億円程度を借入金の返済に回したと考えれば、計算が合う。

ところで、松坂マネーで30億円規模に底上げされた純資産が、税金の支払いでいったん15億～16億円規模に落ち、2012年3月期以降は当期純利益が黒字化したので、年々積み上がり、2015年3月期は32億円に達している。

ところが、2016年3月期に突然18億円に減っている。負債は変わらないが、流動資産がほぼ同額減っている。赤字が出ているわけではないので、考えられる可能性は、多少キャッシュに余裕が出たところで自己株取得をして償却したか、或いは配当を実施したか。発行済み株式総数は変わっていないので、おそらく後者だろう。

松坂マネーの使途は球場の改装ではなく球団改革?

ところで、この2006年のシーズンオフは、スコアボードの大型ビジョン化、既存トイレの全面改修、内野のネット裏中段部分へのフードスタンド、トイレ、ファールグラウンドへのフィールドシート、内野席へのテラスシート、エレベーターの新設に、人工芝の張り替えなど、総工費30億円をかけた大改修が実施されている。

一般にはこの大改修、松坂マネーで実施されたと理解されているのだが、官報公告を見る限りそれは違う。

そもそも球場は親会社の所有なので、球場の改修は親会社がすべきもの。もしも球団がコストを負担したのであれば、例えば改修部分を親会社に寄付し、見返りに営業権を得るなど、何かしら貸借対照表の資産の部に痕跡が残るはずだが、その痕跡はない。2007年3月期に固定資産は増えていないからだ。

ところが2008年3月期になると、固定資産が約11億円に急増している。2008年は、球団が親会社からゲーム開催日の球場の営業権を獲得した最初のシーズンだ。

親子間とはいえ、法人格は別。球団が親会社に対価を払うのが当然と考えると、11億円全額ではないにしても、相当部分は対価を払って買った営業権の可能性がある。

このほか、従来親会社所有になっていた西武ドーム内の施設や設備を球団所有に移管したということも考えられる。

従って、2008年からの球団改革は、松坂マネーがあればこそ実行に移せたもののように思えてくる。

2011年シーズンからは、ゲーム開催日だけではなく、通年での営業権を取得しているはずなので、上記のロジックに従えば、固定資産残高は2011年3月期に増えていなければならないのに、逆に減っている。これも、追加取得した営業権の対価を年間の減価償却費が上回ったとすれば、辻褄が合う。

成績と動員数が反比例し黒字定着

パ・リーグ球団は高い営業力を誇る球団が多いため、その中にあっては若干おっとりしていて、その分営業力の弱さを感じさせるのがこの球団だ。

まずは冠試合の頻度。少なくともソフトバンク、楽天、オリックスは殆どもしくは全ての主催ゲームが冠試合になっている。ロッテも主催ゲームの7割が冠試合だが、西武はおそらく3分の1程度だろう。

パ・リーグの選手見たさに、西武ドームでは毎年4〜5回、2016年は6回観戦しているが、ざっくり1シーズンで平均2回くらいが冠試合だった、というのが筆者の肌感覚だ。

外野フィールド、ベンチ前のファールグラウンドともに広告スペースにはなっていない。ただ、ネット裏に広がる、革張りふかふかのゴージャスなボックスシートに関しては、以前、この座席で観戦した際に目視でざっと確認した限りに於いては、購入者名が印字されたプレートが掲出されている席は8割くらい。掲出しない人もいるはずなので、9割近くが年間シートとして販売され、残りが一般に売り出されている印象だ。

埼玉西武ライオンズの財務数値集計表

単位：百万円

決算期	官報公告ベース							売上高（推定）	来場者数（千人）				シーズン順位
	総資産			負債		総資産	当期純益		ホーム総計	公式戦		CS・日本シリーズ	
		流動	固定		流動					ホーム	ロード		
04/11	1,009	578	9	898	898	111	14	6,000	1,846	1,649		197	2
05/11	672	323	9	547	547	125	13	3,800	1,103	1,103		−	3
06/3	2,008	1,294	8	2,145	2,145	▲137	▲261	−	−	−		−	−
07/3	6,277	5,375	9	3,363	3,363	2,913	3,050	8,000	1,283	1,196		87	2
08/3	2,447	1,292	1,154	773	773	1,673	▲1,239	7,200	1,093	1,093		−	5
09/3	3,187	1,957	1,229	1,604	1,588	1,583	▲90	8,300	1,619	1,413		206	1
10/3	3,005	1,983	1,022	1,451	1,435	1,553	▲29	8,200	1,515	1,515	1,755	−	4
11/3	2,852	1,899	953	1,305	1,284	1,546	▲6	8,800	1,658	1,591	1,750	67	2
12/3	3,055	2,235	820	1,382	1,376	1,673	126	9,100	1,591	1,591	1,640	−	3
13/3	3,938	3,145	793	1,651	1,645	2,286	613	10,600	1,616	1,526	1,676	90	2
14/3	5,127	4,138	989	1,934	1,927	3,193	1,090	11,000	1,700	1,600	1,629	100	2
15/3	5,518	4,439	1,079	2,272	2,268	3,245	379	10,300	1,498	1,498	1,757	−	5
16/3	4,292	3,106	1,186	2,412	2,406	1,880	248	10,600	1,616	1,616	1,860	−	4
17/3	−	−	−	−	−	−	−	10,900	1,618	1,618	1,892	−	4

来場者数はNPB公表値。CS、日本シリーズはホーム開催時。
ホーム総計は公式戦ホームとCS、日本シリーズホーム開催時の合計。

次に利益面に着目してみる。2008年3月期は、松坂マネーで潤った前期から一転、10億円を超える赤字だった。球団改革初年度の実績が反映されるのは、2009年3月期から。2008年3月期は親会社から自立し、もはや赤字補填は受けられない立ち位置になった一方で、獲得した営業権の収益貢献は1期先から。その端境期に当たって、多額の赤字計上になったと考えれば辻褄が合う。

この球団の当期純損益の推移は、球団と球場が一体化することの効果を示す、まるで標本のようだ。2009年3月期から毎年赤字が減り、通年での営業権を得た2012年3月期以降は黒字が定着している。

球場不動産の所有名義は相変わらず親会社なので、球団は親会社に賃料は支払っているはずだが、それをこなして黒字が定着するようになったということだろう。

高額年俸の外国人獲得からプロパー育成に方針転換

コストの主要部分を占める選手年俸総額にも、球団改革の前後で違いが明確に現れている。球団改革に着手する前年の2007年までは、パ・リーグ6球団の中ではソフトバンクに次ぐ水準で、当然のように突出して高額の年俸の選手がいた。

2005年のシーズンオフは、FAの人的補償で巨人から江藤智選手を1億1000万円で獲得したほか、カブレラ選手の年俸が2億円アップで6億円に、松坂大輔投手も8000

万円アップで３億３０００万円に到達した。

その３億円プレーヤーの松坂投手が抜けた２００７年シーズンも、同じく３億円プレーヤーのジョンソン投手を獲得したため、年俸総額は前年比横ばいだった。

だが、球団改革初年度の２００８年になると、そのジョンソン選手、そして６億円プレーヤーだったカブレラ選手が退団し、一気に総額が下がった。

それ以降は、突出して年俸が高い外国人選手は獲得しておらず、来日初年度に１億円を超えたのは２０１４年オフに獲得したルブラン投手くらい。メヒア選手も来日初年度は３５００万円。その一方で、着実に実績を積み上げているプロパー選手の年俸は着実に上昇。

２０１６年シーズンは久々に前年比７億円増で、総額が30億円を超えたが、これもバンヘッケン投手を１億４０００万円で獲得した以外は、メヒア選手の７０００万円アップや、秋山翔吾選手の８８００万円アップなど、前年の成績に応じて既存選手の年俸を引き上げた結果だ。

興味深いのは、過去３年のチーム成績と球団の利益の相関性だ。か

埼玉西武ライオンズの年俸総額推移　　単位：百万円

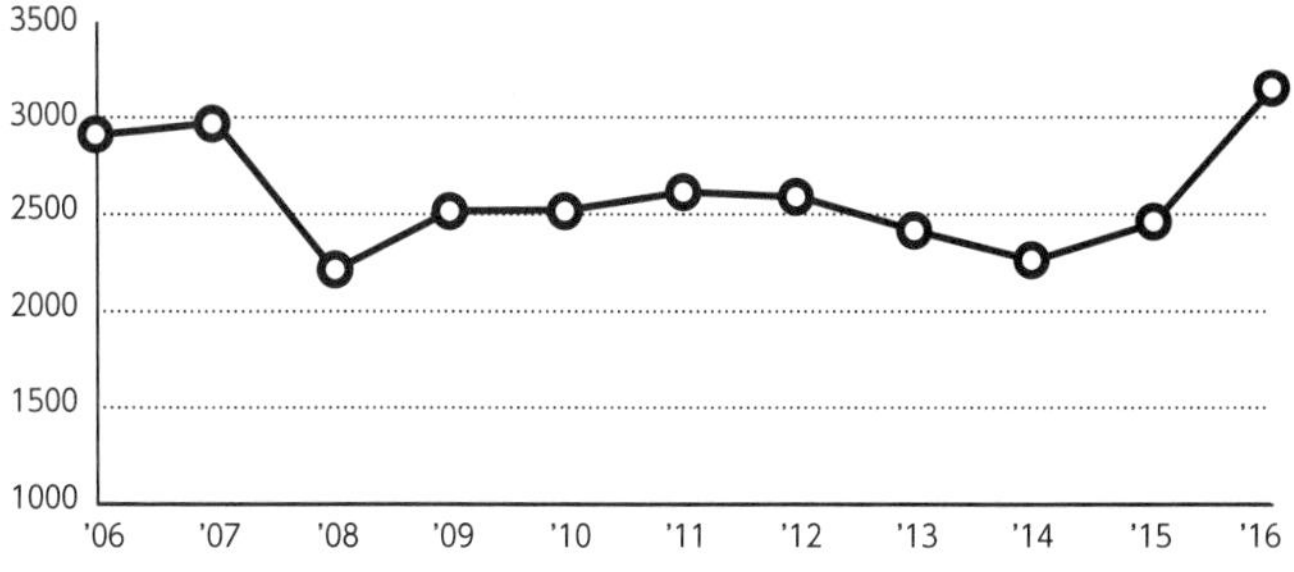

つての常勝軍団がまさかの3年連続Bクラス。にもかかわらず、シーズン中の観客動員数は日本一に輝いた2008年シーズンを20万人も上回っている。

シーズン成績で2位以内に入れれば、少なくともクライマックスシリーズのホーム開催権が得られ、その分来場者数が上乗せされ、シーズン中の売上高に加え、チケット代と飲食、グッズ収入などの上乗せが見込める。

2008年シーズンは、クライマックス、日本シリーズの上乗せコミで161万人の動員だったが、直近2シーズンはシーズン中だけで160万人を超えている。

それでもまだ、平均稼働率は7割に届いていない。首都圏の球団ではあっても、都心から1時間という立地のハンディなのか、はたまたチームの成績のせいなのか。

総じて「可もなく不可もなく」な顧客満足度

慶應鈴木教授の顧客満足度調査の結果から見える姿は、まさに「可もなく不可もなく」だ。さすがにリーグ5位という結果に終わった2

顧客満足度調査（順　位）

	総合満足度		チーム成績	チーム選手	球場	ファンサービス地域振興	ユニホーム・ロゴ	応援ロイヤルティ	観戦ロイヤルティ	成績
		パ								
2016年1月	7	5	7	5	5	6	8	5	5	リーグ4位
2015年1月	10	6	9	10	7	6	9	9	10	リーグ5位
2014年1月	7	5	4	4	3	6	9	2	3	リーグ2位
2013年1月	3	3	5	5	4	4	8	4	4	リーグ2位
2012年1月	3	3	5	5	6	5	7	4	5	リーグ3位
2011年1月	6	4	6	9	8	8	8	9	10	リーグ2位
2010年1月	4	3	5	5	4	5	8	6	5	リーグ4位
2009年1月	4	2	–	–	–	–	–	–	–	日本一

０１４年シーズン終了後の２０１５年１月調査では、総合満足度で10位に転落したが、それでもファンサービスは前年なみを維持した。各項目の中でも球場とファンサービスは毎年、そこそこ安定的に、そこそこの評価を得ている。

試合開始前、終了後、イニング間の各イベントは、日本ハム、ソフトバンク、楽天の演出と比較すれば地味に見えるし、フードも「可もなく不可もなく」だ。

そんな中で、私見で言わせていただくなら、この球場のサービスで、高く評価できるポイントは２点。１つはブルペンが見えることだ。

現在、12球団が本拠地、準本拠地として使用している13球場のうち、ブルペンが客席から見える場所にあるのは神宮、ほっともっと神戸と西武ドームの３箇所だけ。

西武ドームはブルペンの目の前の席を、ブルペンサイドシートとして販売している。価格は一般向けの前売りだと内野Ｂ指定より２００円高い３０００円だが、ファンクラブの前売り価格だと内野Ｂ指定と同額の２４００円。すぐに売り切れる人気のシートだ。

２０１３年シーズン、破竹の連勝を続ける田中将大投手が、リリー

顧客満足度調査（スコア）

	総合満足度	チーム成績	チーム選手	球場	ファンサービス地域振興	ユニホーム・ロゴ	応援ロイヤルティ	観戦ロイヤルティ	成績
2016年1月	61.37	48.90	62.92	61.92	60.83	64.47	67.36	66.71	リーグ4位
2015年1月	55.16	39.54	57.06	59.74	59.04	61.28	63.46	61.28	リーグ5位
2014年1月	62.17	58.72	67.59	61.56	61.24	64.32	72.82	73.01	リーグ2位
2013年1月	63.66	61.22	66.01	62.13	60.75	64.17	72.84	74.04	リーグ2位
2012年1月	61.36	56.59	66.09	60.89	59.69	64.44	69.13	67.79	リーグ3位
2011年1月	60.47	66.66	69.11	61.49	58.52	63.56	62.85	61.72	リーグ2位
2010年1月	63.18	63.99	72.12	62.56	61.01	63.86	62.27	65.06	リーグ4位
2009年1月	63.87	–	–	–	–	–	–	–	日本一

2016

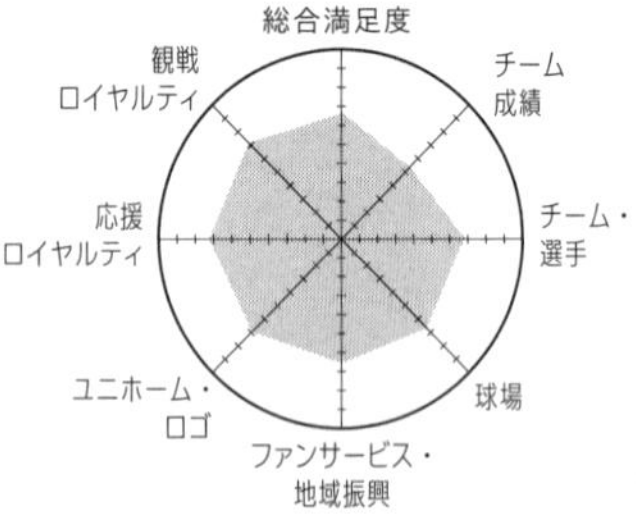

2015

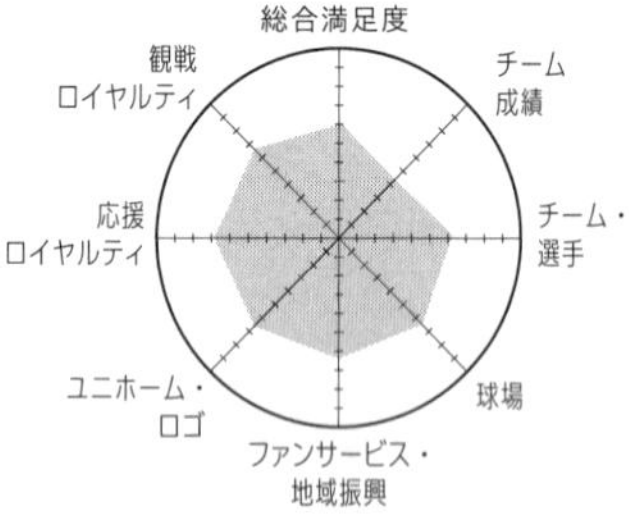

2014

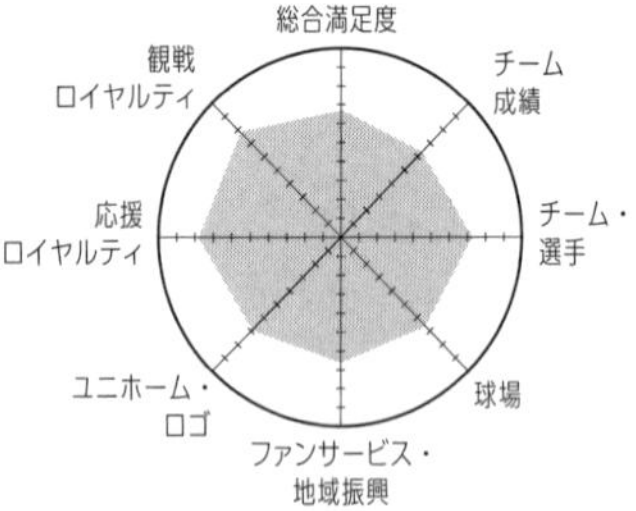

2013

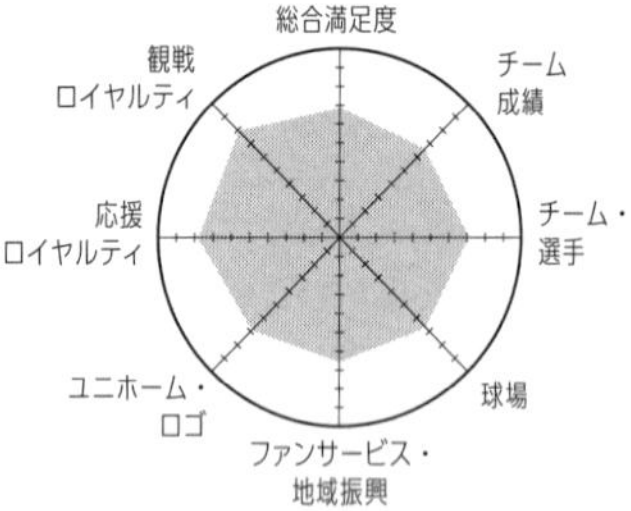

2012

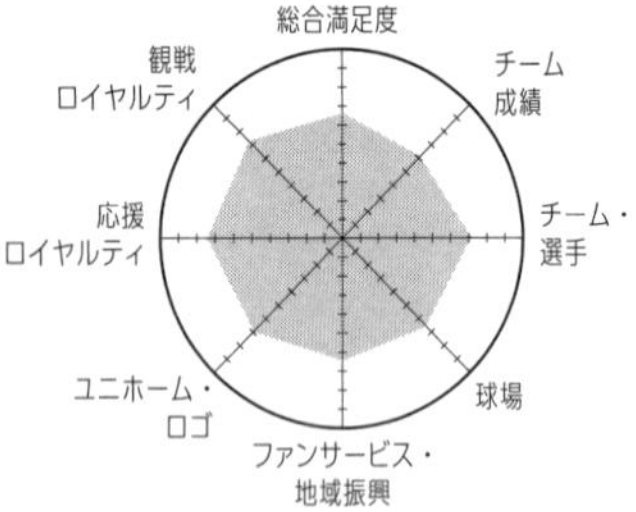

2011

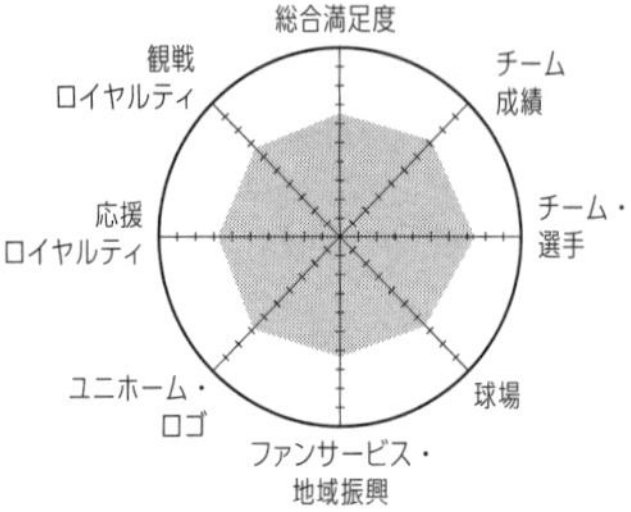

フ登板のためにブルペンに現れたときは、球場内全体にさざ波が立つように興奮が広がった。

ほぼ全試合で終了後にグラウンドに入れる

評価できるもう1つのポイントは、ゲーム終了後のグラウンド開放である。ほぼ全試合で、ゲーム終了後に希望すれば誰でもグラウンドに入れる。

この球場では、2008年以降、球団改革の一環で、ゲーム終了後にグラウンド内で各種イベントを開催するようにもなっている。

日によってサラリーマン向け、女子向け、子供向けなど様々で、ベースランニングやフライキャッチ、ノックなどが楽しめて、来場者は抽選なしで誰でも参加できる。

イベントに参加しないでグラウンドウォークだけを楽しむこともできる。いずれの場合も、グラウンドには内野から入れて外野正面から出すので、動線面でもストレスがない。グラウンドからスタンドを見上げたときの景観は壮観で、1度経験したら飽きるかというと、これがそうでもない。公園を散策して帰るような気分になるし、帰りの電車が多少なりとも空くのを待つ時間つぶしにもなる。

ロッテが2016年シーズンから追随したが、それ以外の球団のグラウンド開放は、ファンクラブ会員対象でなおかつ抽選で当たった人だけ。

そもそも天然芝の球場では管理上不可能だろうが、人工芝の球場でも追随するところがなかなか現れない。球場と球団が一体化していなければ土台無理だろうし、構造上、誘導が難しい球場もあるのかもしれない。

ゲーム終了後はグラウンド整備が入るので、グラウンドキーパーや、案内や清掃を請け負う球場スタッフにとっては、できればやらないでほしいサービスだろう。

稼働率が7割に満たない球場だから可能なのかもしれないが、それだけに貴重なサービスだと思うのだ。

東北楽天ゴールデンイーグルス

刻々と進化を続けるEBITDA経営のお手本

◉ミニ球団史

2004年のオリックス・近鉄合併問題に端を発する、球界再編騒動を経て新設された球団。オリックス・近鉄の合併で1チームが減るため、全国各地で新球団構想が浮上する中、ライブドア、楽天が新規参入に名乗りを上げ、最終的に楽天がプロ野球オーナー会議の承認を得た。

オリックス・近鉄両チームの選手を、合併球団と楽天球団に振り分ける分配ドラフトによって所属選手を確保する形がとられたが、有力選手にはオリックスがプロテクトをかけていたため、他球団に比べ、著しく劣る戦力でのスタートとなった。

2009年シーズンはリーグ2位、田中将大投手がシーズン24連勝し、沢村賞を獲得した2013年シーズンは日本一に輝いているが、参入から12年で最下位5回、5位3回、4位が2回と、Bクラスの年度は10回に及ぶ。

その一方で、成績に観客動員数が比例せず、最下位（2014年）、最下位（2015年）、5位（2016年）という結果に終わっている直近3年間で、観客動員数は11％伸びている。

球団創設時点からボールパーク化構想を打ち出し、毎シーズンオフのみならず、シーズン途中でも改装を実施。参入当時2万人だった収容人数は、2015年オフの改修で3万508名となっているほか、スコアボードやカラービジョンも次々と増設。2015年オフには観覧車、2016年シーズン中にはメリーゴーラウンドも新設している。

球団創設時点で、改装費を負担した上で改修設備を宮城県に寄付、対価として球場が建つ宮城野原公園全体の営業権を取得、球場敷地内での自由度を確保しているほか、チケットの価格を繁忙期と閑散期で差を付けるフレックスプライス制を、2009年に球界で初めて導入。中継番組の自社制作を12球団で最初に始めたのもこの球団である。


球団負担で改修、施設を県に寄付して営業権取得

この球団のバランスシートの最大の特徴は、資産の部に多額の固定資産が計上されている点にある。

楽天は、球団が資金を負担して改修した施設を、球場所有者である宮城県に寄付、その見返りに取得した営業権を資産計上し、減価償却している。

参入決定直後の2004年12月末時点の官報公告の貸借対照表には、「投資その他の資産」として28億2777万円が計上されている。

続く2005年12月期末時点では、「投資その他の資産」が30億6426万円に増え、「無形固定資産」も、前期の1380万円から大きく増えて25億2503万円になっている。

営業権が計上されているのが「無形固定資産」、参入の際にNPBに支払い、10年後に返還されるはずの保証金25億円が計上されているのが「投資その他の資産」である。

2013年12月期にいきなり流動資産が22億円ほど増えているのは、2013年のシーズンオフに、ポスティングでメジャーに行った田中将大投手の移籍金20億円が入金されたためだろうが、負債も同時に20億円増えている理由は今ひとつよくわからない。

2013年シーズンは、田中将大投手の24連勝をテコに、球団創設以来初めて日本一になったシーズンである。シーズン途中で球場に仮設スタンドを建設、収容人数を2000人増やすなど、設備投資にも相当な資金を使ったはずなので、未払い工事代金や、田中投手の移籍金に対する未払い税金の引き当てが増えたせいとも考えられる。

続く2014年12月期は、参入から10年が経ち、25億円の保証金が年度末に戻ってきたはずの決算期だ。ただ、流動資産は前期から13億円減っていて、戻ってきた印象はない。

ただ、この期も外野レフト側に楽天山観覧席を新設したり、シーズン途中でスタンドを増設したりしているので、期中は親会社からの借入金で投資資金を賄い、期末に保証金の返還を受けると、即座に借入返済に回してしまったとも考えられる。

続く2015年12月期も、球場入口のゲート、球場正面広場への床面積660㎡のグッズショップやイーグルスドームを新設。積極的な設備投資が続いている。前年との違いは、固定資産残高が増加に転じたことだ。

営業権償却大幅減で黒字定着？

利益に目を向けてみると、当期純利益が２０１５年12月期に急増している。積極的な設備投資は毎年のこと。急に利益水準が上がったのは、おそらく大きな額の営業権償却が終了したためだろう。

２００６年12月期の営業権残高は推定70億円。無形固定資産には選手の契約金も計上されているはずで、これもおそらく3年程度の期間で償却しているだろう。

この決算期の時点ではまだ親会社決算でプロスポーツセグメント情報が開示されていた。それによると、償却費は年間7億円。新規参入時の大規模改修分の営業権の償却が年間7億円だったとすると、営業権残高70億円に対し、7億円の償却費だから、償却期間は10年前後だった計算になる。

とすると、２０１４年12月期で新規参入時の投資分の償却が終わったことが、２０１５年12月期の純益急増要因と考えれば辻褄が合う。

２０１０年12月期は前年の2位から一気に最下位に転落し、観客動員数が10万人も減った上、前年の好成績で選手年俸は4億円増。開幕前にスコアボード横に大型ビジョンを新設するなど、大型の設備投資で償却負担も増えたため、営業損益、ＥＢＩＴＤＡ《イービットディーエー》（償却前営業利益＝キャッシュフローベースの営業利益）ともに赤字だった。

だが、創設初年度、２００８年、２００９年はＥＢＩＴＤＡベースでは黒字だったことや、毎年の当期純損益の水準からすると、２０１１年以降もＥＢＩＴＤＡベースでは黒字だった可能性が高い。

ソフトバンクと並ぶ球界屈指の営業力

セグメント情報を開示していた時期の数値を参考に推定すると、現在の年商は１１０億円強。球場と球団が一体化しているので、チケット、スポンサー収入、放映権、グッズ以外に飲食や広告看板収入もある。

２０１０年暮れに、週刊東洋経済の取材で島田《しまだ》亨《とおる》球団社長（当時）にインタビューした際、売上げ構成の比率を尋ねたところ、当時はチケット収入と、広告看板も含めたスポンサー収入が３割ずつ、飲食15％、グッズ１割、放映権とコンテンツ販売で７～８％、ファンクラブ収入で５％という回答だった。

しかもこの時点で既に、広告看板を含めたスポンサー収入に占める、親会社の貢献度はごく一部

単位：百万円

決算期	親会社決算セグメント情報ベース					
	収入	内部取引	営業利益	EBITDA	減価償却費	資産
04/12	–	–	–	–	–	–
05/12	7,385	518	156	384	228	7,011
06/12	7,266	718	▲1,396	▲685	711	11,783
07/12	8,245	692	▲836	▲7	829	12,313
08/12	8,434	471	▲811	43	854	11,458
09/12	8,833	472	▲617	260	877	11,071
10/12	8,241	498	▲1,332	▲423	909	10,095
11/12	–	–	–			–
12/12	–	–	–			–
13/12	–	–	–			–
14/12	–	–	–			–
15/12	–	–	–			–
16/12	–	–	–			–

だった。

今回は取材を受けてもらえなかったので、現在もこの構成比なのかどうかは不明だが、肌感覚では大きく変わった印象はない。

客席稼働率が7割台に留まる中、この球団のスポンサー営業力は球界屈指と言われる。2016年は、協賛が付いていないゲームは主催72試合中わずか2試合のみだった。オフィシャルスポンサーも、トップ、プラチナ、ゴールド、シルバー、などの階層に分かれているなど、とにかく種類が多く、小口から大口に至るまで、多様なメニューで取り込む戦略なのだろう。

球場内の3階コンコースには、スポンサープレートと年間シート契約者のプレートが掲示されており、開門からゲーム開始30分くらい前までの時間帯は、大型ビジョンでスポンサーのCMが流れ続ける。ゴミステーションも森トラストがスポン

東北楽天ゴールデンイーグルスの財務数値集計表

決算期	官報公告ベース							売上高（推定）	来場者数（千人）				シーズン順位
	総資産			負債		総資産			ホーム総計	公式戦		CS・日本シリーズ	
		流動	固定		流動		当期純益			ホーム	ロード		
04/12	3,953	514	2,841	3,208	3,208	744	▲55	–	–	–	–	–	–
05/12	6,751	994	5,756	6,027	6,027	723	▲21	7,385	977	977		–	6
06/12	11,606	933	10,673	10,860	8,393	746	22	7,266	951	951		–	6
07/12	12,069	1,766	10,302	11,354	9,073	715	▲30	8,245	1,117	1,117		–	4
08/12	11,361	1,537	9,823	10,915	8,999	445	▲269	8,434	1,149	1,149		–	5
09/12	10,853	1,539	9,313	10,411	8,857	441	▲4	8,833	1,245	1,203	1,850	42	2
10/12	10,105	1,421	8,684	9,676	8,485	429	▲11	8,241	1,141	1,141	1,662	–	6
11/12	10,265	1,888	8,376	9,869	8,670	395	▲34	7,800	1,168	1,168	1,707	–	5
12/12	9,907	2,337	7,569	9,512	8,697	394	▲0.5	8,400	1,177	1,177	1,684	–	4
13/12	11,757	4,517	7,240	11,322	10,873	435	40	12,500	1,479	1,281	1,723	198	1
14/12	10,285	3,245	7,039	9,777	9,339	507	72	10,400	1,450	1,450	1,738	–	6
15/12	10,540	2,696	7,843	9,569	9,068	970	462	11,000	1,524	1,524	1,741	–	6
16/12	–	–	–	–	–	–	–	11,600	1,620	1,620	1,887	–	3

来場者数はNPB公表値。CS、日本シリーズはホーム開催時。

ホーム総計は公式戦ホームとCS、日本シリーズホーム開催時の合計。

サーで、座席の背面も広告スペースだ。

ベンチ前のファールグラウンドスペースも広告スペースに使っている。外野フィールドにもセブン－イレブンのマークが入っている。

また、場内案内のスタッフが皆、イエローハットのベストを着用している。この球場は、シミズオクトか、もしくは日本総業（いずれも第4章参照）に入場チェックや場内案内の業務を委託しているはずなので、イエローハットもしくはそのFCが、外注費の一部もしくは全部を負担する形でスポンサードしているのかもしれない。

中継チャネルも多数

2016年シーズンの、地元宮城での地上波でのテレビ中継は、ホームゲーム41回、ロードゲーム18回の合計59回。日本ハムやソフトバンクに比べるとかなり少ないが、どうもこれは成績のせいらしい。

6月末までにホームゲームは29回、ロードゲームは16回放送されている。逆に言えば、7月以降はホームゲーム12回、ロードは2回しか放送されていない。好成績で前半を折り返していたら、後半も前半なみの放送回数を維持し、日本ハムやソフトバンクなみか、それ以上の放送回数になっていたのかもしれない。

放送チャネルは多彩で、地上波以外では、CSのJ SPORTS1がホーム全試合を中継しているほか、ネット中継はパ・リーグTV、楽天ショウタイム、ニコ生の3チャネル。スマホでは、球団提供のアットイーグルス、スポナビライブ、プロ野球24の3チャネル。ラジオもキー局系に加え、グッズショップの2階に中継スタジオを構える楽天FM東北が中継を出している。

パ・リーグ6球団で最も低い年俸総額

選手年俸に関してはシブいの一言に尽きる。

2006年以降の11年間で、12球団中最下位は2007年1回だけだが、11位が4回、9位が3回で10位、8位、4位が1回ずつ。成績相応といえば成績相応ではあるが、それにしてもシブい。2009年に総額が4億円も上がったのに、順位は前年と変わらず11位だったのは、球界一のドケチ球団・広島と並んで、12球団中下位2球団の水準が突出して低く、4億円程度の上昇では、10位に追いつかなかったのである。

その2009年に年俸総額を引き上げた立役者は2人。年俸1億円で獲得したラズナー選手と、2008年シーズンに最多勝、最優秀防御率の投手2冠を手にし、1億9000万円アップの3億円を勝ち取った岩隈久志投手である。

その岩隈投手が2011年を最後にメジャーに移籍、3億円プレーヤーが抜けたのだから、本来2012年は大きく落ち込むところだったが、田中将大投手が1億2000万円アップしたため、順位は1つ後退して9位にとどまった。

そんなシブい球団でも日本一のご褒美はちゃんと出た。2014年は田中投手が抜けたにもかかわらず一気に12球団中4位に浮上した。だが、それも束の間、2015年は再び定位置の11位に逆戻りしている。

ちなみに2016年の年俸総額アップの貢献者は、ロッテから獲得した今江敏晃選手（2億円）とリズ選手（1億円）である。

成績の割に高い顧客満足度

慶應鈴木教授の顧客満足度調査では、かなり高い結果が出ている。高い、というのは、この成績でこの水準は非常に高い、という意味だ。

中でもファンサービス・地域振興のスコアが高い。日本一の年に、観戦ロイヤルティと、球場への評価が低く出ているのは、おそらく急激に観客が増え、チケットを買えないファンが大量に出たためだろう。

Koboパークの収容人数は、2015年オフの改装前までは2万8451人。12球団の本拠地球場の中では最も少なかった。

春先の寒い時期に稼働が伸びないため、稼働率は年間平均すると74・2％。球団側が席数の増強に慎重になるのは当然で、2013年シーズンのようなことが起きると、とたんにキャパをオーバーしてしまう。それでも機動的に仮設スタンドを設けたり、着実に席数を増やしてきたことは評価されていいはずだ。

２０１６年は、フィールドの芝が人工芝から天然芝に替わり、観覧車とメリーゴーラウンドも設置された。２０１７年１月の調査ではこの２０１５年オフから２０１６年にかけての改修が反映されるはずなので、成績は相変わらずだったが、多少なりともスコアは上がるかもしれない。

ちなみに、この観覧車とメリーゴーラウンドは、どちらも２０１５年８月に閉園した遊園地・仙台ハイランド（仙台市青葉区）から譲り受けたものだ。

フードの水準は12球団中断トツ

筆者は過去、この球場を４回訪れているが、とにかく来るたびに風景が変わる。ゲームを盛り上げる演出も12球団中トップクラスだ。一体何枚あるのか、目視では正確に確認できないほどの数のビジョンを駆使した映像も秀逸だ。

２０１６年11月16日付の日本経済新聞に、パナソニックが「大観衆

東北楽天ゴールデンイーグルスの年俸総額推移　単位：百万円

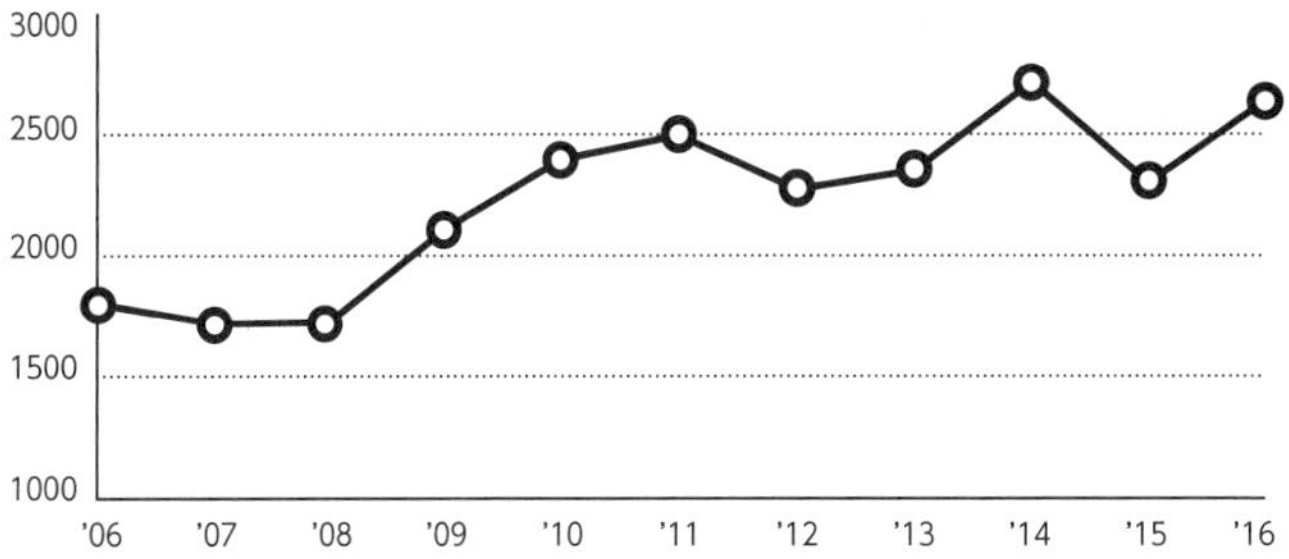

がひとつになる映像と音響のファインプレー」と題した一面広告を掲載。11台の大型ビジョンを連動させた総合演出が、パナソニックの技術サポートで実現している、という主旨の広告だった。

球場の清潔度もトップクラスだ。女子トイレの洋式化も進んでいる一方、観客に年配者が多いことに配慮してか、和式も残している。清掃スタッフが常駐していて、清掃の水準はおそらく12球団の本拠地球場の中では最高だろう。

残念なのは、便器に黄ばみが出ていて、せっかく清掃はパーフェクトなのに、見た目の美しさが若干低減して見える点だ。

これも私見だが、フードの充実ぶりは12球団中群を抜く高水準だと思う。球団創設当初から、ボールパーク化構想を打ち出し、球場だけでなく、その周辺の敷地も営業権の対象として獲得した点が奏功しているのだろう。

球場内部の店舗の水準もさることながら、外周部の店舗の水準は極めて高い。地元の名産品を使ったものから、おしゃれな洋食モノまでバラエティに富んでいる。外周部で購入したフードを食べられる様、大量のイスとテーブルを並べたスペースもあり、そこには可動式のモニターも

顧客満足度調査（順　位）

	総合満足度		チーム成績	チーム選手	球場	ファンサービス地域振興	ユニホーム・ロゴ	応援ロイヤルティ	観戦ロイヤルティ	成績
		パ								
2016年1月	5	4	10	11	7	4	9	6	6	リーグ6位
2015年1月	6	4	7	7	6	4	8	7	7	リーグ6位
2014年1月	1	1	1	1	7	3	7	8	10	日本一
2013年1月	7	5	7	9	6	6	9	8	8	リーグ4位
2012年1月	8	5	10	9	4	3	9	6	7	リーグ5位
2011年1月	8	5	9	8	8	6	10	7	7	リーグ6位
2010年1月	3	2	3	3	7	3	7	7	7	リーグ2位

設置され、球団が制作している基本映像と思われる中継も見ることができる。

このスペースはチケットを持っていなくても、外から誰でも入れる場所なので、チケットを買わない人でもフードやドリンクへの収益貢献は果たしてくれるのだろう。

2014年オフに新設された、660㎡のグッズショップの品揃えも素晴らしい。ロイヤルティ営業にもおそらく力を入れているのだろう。球団のオンラインショップにはない、実用性にもデザイン性にも優れたグッズが揃っている。

他球団にも真似て欲しいジェット風船の残骸のシール交換

だが、筆者がこの球団もしくは球場を評価する、1番のポイントは、小学生以下を対象に、**ジェット風船の残骸をシールと交換するシステム**だ。ラッキーセブンのジェット風船上げが終わると、スーパーのポリ袋を持った子供たちが、ジェット風船の残骸を拾って歩く。このため、ゲーム終了時点で客席に落ちているジェット風船の残骸は限りなくゼロに等しい。

顧客満足度調査（スコア）

	総合満足度	チーム成績	チーム選手	球場	ファンサービス地域振興	ユニホーム・ロゴ	応援ロイヤルティ	観戦ロイヤルティ	成績
2016年1月	62.92	41.83	57.89	61.39	64.12	63.69	67.23	66.59	リーグ6位
2015年1月	61.74	49.64	61.72	61.69	64.30	63.66	64.74	65.30	リーグ6位
2014年1月	66.62	78.78	74.24	60.59	63.58	64.97	70.04	69.64	日本一
2013年1月	58.59	42.14	55.64	60.42	59.74	63.26	69.44	69.62	リーグ4位
2012年1月	58.43	39.33	59.38	62.04	63.54	63.23	66.88	66.49	リーグ5位
2011年1月	58.21	39.81	60.40	61.51	59.05	62.57	66.12	66.30	リーグ6位
2010年1月	64.04	77.36	74.19	61.54	62.41	64.64	62.10	63.48	リーグ2位

2016

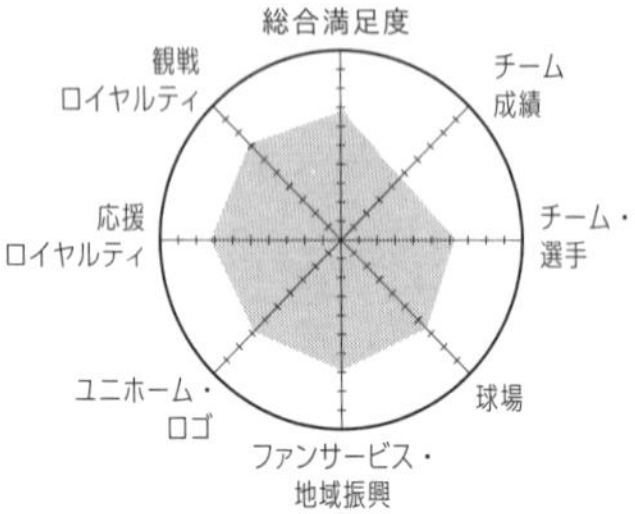

2015

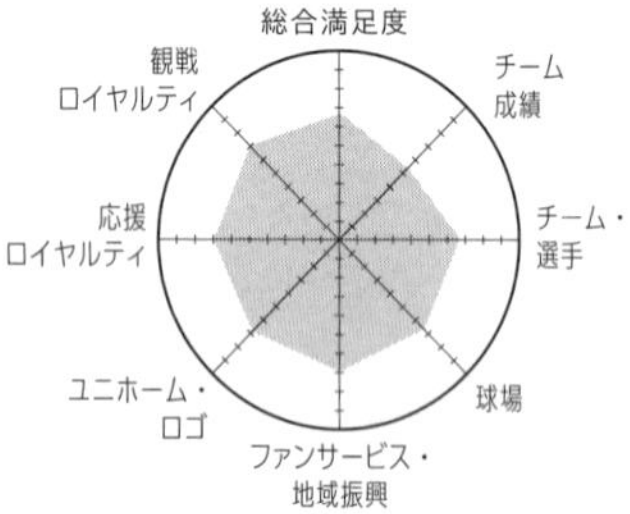

2014

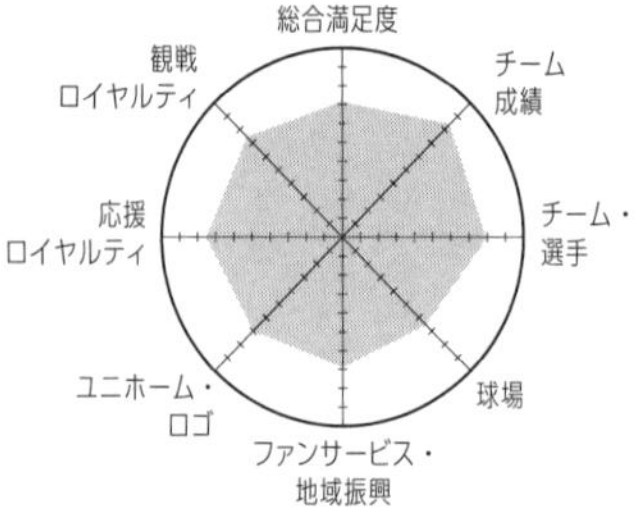

2013

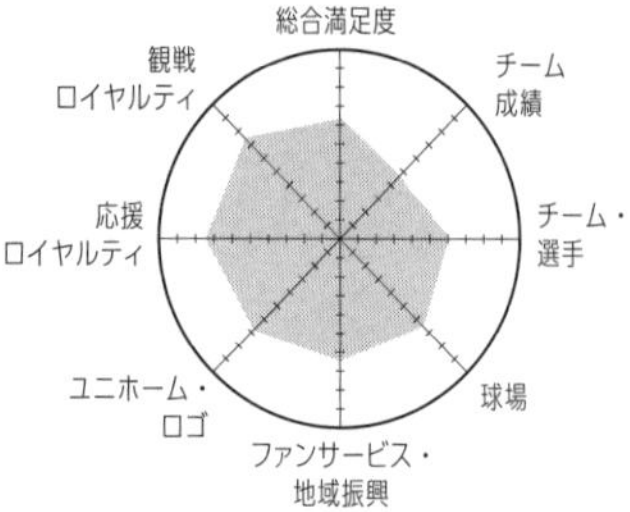

2012

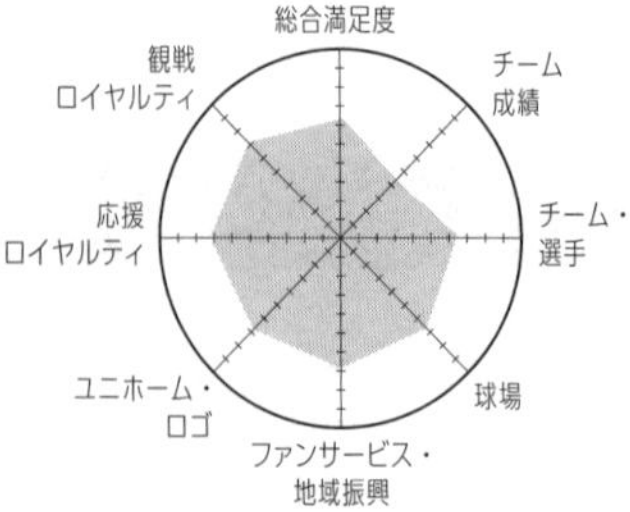

2011

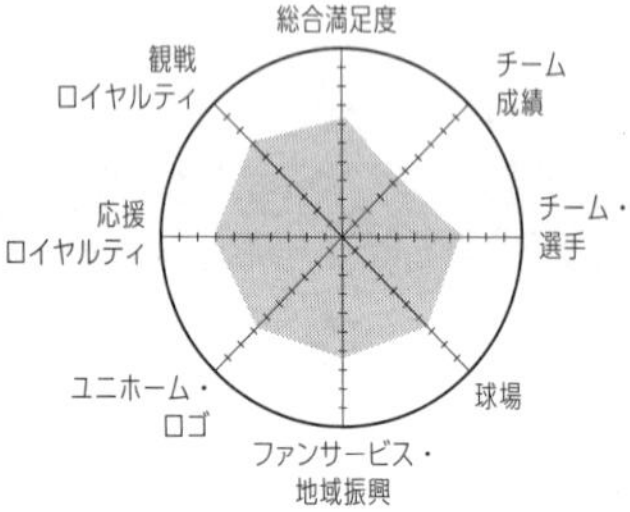

エコ球場を標榜し、ゴミに対する意識を強く喚起している球場だからということもあるだろうが、子供のジェット風船回収に大人も感化されるらしく、この球場ほど飲食物の残骸がスタンドに残っていない球場は他にない。

「子供にそんなものをさわらせるなんて、衛生上問題だ」というようなクレームも聞こえてきそうだが、昭和生まれの昭和育ちの筆者は敢えて言いたい。汚れた手は洗えばいいのだと。

周辺の状況によって、できる、できないはあるのだろうが、未だにどこも真似ていないこの制度、是非他球団にも真似てほしいと思っている。

オリックス・バファローズ

球界再編騒動の主役、未だ赤字脱却できず

◉ミニ球団史

1936年創設の阪急軍がルーツ。1947年に阪急ブレーブスに改称。1990年まで兵庫県西宮市の阪急西宮球場を本拠地とした。

1988年秋、阪急電鉄がオリエント・リース（現・オリックス）に球団を譲渡、当初2シーズンはオリックス・ブレーブスを名乗り、引き続き西宮球場を本拠地としたが、1991年シーズンに球団名をオリックス・ブルーウェーブに変更。本拠地もグリーンスタジアム神戸（現・ほっともっとフィールド神戸）に移した。

2004年11月、大阪近鉄バファローズと合併し、球団名をオリックス・バファローズに変更。合併球団の選手の一部は、分配ドラフトによって、同時に誕生した新球団東北楽天ゴールデンイーグルスに移籍している。

フランチャイズは暫定措置として2007年シーズンまで、従来の兵庫県と、大阪近鉄の本拠地だった大阪ドームがある大阪府のダブルフランチャイズとし、2008年シーズンから大阪府に一本化された。

球団合併の1か月前、大阪ドームの所有者であり、運営会社でもあった大阪市の第三セクター・

㈱大阪シティドームが特定調停の申立をして経営が破たん。その後調停は不調に終わり、2005年10月、会社更生手続に切り替えた。

オリックスをスポンサーとする更生計画案が策定されたのは翌2006年の7月。計画案に従い、9月にオリックス不動産がドームの所有権を90億円で取得するとともに、大阪シティドームも子会社化。球団と球場との一体化が実現した。

チームの成績の方は、ブレーブス時代の1950年から1990年までの40年間で10回リーグ優勝しており、うち日本一が3回ある。

1991年から2004年までのブルーウェーブ時代は、イチロー選手が在籍した2000年シーズンまでは、リーグ3位5回、2位2回で優勝2回。うち1回は日本一。Bクラスは2000年のみだった。

しかしイチロー選手のメジャー移籍とともに状況は一変。バファローズになってからも含む16年間で、リーグ優勝及び日本シリーズ進出は1度もなく、Aクラスも2008年と2014年の2回だけ。で、そのうち7回が最下位と、低迷が続いている。

今も球団の赤字を親会社が補塡

現在の本拠地球場・京セラドームは、オリックス不動産㈱の所有で、球場運営会社の㈱大阪シティドームは、オリックス不動産の100％子会社。球団経営会社のオリックス野球クラブ㈱はオリックスの100%子会社である。

球団は大阪シティドームに賃料を支払って借りている立場であるはずなので、京セラドームの飲食収入や広告看板収入はおそらく球団には入っていないだろう。

毎期の当期純利益はぴったりプラマイゼロなので、純資産はずっと9200万円のまま。おそらく毎期の赤字分は、当期純利益がぴったりプラマイゼロになるよう、親会社が補塡しているのだろう。

資産科目はどうか。総資産はわずか24億円、その半分以上が流動資産だ。一方、負債側にもほぼ同額の流動負債が計上されている。決算期を12月から3月に変えて以降、流動資産と流動負債がきれいに同額、上昇している。

12月はシーズンが終わり、これから年間シートやファンクラブの年会費の収入が入ってくるタイミングなので、1年の中で最も資産規模が縮小する時期だ。

これに対し3月は、これらの入金が完了したタイミングで、しかも選手年俸は通常月払いなので、シーズン初頭にまとめて出金するわけではない。故に最も資産規模が拡大する時期と考えられる。

従って、3月決算に変えたことで、資産規模が膨らむのは当然として、同時に負債も膨らんでいる理由がよくわからない。グッズの買掛金にしては金額が大きすぎるので、親会社が赤字補塡とは別に、必要資金を融資し、それが現預金に立っているということだろうか。

いずれにしても、今となってはパ・リーグ球団でおそらく唯一、親会社から赤字補塡を受けている球団ということになるのだろう。こういった処理がされているので、補塡前の真水の赤字がどの程度なのかを官報公告から推測することはできない。

スポンサー営業力は高い？

ヒントになりそうなのは、球界再編騒動に揺れた2004年11月のオーナー会議で公表された、「パ・リーグ球団の赤字が6球団平均で32億2200万円」という情報くらい。オリックス球団の赤字が当時もこのレベルだったのか、そして今もこのレベルなのかは不明だ。

2016年シーズン、オリックスは年間71試合のホームゲームのうち、56試合を京セラドーム、14試合をほっともっと神戸、1試合を那覇で開催した。

このうち京セラドームの稼働率はほぼ7割。12球団の中では下から3番目だが、1試合平均動員数では12球団中下から4番目。

動員総数が12球団中最下位なのは、京セラドーム以外でのゲーム数が多いからだ。

京セラドームは収容人数が3万6154名で、12球団の本拠地の中では6番目の広さ。一番小さい横浜スタジアムの収容人数でなら、稼働率は87％にハネ上がるので、観客動員力に比べてキャパが大きすぎるとも言える。

加えて、実はこの球団、スポンサー営業力はかなり高そうというのが筆者の印象だ。

まず主催全試合が冠試合である。グラウンドキーパーにもスポンサーが付いている。筆者が2016年シーズンに観戦した9月26日の日ハム戦では、カーコンビニ倶楽部がスポンサーだった。シーズン通してカーコンビニだったのかは確認できていないが、グラウンドキーパーにスポンサーが付いているのはおそらくここだけだ。

スコアボードの広告スペースにも、スピードガン部分にスポンサーが付いている。1社で3種類出しているので、3パターンを順番に表示している。

ベンチ前のファールグラウンドも、1塁側、3塁側ともに広告スペースとして使用されている。ただし、球場のネーミングライツとセット

オリックスバッファローズの財務数値集計表　　単位：百万円

決算期	官報公告ベース							売上高（推定）	来場者数（千人）				シーズン順位
	総資産	流動	固定	負債	流動	総資産	当期純益		ホーム総計	公式戦 ホーム	公式戦 ロード	CS・日本シリーズ	
04/12	1,913	485	709	1,821	416	92	0	6,500	1,415	1,415		–	6
05/12	1,938	711	581	1,846	375	92	0	6,200	1,356	1,356		–	4
06/12	1,820	705	478	1,728	402	92	0	6,400	1,390	1,390		–	5
07/12	1,832	882	356	1,740	440	92	0	5,200	1,137	1,137		–	6
08/12	1,612	916	186	1,520	438	92	0	6,200	1,318	1,266		52	2
09/12	1,129	584	143	1,037	342	92	0	6,000	1,285	1,285	1,589	–	6
10/12	1,115	629	122	1,023	413	92	0	6,600	1,443	1,443	1,633	–	5
11/3	2,163	1,406	187	2,163	2,071	92	0	–	–	–	–	–	–
12/3	1,948	1,060	136	1,856	1,856	92	0	6,400	1,400	1,400	1,648	–	4
13/3	2,102	1,104	166	2,010	2,010	92	0	6,200	1,330	1,330	1,567	–	6
14/3	2,162	1,137	160	2,070	2,070	92	0	6,600	1,438	1,438	1,661	–	5
15/3	2,236	1,322	217	2,144	2,144	92	0	8,400	1,807	1,703	1,789	104	2
16/3	2,473	1,351	343	2,381	2,381	92	0	8,100	1,767	1,767	1,786	–	5
17/3	–	–	–	–	–	–	–	8,200	1,794	1,794	1,899	–	6

来場者数はNPB公表値。CS、日本シリーズはホーム開催時。
ホーム総計は公式戦ホームとCS、日本シリーズホーム開催時の合計。

らしく、広告主は両サイドとも京セラ。外野フィールドにもセブン−イレブンのマークが入っている。

スポンサー営業は広告媒体と年間指定席の双方を扱える方が効率性は高い。スポンサー営業に強い球団は、年間指定席の販売力も基本的に高いので、年間指定席もそれなりに売れている可能性がある。

このスポンサー営業力が、球団の営業力なのか、大阪シティドームの営業力なのかは確認できていないが、球団のＨＰを見る限り、球場の看板広告の募集告知は載っていないが、シーズンイベント、ゲーム、ビジョンＣＭ、イニング間イベントなどのスポンサー募集告知は載っている。

従って、グラウンドキーパーのスポンサー収入や、フィールドの広告収入は球場のものである可能性が高い。ただ、グラウンドキーパーのスポンサー収入が球場側のものであるなら、入場チェックや場内案内、清掃、警備などの外注費は、球団ではなく球場が負担していなければおかしい。

少なくとも、球団テリトリーのスポンサー収入を考えると、今も20億円、30億円の赤字ということはありえない気がする。

大阪シティドームは安定的に黒字

京セラドームの運営会社である㈱大阪シティドームは、１９９２年1月に大阪市と関西電力、大阪ガス、近鉄などの民間企業の出資で設立された第三セクターである。

設立当時の資本金は25億円で、このうち20億円は大阪市の出資だ。開業は１９９７年3月だったので、実質的な開業初年度末にあたる、１９９８年3月末時点で借入金残高が４８８億円ある。７００億円かかった総工費のうち５００億円を借入金で賄ったということだろう。

大阪シティドームの官報公告は設立から7期めの１９９８年3月期でいったん途切れている。穿《うが》った見方をするならば、１９９９年3月期で債務超過に転落した可能性が高く、そのために公告したくないという意識が働いたのかもしれない。

公告は２００３年3月期から再開されているのだが、この時点で債務超過額は既に１２０億円に膨れ上がっている。

１９９８年3月期に６１０億円だった固定資産が４６６億円に減っている。２００５年3月期まで、毎期20億円ずつ減っているので、年間の償却費は20億円程度と考えると、官報公告を中止している間に、80億円程度の減損を実施したのかもしれない。

オリックス球団と近鉄球団が合併する1か月前の２００４年10月、大阪シティドームは特定調停の申立をするが、不調に終わり、２００５年10月に会社更生手続に移行。更生手続中の2006年7月、京セラにネーミングライツを売却している。

同時期に固まった更生計画案に従い、球場の不動産はオリックス・リアルエステート（現・オリックス不動産）が取得。100％減資を実施した大阪シティドームの第三者割当増資も同社が引き受け、いったん100％支配にした後、10％分を、旧大阪シティドームに出資していた地元企業のうち、大阪ガス、関西電力、近鉄、ダイキン工業、西日本電信電話の5社に譲渡した。

更生手続中だった2006年3月期は官報公告を中止していたが、2007年3月期から再開。不動産は所有せず、管理運営だけを担う会社になったので、資産規模は大幅に縮小した。

流動資産、固定資産の中身がそれぞれ何なのかは不明だが、利益は毎期着実に出ている。近鉄球団は毎年6億円の賃料を支払っていた様だが、現在球団が大阪シティドームにいくらの賃料を支払っているのかは確認できなかった。

いずれにしても、オリックスグループとしては、球団と運営会社の2社で1対という考え方なのだろう。ちなみに2007年3月期に503億円の当期純利益を計上しているのは、更生計画案に従って債務がカットされたので、その債務免除益だろう。

2012年、2013年にも例年とは異なる水準の当期純利益が計上されているが、両年とも球団の成績はBクラスで、球団の観客動員数が伸びた形跡もない。大型のコンサートが入ったか、特別利益に計上されるようなファクトがあったか、いずれにしても理由は確認できていない。

突如球界3番目の高額年俸球団に

成績が振るわないから選手年俸を上げられないのか。それとも年俸をケチるから成績が振るわないのか。オリックスは選手年俸が低い球団だったが、2015年シーズンから突如、球界屈指の高年俸球団に変貌した。

2014年シーズンに、最終戦まで王者ソフトバンクと首位争いを演じ、親会社も考えを変えたのだろう。本気で日本一を取りに行くため、2014年オフに超大型補強を実施。年俸総額は前年から13億円も上がって38億円。ソフトバンク、巨人に次ぐ水準にハネ上がった。

それでは誰にどれだけ使ったのか。新規獲得組では、メジャー帰りの中島裕之(現・宏之)選手と4年総額15億円、ベイスターズを退団したブランコ選手と2年5億円、広島を退団したバリントン投手と1億5000万円、日本ハムからFA宣言した小谷野栄一選手と3年3億円の契約を締結している。

この他、16勝を挙げた金子千尋投手と3億円アップの5億円、しかも4年間の複数年契約。平野佳寿投手と1億1000万円アップの3億円かつ4年契約。糸井嘉男選手とも1億円アップの３億５０００万円で契約している。

だが、結果はまさかの５位。高額年俸選手がことごとく機能しなかった。

それでも２０１６年も総額はほとんど下がらず37億円強。西勇輝投手が２５００万円アップの１億２０００万円、ディクソン投手が１億２０００万円アップの１億８０００万円で契約しているが、何よりも複数年契約が効いているのだ。

２０１７年は、依然として金子投手、中島選手の契約は続くが、２億８０００万円の糸井選手に４年18億円の提示をするも逃げられ、２億５０００万円のブランコ選手も何の貢

大阪シティドームの財務数値集計表

金額単位：百万円　来場者数単位：千人

決算期	売上高	営業利益	当期純利益	純資産			負債		純資産		来場者数	試合数	順位
					流動	固定		流動		利益剰余金			
94/3	0	▲139	▲133	2,526	1,109	939	214	214	2,311	▲133	–	–	–
95/3	0	▲209	▲214	11,565	554	10,206	6,806	6,359	4,758	▲424	–	–	–
96/3	0	▲278	▲287	31,409	3,053	27,112	24,597	15,561	6,811	▲712	–	–	–
97/3	1,071	▲478	▲892	71,012	8,563	60,692	62,975	5,261	8,036	▲1,604	–	–	–
98/3	9,130	▲900	▲2,330	69,212	6,840	61,062	63,476	4,659	5,736	▲3,934	1,866		3
03/3	6,294	▲1,337	▲2,392	48,699	2,084	46,614	60,744	6,123	▲12,045	▲21,716	1,350	69	2
04/3	5,442	▲1,579	▲1,751	46,341	1,740	44,600	60,138	11,636	▲13,797	▲23,468	1,433	69	3
05/3	5,236	▲975	▲1,775	43,842	1,499	42,343	59,415	14,056	▲15,572	▲25,243	1,338	64	5
07/3	–	–	50,343	4,546	3,584	962	3,522	1,912	1,023	523	不明	33	5
08/3	–	–	157	5,218	3,605	1,612	4,037	2,627	1,181	681	不明	46	6
09/3	–	–	519	4,389	2,886	1,502	2,689	1,264	1,700	1,200	不明	48	2
10/3	–	–	310	5,144	3,611	1,533	3,134	1,702	2,010	1,510	857	49	6
11/3	–	–	588	5,751	4,205	1,545	3,152	1,920	2,599	2,099	1,024	51	5
12/3	–	–	1,241	6,864	4,720	2,143	3,023	1,944	3,841	3,341	1,163	58	4
13/3	–	–	2,281	8,130	6,034	2,095	2,007	1,696	6,122	5,622	1,097	58	6
14/3	–	–	840	9,586	7,447	2,139	2,624	2,400	6,962	6,462	1,174	59	5
15/3	–	–	851	10,654	8,659	1,994	2,840	2,618	7,814	7,314	1,352	57	2
16/3	–	–	988	11,733	8,606	3,126	2,930	2,704	8,803	8,303	1,438	58	5
17/3	–	–	–	–	–	–	–	–	–	▲3,033	1,421	56	6

数値は全て官報公告ベース。来場者数、順位のうち色掛け部分は近鉄バファローズの数値。

献もしないまま退団したため、ランキングは後退する可能性がある。

意外に高い球場評価

慶應鈴木教授の顧客満足度調査では、チームの成績を反映して、まさに低位安定。10位が2回に、11位が3回と12位が1回。最終戦まで首位争いをした2014年シーズンが対象シーズンの2015年1月調査ではいきなり総合4位に浮上。この回だけは、全ての項目が飛躍的に上がっている。

全ての項目が成績に連動していることは間違いなく、応援、観戦ロイヤルティが慢性的に低いのは、結果にがっかりさせられるからだろう。

ただ、そんな中で、比較的成績に関係なく順位が高いのが、球場に対する満足度。この結果は筆者にはかなり意外だった。

梅田からは20分弱かかるとはいえ、地下鉄長堀鶴見《ながほりつるみ》緑地《りょくち》線のドーム前千代崎《ちよざき》駅と、阪神なんば線のドーム前駅が最寄り駅で、しかも最寄り駅の目の前が球場。アクセス条件は悪くない。

だが、京セラドームは12球団の本拠地球場の中で、**神宮球場と並んで女子トイレの洋式化が最も遅れている球場**だ。1997年開場と、さほど昔ではないにもかかわらず、和式中心で狭く、暗い。数も少ない。

2014年に訪問した際は、一般の客席がある3階と5階にある全162個室のうち、和式が92を占めていただけでなく、70ある洋式も古くて汚かった。数自体が決定的に少ないので行列もできていた。

1箇所あたりの面積が狭く、構造上改修が難しいのは一目瞭然で、そのためかチケットなしで外部との出入りが自由な、2階のショッピングゾーンに、最新鋭のきれいな洋式の37個室が設けられていた。

2年ぶりに訪問した2016年シーズンは、3階部分の7箇所のうち、3箇所がきれいな洋式に改修されていたが、残る4箇所と5階部分はそのまま。

近年はイケメン選手を起用した、女性ファン層向けイベントを積極的に投入。その努力が実り、オリ姫と称する若い女性ファンが増えている。それだけに、球場に対する満足度の高さはぴんとこない。


野球を見ない人が造ったとしか思えない京セラドーム

そしてこの球場の決定的な欠陥は、外野フェンスのすぐ上部が飲

オリックスバファローズの年俸総額推移　単位：百万円

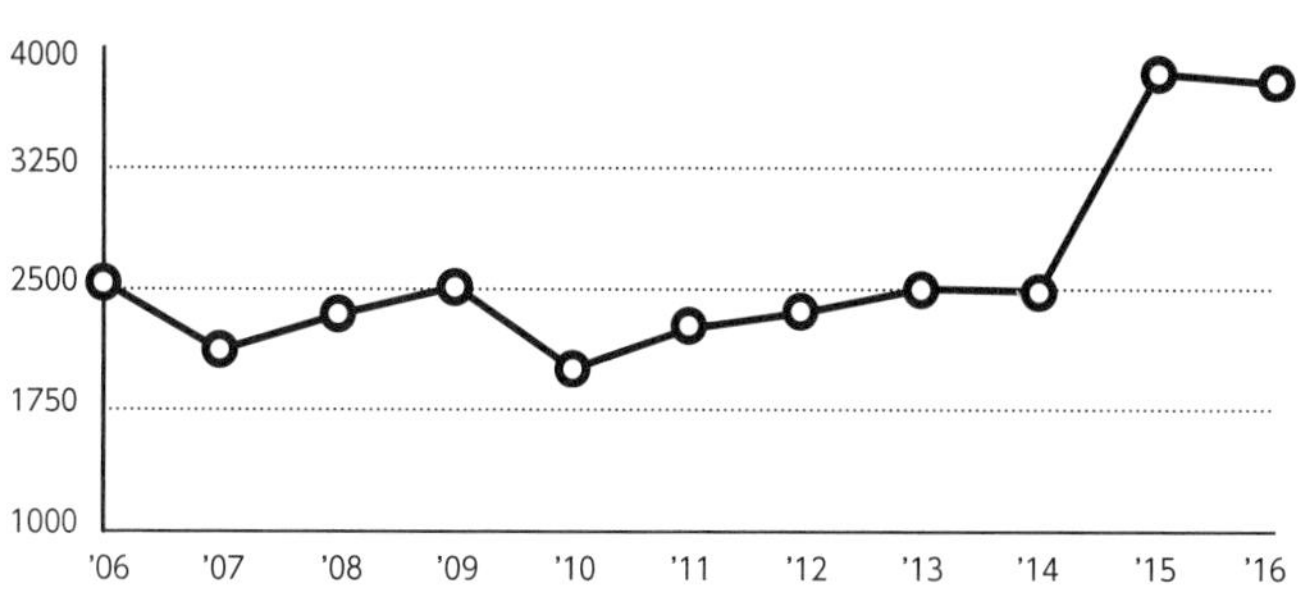

食店舗になっていて、外野に通うファンから、ホームランボールが目の前に飛び込む機会を奪っている点にある。

外野スタンドはその上の階に設けられているので、かなり飛距離があるホームランでないと届かない。

これはオリックスには何の責任もなく、この球場を造った役人の責任である。外野に通うファンは、年間数十試合を観戦する人も珍しくない、ファンの中でも最も忠誠心が高い層だ。球団側が何の努力もしなくても、自腹で通い詰めてくれるありがたい存在である。

そういう人たちだから、どんな環境でも文句は言うまいと考えたのかどうかはわからないが、もともと計画段階から多目的を全面に押し出していたことから考えても、**野球を見ない人が考えたとしか思えないレイアウトである。**一体全体、ここを本拠地として使おうというのに、近鉄球団は何をしていたのかと思う。

オリックスがこの球場を90億円で買収することが決まった際、この球場をその値段で買うなら、別の場所に造った方がマシではないかという声がファンの間から出たのは当然だろう。オリックスが積極的にスポンサー候補として手を挙げた形跡もなく、法律管財人や行政に拝み倒され

顧客満足度調査（順　位）

	総合満足度		チーム成績	チーム選手	球場	ファンサービス地域振興	ユニホーム・ロゴ	応援ロイヤルティ	観戦ロイヤルティ	成績
		パ								
2016年1月	10	6	9	10	3	8	6	11	11	リーグ5位
2015年1月	4	3	3	4	4	5	5	6	6	リーグ2位
2014年1月	12	6	12	12	8	7	10	12	12	リーグ5位
2013年1月	11	6	11	12	7	9	10	12	12	リーグ6位
2012年1月	11	6	9	10	10	8	9	11	12	リーグ4位
2011年1月	10	6	10	11	7	5	11	11	11	リーグ5位
2010年1月	11	6	10	11	9	7	12	12	11	リーグ6位

ての買収だったのではないかとも思える。それでもこの満足度。

外野に陣取るファンは、他球場にも遠征している人が少なくないので、他球場を知らないはずはないから、外野に通うファンが、外野の構造に文句を言わなかったか、もしくは調査対象から洩れていたとしか思えない。

このほか、球場への満足度が高い原因として考えられるのは、客席の居住性が高い割に、平日ならチケットがかなり安いことだ。

この球場は、ネット裏のS席が空調付きのシートになっており、平日で上段、前売りなら一般でも３７００円で買える。ファンクラブ会員であれば３０００円だ。

天然芝が美しいほっともっと神戸

一方、かつての本拠地球場であるほっともっとフィールド神戸は素晴らしい球場だ。最寄り駅の神戸市営地下鉄総合運動公園駅までは、三宮から地下鉄で20分。梅田からは1時間近くかかるが、駅を下りれば目の前が球場で、何よりも緑豊かな公園内にあるので、空気が違う。

顧客満足度調査（スコア）

	総合満足度	チーム成績	チーム選手	球場	ファンサービス地域振興	ユニホーム・ロゴ	応援ロイヤルティ	観戦ロイヤルティ	成績
2016年1月	58.43	42.85	58.07	62.86	60.49	65.69	61.88	59.82	リーグ5位
2015年1月	64.86	67.79	69.01	62.74	62.34	66.07	67.30	67.92	リーグ2位
2014年1月	51.30	30.08	48.66	60.22	58.16	61.65	64.83	65.67	リーグ5位
2013年1月	50.42	25.15	47.04	59.24	55.35	61.57	64.92	66.04	リーグ6位
2012年1月	54.10	40.18	57.23	58.81	56.88	63.23	57.98	56.81	リーグ4位
2011年1月	55.08	34.35	57.20	62.37	59.29	61.16	59.88	60.57	リーグ5位
2010年1月	52.64	25.59	52.88	60.55	59.05	59.12	55.10	56.20	リーグ6位

顧客満足度構成概念レーダーグラフ（オリックス）

2016

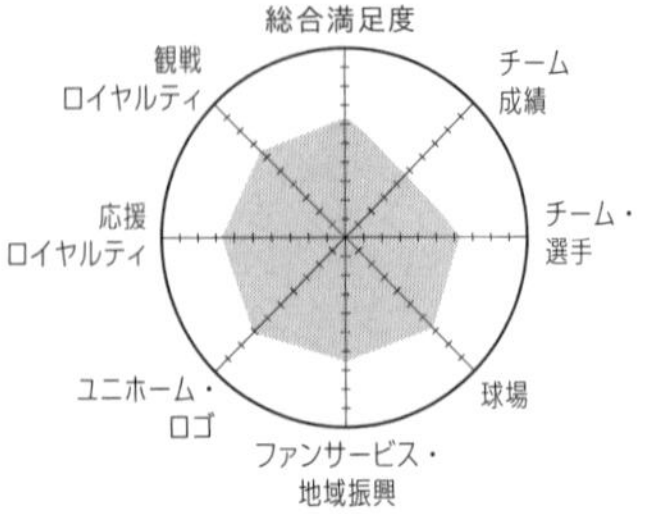

2015

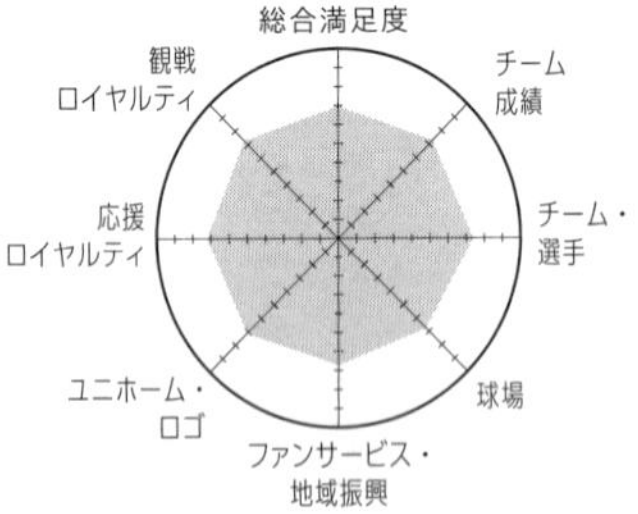

2014

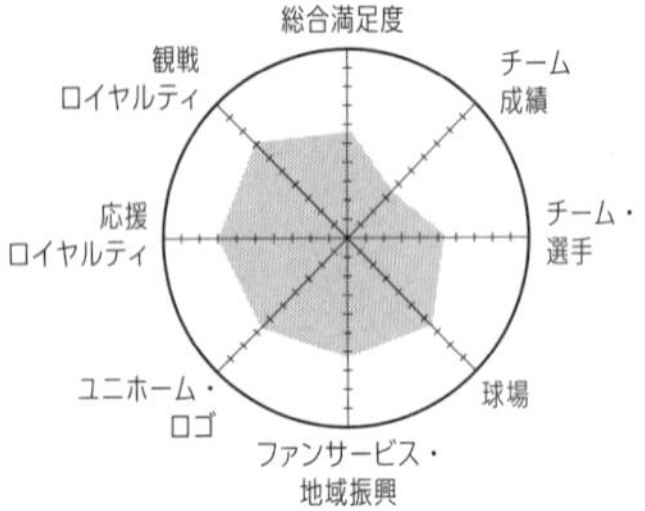

2013

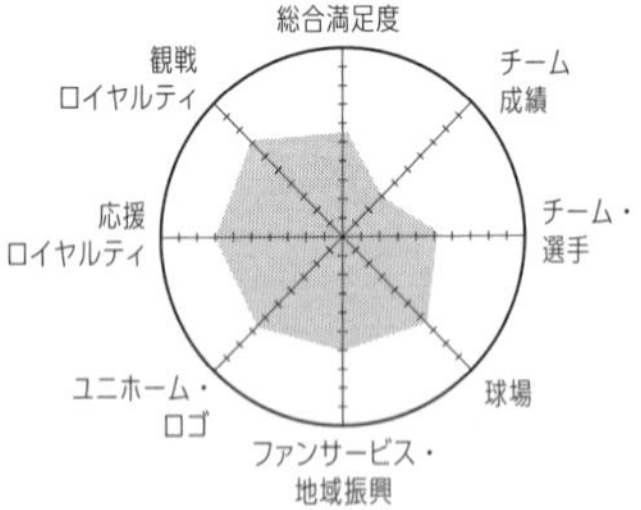

2012

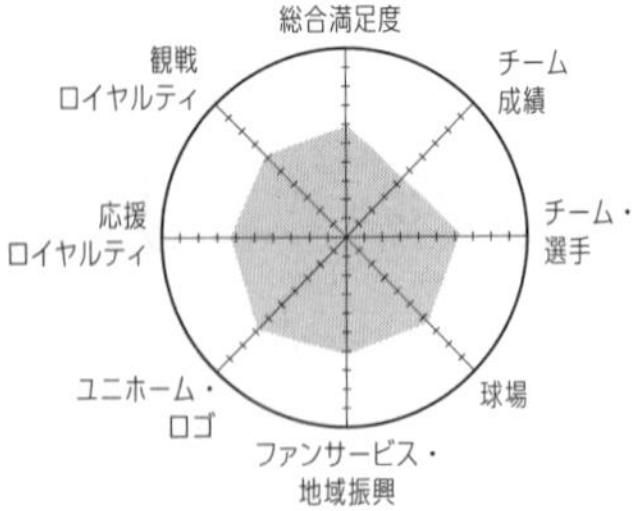

2011

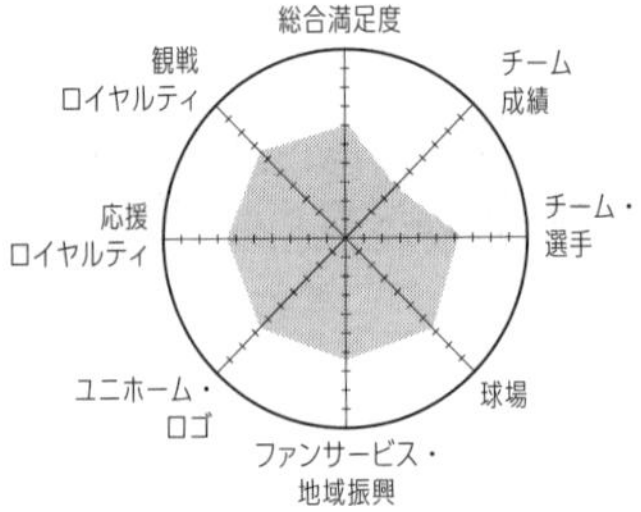

所有は神戸市で、都市公園法5条規定の管理許可制度に基づき、神戸市から管理委託を受け球団が神戸市に使用料を支払って管理している。

総天然芝が美しく、客席から見える場所にブルペンがある、貴重な3球場の一つ。周囲に高い建物がないせいか、晴れた日の夕焼けは絶景だ。

外野フィールドには京セラドーム同様、セブン-イレブンのマークが入っており、この広告収入は球団に入っているはずだ。

改修は所有者である神戸市が行うべきものだが予算がとれないのか、内野の1階と2階に4箇所ずつあるトイレには全く改修の手が入っておらず、内野だけで2万7000人収容できるスタンドに対し、女子トイレの個室数はわずか51。しかもそのうちの46が和式と、絶対数、スペックともに論外。

だが、コンコース内部はアーチ型の天井に煉瓦張りの柱で、エキゾチックな雰囲気が漂う。スタンドの傾斜も絶妙で、球場全体が見渡しやすい。1988年の開場だというのに、座席は下段ですら幅が44cm、前後も80cm確保してある。

設計は京セラドームと同じ日建設計なのに、えらい違いだ。計画を主導した人たちを特定することはできなかったが、その人たちには心から敬意を払うとともに、感謝したい。

エンタメ性でマツダスタジアムに勝てる球場は当分現れないだろうが、意匠性や居住性でなら、この球場はその気になって改修をしたら、文字通り日本一の球場になるはずだ。

ちなみに、この球場は土だった内野の総天然芝化、内野フェンスの低層化、フィールドシートの整備などの大改装を2000年に実施しているのだが、これは球団が主導したもの。こんなに早い時期に、メジャーとマイナーのソフトをミックスしたボールパークをめざす、「ボールパーク宣言」をし、球場の魅力を高める努力をしていたのだ。それなのになぜ大阪移転だったのか。いつかは球団に本音を聞いてみたいと思う。

阪急時代は一体だった球団と球場

最後に、この球団の歴史について、もう少し触れておきたい。

明治から昭和期にかけての日本を代表する名実業家にして、阪急東宝グループの生みの親でもある故・小林《こばやし》一三《いちぞう》。その鶴の一声で誕生した阪急ブレーブスは、本拠地球場も同時に建設された、誕生したときから球場と一体化した球団だった。

プロ野球への思いは相当に強かったらしく、自分の死後も宝塚歌劇団とブレーブスだけは売却するなという遺言を残したと言われる。

その遺言を破って球団売却を決断したのは、一三翁の孫娘の婿の小林公平阪急電鉄社長（当時）。1980年代のパ・リーグの球場はどこもガラガラ。当時の観客動員数はどんぶり勘定の時代なので、公表数値自体がそもそもアテにはならないが、その公表値ベースですら、1980年代のブレーブスの年間観客動員数は100万人を割っていた。

1986年に突如100万人の大台に乗ったものの、多額の赤字を垂れ流す球団を持ち続ける合理性はないという判断は、当時としては当然だったと言える。

プロ野球を興業ビジネスと捉える考え方はまだ存在せず、ボールパークなどという言葉が世の中に登場するのもずっと後の時代だ。

球団は親会社の宣伝ツールであり、コストセンターで当たり前。球団単体で自立できる経営改革などという発想を持つ人は誰もいなかっただろうから、球場が一体であることなどに、何の価値も見出していなかっただろう。

球団売却を発表した小林公平氏が、「役割を終えた」とコメントしたことが、当時の新聞に載っているが、阪急はもともと球団で知名度を上げる必要性などなかった名門企業であり、役割もへったくれもなかったはずだ。

球団は偉大すぎる創業者が残した、数少ない負の遺産の一つという位置づけだったとしても不思議はない。

当時の報道をつなぎ合わせてみると、阪急グループは西宮球場を取り壊し、新たに別の施設を新設したいがために、球団売却に動いたフシがある。阪急西宮北口駅前の好立地に、閑古鳥が鳴いている球場を抱え続けていたら、それこそ経営の怠慢であって、今なら株主代表訴訟モノだ。

59億円の利益の会社が球団を買収

ブレーブスのオリエント・リースへの売却が決まったこの年、南海ホークスはスーパーのダイエーへの売却が決まった。当時はまだ球界参入には取られっぱなしの30億円の加盟料が必要だった。両社ともに、この30億円を支払って参入したに違いない。

オリエント・リースは既にリース業界では不動のトップ企業だったが、一般的な知名度は低く、翌年にオリックスへの社名変更を控え、CIの一環で球団を買ったというコメントが当時の新聞には載っている。

買収が決まった当時のオリエント・リースは、クレジットカード会社のオリエントファイナンス(現・オリエントコーポレーション。略称オリコ)と間違われる程度の知名度だった。

いきなり私事で恐縮だが、当時筆者は社会人3年目。新卒で入社した会社はリース業界2番手にして、オリエント・リースに大きく水を開けられていた日本リース。その日本リースは日本信販とよく間違われた。

お互い、オリコや日本信販に間違われるのならまだしも、この5年ほど前にはサラ金による苛烈な取り立てが社会問題化していたので、ひどい時にはサラ金と間違われることもあった。

当時のオリエント・リースの年商は6634億円で当期純利益は59億円(日本会計基準)。オリエントファイナンスの当期純利益は倍以上の130億円弱だった。

現在のオリックスは、年商は2兆円を超え、当期純利益は2600億円（米国会計基準）。資産規模は10兆円を突破している。一方オリコの資産規模は28年前と殆ど変わらず、当期純利益は245億円。

伸び盛りの業界トップ企業を率いる宮内義彦氏は当時53歳。時代の流れを敏感に読みとり、タイムリーかつスピーディに先手を打っていく。追い掛ける2番手企業の社員にとって、トップ企業の背中は遠くなる一方だったが、その宮内氏が赤字のモトである球団を買うという。業界内の一致した感想は「宮内はトチ狂った」だった。

球団の買収が決まった時点で、筆者は既に他の企業に転職していたが、日本リースの同僚や先輩たちとの交流は続いており、「（宮内氏は）米国留学中に、メジャーのみならず3Aクラスの球場まで全て見て回ったほどの野球好き。球団買収は道楽もしくは夢の実現」というのが、彼らが当時26歳の筆者に語って聞かせた講釈だった。

それから28年。現在の規模からすると、球団の赤字は多く見積もっても当期純利益の1%にも満たないが、買収当時の当期純利益は59億円。年間の利益の半分が飛ぶ買収であり、加盟金30億円も重い負担だったに違いなく、オーナーでもないサラリーマン社長の道楽や夢で実現するようなディールではなかったことは明らかだ。

x・リーグの経営

3

広島東洋カープ

41期連続黒字、カネがなくば知恵で勝負の超ドケチ経営道

●ミニ球団史

1949年、原爆で壊滅した広島復興の希望の光として、広島の政財界有志が創設。爆心地の相生橋の下を流れる太田川が鯉の産地だったこと、原爆で焼け落ちた広島城が鯉城と呼ばれていたこと、鯉が出世魚であるから、復興の願いを込めて球団名は「カープ」と命名された。

大企業が創設したチームではなかったため、球団設立からしばらくは困窮を極め、選手の給料の支払いに窮するほどだった。地理的に近い下関を本拠地にしていた大洋ホエールズ（現・横浜DeNAベイスターズ）との合併話が浮上したこともある。

地元企業・東洋工業の松田恒次社長（当時）が音頭をとり、今で言うなら第2会社方式の私的整理が実施されたのは1955年。

第2会社には地元財界が出資、その後東洋工業と松田恒次氏に株主が集約されていったことから、1968年、球団名に「東洋」が加わる。現在もマツダと松田一族合計で、球団の発行済み株式総数の76.9%を保有している。

それでも球団が「12球団中唯一の親会社を持たない市民球団」と言われるのは、マツダが運営資金の援助を一切せず、球団が独立採算で運営されているため。

加えて、球団経営が苦しかった時代、ファンの有志が自発的に球場入口に酒樽を設置。ファンから募金をし(通称たる募金)、球団に提供していた時期がある。金額そのものは必要運転資金総額のいくらにもならなかったのだろうが、ファンがカープを市民球団と認識する最大の理由は、マツダが提供していない運転資金を、自分たちは提供したのだという自負と誇り故だろう。

マツダスタジアム建設の際にも市民による募金が実施され、1億2600万円が集まったため、球団のみならず球場も市民のものという意識が醸成された。

親会社による支援がない中で、独立採算を維持していくため、球団はコスト管理を徹底。高額年俸の選手獲得とは無縁で、自前での選手育成を基本とし、選手が育って年俸の水準が上がると惜しげもなく他球団に送り出す。

このため、球団創設からの67年間で、リーグ優勝は7回、うち日本一が3回あるが、直近の日本一は32年前の1984年。リーグ優勝からも1991年から25年間遠ざかっていたため、2016年シーズンのリーグ優勝は25年ぶり。

驚異の41期連続黒字、42期めも黒字確実

カープが官報公告を開始したのは2006年12月期からだが、売上高と当期純利益はずいぶん以前から『広島企業年鑑』に掲載されている。

国会図書館で入手できたのは、１９７９年12月期から２０１４年12月期までの36期分。下記のグラフは、報道ベースの２０１５年12月期の業績（売上高１４８億３２００万円、当期純利益７億６１００万円）を加えて作成した。

１９７９年以降の37期は見事に全て黒字だが、報道によれば、**黒字は１９７５年12月期から41期連続**だそうだ。

１９７５年といえば、ジョー・ルーツ氏が監督に就任。シーズン後半から古葉《こば》竹識《たけし》氏が監督に就任し、リーグ初優勝を果たした年。これ以降、最下位の常連から脱却しているので、成績の向上が経営を安定させたことは間違いないだろう。

この後、１９９０年代半ば以降は、再びBクラスが常態化するが、球界随一のドケチ経営、否、低コスト経営が奏功し、黒字が継続したということだろう。

２０１６年12月期はシーズンの観客動員数が前年比２・２％増だったうえ、クライマックス、日本シリーズが合計7試合、本拠地のマツダスタジアムで開催されている。チームの好成績を受け、グッズの売れ行きも絶好調だった様なので、売上高、純利益ともに２０１５年12月期を大きく上回ることは間違いない。

広島東洋カープの純益推移 単位：百万円

指定管理者指名で収益が劇的に改善

ＮＰＢ公表の年度別入場者数によれば、カープの入場者数は１９７４年までは50万〜70万人で推移しているが、リーグ初優勝となった１９７５年に一気に１２０万人にハネ上がり、２年連続で日本一に輝いた１９７９年は１４５万人、１９８０年は１３１万人となっている。

日本一となった１９８４年はなぜか１１０万人に留まり、リーグ優勝した１９９１年でも１２２万人。その後は１００万〜１３０万人弱の間を行ったり来たり。その間の売上高はというと、ほぼ動員数にリンクして増減を繰り返している。

劇的に売上高が増えたのは２００９年12月期。71億円だった売上高が、一気に１１７億円に増えている。

原因は言うまでもなく新球場の開場である。リーグ４位と成績がふるわなかったにもかかわらず、前年の２００８年12月期も大幅な増収になっているのは、旧広島市民球場最後の年だったので、慣れ親しんだ球場との別れを惜しむファンで、来場者数が増えたからだろう。

新球場移転で大幅に売上高が増えた理由は２つ。１つは新球場見たさ

広島東洋カープの純益推移　　単位：百万円

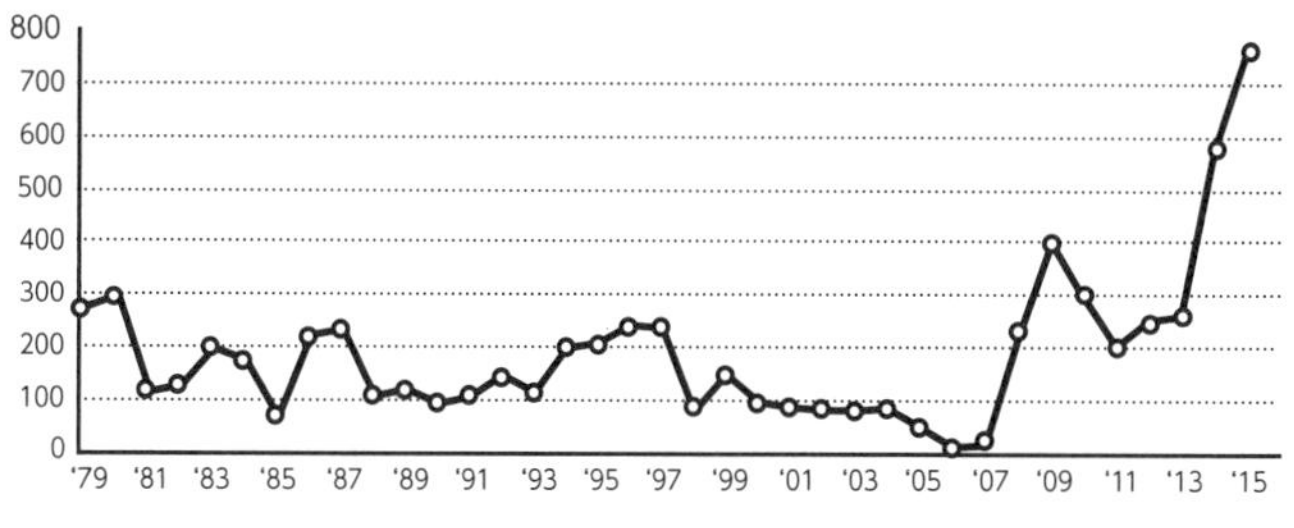

で動員数が増えたこと。来場者数は2008年の139万人から一気に187万人に増えている。

もう1つは、新球場開場に伴い、球場の指定管理者に指名され、球場の飲食物販や広告看板収入が球団に入るようになったことだろう。

広島市によれば、旧球場時代も球団は飲食の営業権は持っていたそうだが、旧球場と新球場では飲食店の数が違いすぎるので、新球場開場による飲食の増収効果は絶大だったはずだ。

利益面では、2007年12月期が1700万円で、2008年12月期に一気に2億2000万円に増えている。新球場開場初年度の2009年12月期はその倍近い4億円。以降は動員数及び売上高に概ねリンクする形で増えたり減ったりしている。

年によってバラつきはあるが、1990年代後半まで1億~2億円の利益を稼げていたのは、おそらく巨人戦の中継で入る放映権料の恩恵があったからだろう。2000年以降、利益水準が下がっているのは、巨人戦の中継がなくなったためだろうが、近年の利益水準は巨人戦の中継で潤っていた時期を上回っている。

新球場移転でチケット単価が3割アップ

次に収益の中身だが、カープファンを自任する福留聡氏という公認会計士の先生が、読売新聞のウェブ媒体である読売オンラインで、実に興味深い記事を執筆している。

文面からすると、この先生はどうやら球団の営業報告書をゲットしているらしい。球場移転前の2008年に27億円だった入場料収入が、2015年には54億円へと倍増していて、放映権料は2004年の33億円から、2013年には13億円に減り、グッズは近年大幅に増加している、とある。

2008年12月期の年商は71億円で、そのうち27億円がチケット代ということは、売上全体の38%がチケット代。また、この年の動員数は139万人なので、チケット単価は1942円。

2015年12月期は、年商148億円のうち入場料が54億円とすると、売上げ全体に対する構成比は36%で2008年シーズンとさほど変わらず、チケット単価は2559円。増収には来場者数のみならず、チケット単価の上昇も寄与している様だ。

また、放映権が2013年時点で13億円で、2004年時点からの減少が大きいことをこの記事では強調しているが、13億円といえば売上高の12%に当たる。2013年時点でこれだけの放映権料収入があるというのは、12球団の中ではかなりの好成績ではないかと思うのだが、放映権に関しては後述する。

2015年で放映権収入がたとえば10億円程度とすると、年商148億円のうち、チケット収入が54億円、放映権収入が10億円、飲食をざっくり20億円とすると、残りがまだ64億円もある。グッズが12億～15億円くらいとしても、まだ50億円残る。

ファンクラブ会費収入はいくらでもないだろう。何しろ需要を著しく下回る人数しか募集せず、募集開始当日に申込みが殺到してサーバーがダウンするような球団である。

とすると、可能性として考えられるのは球場の広告看板とスポンサー収入である。この球団は以前からスポンサー営業力が実はかなり高かったフシがある。

移転前ですら71億円の売上高のうち、チケット収入は27億円にすぎず、残りが44億円もあった。放映権が14億～15億円だったとしても、残りが30億円にもなる。この大半がスポンサー収入だったと考えないと、計算が合わない。

主催72試合中46試合が冠試合

セ・リーグの球団では、ベイスターズが主催ゲームの大半にゲームスポンサーを付けている以外は、ゲームスポンサーの獲得実績は総じて高くない中、広島は2016年シーズン、主催72試合中46試合にゲームスポンサーを付けている。球団のHP上でもかなり積極的にアピールしていることが窺える。

地元市民がそうであるように、おそらく地元企業がこの球団に寄せる愛情には特別なものがあり、しかもそれは深い。それもかなりだ。

マツダスタジアムは2004年の球界再編騒動があったからこそ誕生した球場だ。老朽化著しい旧広島市民球場建て替えの必要性は、所有者の広島市もかねてから認識はしていたが、背中を押したのが、カープが消滅してしまうかもしれないという危機感である。

観客動員が低迷したままでは、カープが他の球団に吸収合併され、広島から出て行ってしまうのではないかと、市民も行政も財界も、まさにオール広島で本気で心配したのだそうだ。オール広島で造った球場だけに、資金負担の割合もまさにオール広島。総工費144億7500万円（土地代54億7500万円、建物建設費90億円）の負担配分は、交付金や補助金が10億2800万円、市民の寄付が1億2600万円、財界の寄付と広島県の税金が11億5000万円ずつ計23億円、広島市の税金で23億円、カープなど利用者が87億2100万円。

カープなど利用者負担の87億円は、広島市が先に全額税金から支出して、年額4億2700万円ずつ、金利2％の前提で30年の分割で、使用料の形で利用者から回収する、というのが当初の計画だったのだが、今のところ、当初想定を超える観客動員数が奏効。当初計画を上回るペースで返済は進んでおり、この件は後述する。

ちなみに、広島市は広島県と共同で、総額20億円の『新広島市民球場債』を2008年11月に発行している。5年償還《しょうかん》で表面利回りは1・03％に設定されていて、5年ものの市債としては高めだが、20億円の募集枠に、66億円もの応募があったそうで、新球場は市民のモノという意識の高さを窺わせる。

黙っていてもスポンサーが付くわけではないだろうが、球団の生い立ちや経営方針が市民にも、地元企業にも支持されており、それがスポンサー営業に於けるアドバンテージになっていることは間違いないだろう。

圧巻の純資産50億円、自己資本比率は6割

収益の話の次は、費用に行くのが正攻法だが、この球団の貸借対照表に計上されている数値の推移は、新球場の資金負担方法と関係がありそうな気がするので、先に貸借対照表科目の分析に移りたい。

まずは官報公告掲載の貸借対照表を見て、最初に目が行くのが純資産。50億円もあり、これは圧巻の一言に尽きる。**自己資本比率は6割。上場会社なら高財務体質の会社として、高い評価を受ける水準だ。**

他の11球団の純資産はというと、巨人、中日は不明だが、球界最大はソフトバンクの224億円。これは球団が文字通り球場を持っていることが影響している。次点は阪神の73億円。以下、日本ハム50億円、西武19億円、楽天9億7000万円、ヤクルト8億円弱、ベイスターズ7億円、ロッテ1億円、オリックス9200万円。

日本ハムと西武はそれぞれダルビッシュ投手、松坂大輔投手のポスティングマネーの恩恵あればこそなので、ソフトバンクと阪神は別格、ロッテ、オリックスも反対の意味で別格、残る5球団は概ね似たような水準と考えられる。

そう考えると、親会社の支援もなく、ポスティングマネーとも無縁のカープの50億円はすごいの一言に尽きる。黒田博樹投手をメジャーに送り出した際は、FA権行使だったのでポスティングマネーは入っていない。

資産と負債のバランスも独特だ。まず球場が自前の資産ではないのに資産規模も負債規模も大きい。これは同じ指定管理者であるロッテと比較すると一目瞭然だ。

しかも資産規模は毎期着実に拡大している。

市への納付金は年間5・4億円

そこで指定管理者評価シートを見てみる。マツダスタジアムに関する指定管理評価シートを見ると、掲載スタイルが千葉マリンスタジアムや札幌ドームとは微妙に違う。

数字については自主事業に関する記載がなく、2015年度は収入が5億2445万7000円の計画に対し、実績が6億728万4000円で全額利用料金。収入の同額が支出で、内訳は市への納付が2億6422万9000円の計画に対し、実績が3億4585万7000円で、その他が2億6022万8000円の計画に対し、実績が2億6142万7000円とある。

広島市によると、6億728万円の収入は、カープ自身の使用料とアマチュア野球の使用料の合計だという。支出は2億6142万円が維持管理費、残った3億4585万7000

円が市への納付となっているので、当初計画の年額4億2700万円を1億円近くも下回っているのかと思ったらさにあらず。

カープはこれ以外に広島市に売店や広告スペースの使用料を2億円支払っているので、当初計画よりも1億円多く払っているのだそうだ。

使用料は入場料収入にスライドする様条例で定めているので、動員数が計画を上回ると使用料も計画を上回るのだそうだ。

総資産急増の理由は？

あらためて球団の貸借対照表に戻ってみると、新球場への移転以前から固定資産残高が20億円前後あり、流動資産と流動負債も二十数億円ずつでほぼバランスしている。

固定資産は大野寮、岩国の由宇練習場、ドミニカの野球学校などの可能性があるが、流動資産と流動負債は何なのか。少なくとも流動資産に関しては、12月決算なので年間指定席やシーズンスポンサーからの収入が入って来るには少々早い。

期末にむこう1年分の必要運転資金を金融機関から借り、それがそのまま現預金に計上されているということなのだろうか。

単位：百万円

決算期	指定管理者評価シートベース		
	収入	支出	
		市への納付	その他
06/12	–	–	–
07/12	–	–	–
08/12	–	–	–
09/12	–	–	–
10/12	–	–	–
11/12	498	263	218
12/12	501	263	238
13/12	500	261	239
14/12	547	297	250
15/12	607	345	261
16/12	–	–	–

新球場移転初年度は総資産が15億円、流動資産が9億円、流動負債が13億円増え、翌期になると総資産が10億円、流動資産が8億円、流動負債が13億円減っているが、その理由はよくわからない。総工費2億円の大州寮は2011年2月竣工なので、新球場移転前後の決算期とは関係ない。

さらに、2014年、2015年と続けて資産規模が大きく拡大しており、特に固定資産の伸びが大きい。なにがしかの設備投資の結果なのか、現預金が貯まってきて一部を国債などに振り替えたのか。

いずれにしても、流動資産、固定資産の増減のタイミングがバラバラで、時期的にも新球場に係る権利が資産計上されている印象はないのだが、なにしろ増加している金額が大きいので、新球場関連の可能性も捨てきれないのである。

広島東洋カープの財務数値集計表

決算期	官報公告ベース							売上高	来場者数（千人）				シーズン順位
	総資産			負債		総資産			ホーム総計	公式戦		CS・日本シリーズ	
		流動	固定		流動		当期純益			ホーム	ロード		
06/12	4,823	2,376	2,106	2,471	2,385	2,352	14	5,680	1,009	1,009		–	5
07/12	4,600	2,361	2,030	2,267	2,205	2,333	17	6,200	1,129	1,129		–	5
08/12	4,974	2,592	2,372	2,433	2,364	2,540	220	7,100	1,390	1,390	1,975	–	4
09/12	6,671	3,411	2,370	3,754	3,680	2,916	401	11,700	1,873	1,873	1,962	–	5
10/12	5,612	2,673	2,444	2,439	2,356	3,173	296	9,847	1,600	1,600	1,968	–	5
11/12	5,813	2,937	2,671	2,474	2,380	3,337	203	9,650	1,582	1,582	1,932	–	5
12/12	5,939	3,023	2,781	2,388	2,304	3,550	252	10,307	1,589	1,589	1,990	–	4
13/12	5,936	3,203	2,732	2,163	2,081	3,772	260	10,662	1,565	1,565	2,059	–	3
14/12	7,761	3,884	3,877	3,454	3,214	4,307	574	12,874	1,904	1,904	2,139	–	3
15/12	8,362	3,678	4,684	3,332	2,972	5,030	761	14,832	2,110	2,110	2,384	–	4
16/12	–	–	–	–	–	–	–	16,700	2,374	2,157	2,291	217	1

売上高は16年12月期のみ推定値、15年12月期は報道ベース。それ以外は広島企業年鑑掲載値。
来場者数はNPB公表値。ホーム総計は公式戦ホームとCS、日本シリーズホーム開催時の合計。

選手年俸総額では最下位が指定席

それでは41年連続黒字の胆であるところの費用に話を移そう。広島は選手年俸総額が低いことで有名だ。

あまり注目されていない若手を発掘し育成する自前主義。選手が育って年俸が上がってくると、惜しげもなく放出する。FA宣言して出て行く選手はいても、FA宣言した選手を獲得することはない――。

いずれも日本ハムとよく似ている（日本ハムはFA宣言した稲葉篤紀選手を獲得しているが、これは例外）が、日本ハムは科学的な匂いがするのに対し、広島はアナログな印象だ。

選手年俸総額のランキングでは2014年まで12球団中断トツの最下位。2008年は広島15億円に対し、巨人はその3倍以上の52億円だった。

2015年に突然6位に浮上したのは、黒田博樹投手の復帰にあたり、彼1人に4億円支払ったため。続く2016年は2億円引き上げて6億円。3億円プレーヤーの前田健太投手が抜けたので総額は前年比微減だったが、12球団中10球団が前年から年俸総額が増えたので、順位は10位に落ちた。

黒田投手に2年間で10億円というのは、この球団らしくないが、彼がチームの若い選手たちに与えた影響は計り知れない。勝ち星の数や防御率の問題ではなく、彼なかりせば25年ぶりのリーグ優勝はなかったはずだ。それを思えば、これでも安いものだったのかもしれない。2017年は黒田投手が引退したので、また定位置に逆戻りする可能性が高い。

ファンも支持するドケチ経営道

広島のドケチ経営ぶりを最も象徴するのは選手年俸だが、それ以外にも、12球団中広島だけが「やっていない」ことはいくつもある。まずチアリーダーがいない。ホームランガールという、広島の選手がホームランを打ったときに、ホームでホームラン人形を渡してお出迎えをする役割のマスコットガールはいるが、彼女たちはチアリーダーではない。従って、おそらくチアの女性よりも給与水準は低いはずだ。

5回裏終了後にはCCダンスというダンスタイムが設けられているが、これもビールの売り子がビールタンクを下ろして踊る。素人っぽくて恥ずかしそうに踊っていてかわいらしいが、踊る分のバイト代をちゃんと上乗せしてもらえているのか、心配になる。

2016年シーズンからエイベックス協賛でC－Girls（カープ

広島東洋カープ年俸推移

単位：百万円

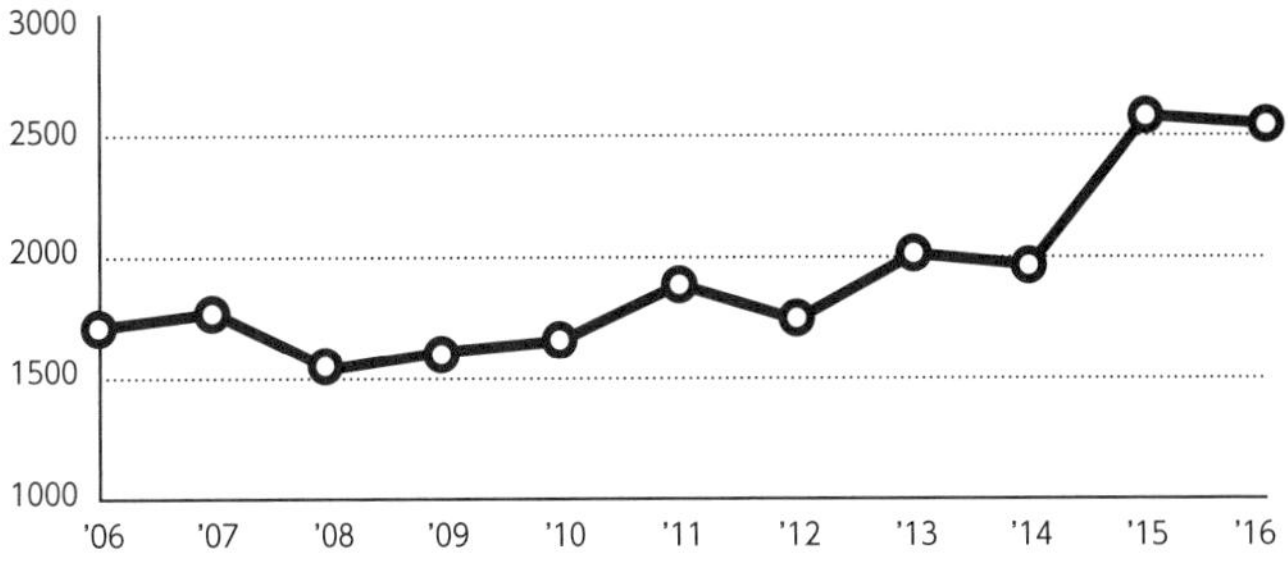

ガールズ）なる売り子さんたちも投入されているが、この人たちも基本的に売り子であって、チアではない。

ＳＮＳもやっていないし、ユニフォームの無料配付もやっていない。やらなくてもファンは買ってくれるから必要がないということだろうか。

グッズの無料配付も滅多にやらない。２０１５年シーズンから、ヤクルト戦で赤いカサの配布を始め、２０１６年も赤いシリーズで3回ほどカサやたてがみ（交流戦の西武戦）などを配ったのは例外的。

チケットサイトも微妙にアナログだ。一応ネットで申し込めるのだが、座席が確定するのは確認メールが翌日に球団から戻ってきて以降。しかも座席指定はできない。

そして真骨頂は、入場チェック、清掃、場内案内などを外注せず、おそらく自前でやっている点だ。球団サイトでこれらの業務に従事するアルバイトを募集している。

場内案内に大量のボランティアを動員している点も秀逸だ。２０１４年シーズンに訪問した際、場内アナウンスでそう言っていた。実際、各通路ごとに立っている案内係員はみるからにボランティア風。そしてとにかく親切でカープ愛全開だ。

グッズも1品あたりの数量を限定し、選手が記録を達成すれば、その記念グッズを即座に作って売り出す。数量を限定して飢餓感を煽る商法というよりは、数日以内に出せる量を出している印象だ。

ツッこんでくれと言わんばかりのヘンなグッズも多い。基本的にグッズはクオリティには目をつぶって単価を抑え、もっぱらアイディアで勝負している印象だ。

こういった経営方針はファンからも支持を得ている様で、高額の年俸を求めて他球団に移籍した選手は総じて裏切り者扱いだ。

ちなみに、広島だけ「やっている」のが球場内の飲食店舗の一括業務委託。全店舗をエームサービスという会社（プロフィールは第4章参照）に業務委託していて、いわゆるテナントは1店舗もない。ケンタッキー・フライドチキンやサーティーワン、モスバーガーなど、どこの球場でも見かける店が1つもないのはこのため。

テナント店舗ではどうしても売れ筋モノしか置かなくなるが、1社が全店舗を運営することでバラエティに富んだメニュー提供が可能になる。

ただし、旧広島市民球場の名物にして広島市民のソウルフードでもあるカープうどんは、エームサービスが再委託する形で出店している。

成績にリンクしない総合満足度

慶應大学鈴木教授の顧客満足度調査には、カープファンのメンタリティが如実に表れている。とにかく成績に関係なく球場、ユニフォーム・ロゴ、応援・観戦ロイヤルティが高い。

球場の素晴らしさはさんざん報道されているので、ここで敢えて触れる必要はないだろう。さすがに20年かけてメジャーの球場を研究し尽くしただけあって、**目下のところ日本一の球場と言っていい。**他球団が列をなして視察詣でをしたということがよくわかる素晴らしい球場だ。従って、球場の評価が高いのは当たり前と言えば当たり前。

が、他の球団と違い、成績に対するファンの目線が優しい。チーム成績のスコアに関しても、Aクラスに入りさえすれば12球団中4位、5位に浮上してくるのだ。

首都圏で2013年頃からカープファンが大増殖していることは、2014年の流行語大賞トップテンに「カープ女子」がランクインしたことに象徴されている。

球団の生い立ちや経営方針が、まさに日本人のメンタリティにハマるということはあるのだろうが、広島出身者ではないファンが短期間に首都圏で大増殖したことは、他球団の関心事にもなっている。

というのも、球団がファン獲得に向けて施策を打てるのはホーム球場でのみ。ビジター球場では保護地域の問題があるので、球団としては基本的に手を打てない。せいぜいビジター応援ツアーを企画するくらいだ。

顧客満足度調査（順　位）

	総合満足度		チーム成績	チーム選手	球場	ファンサービス地域振興	ユニホーム・ロゴ	応援ロイヤルティ	観戦ロイヤルティ	成績
		セ								
2016年1月	6	2	8	7	2	5	2	2	2	リーグ4位
2015年1月	1	1	4	2	1	2	1	1	1	リーグ3位
2014年1月	3	1	5	3	1	5	1	1	1	リーグ3位
2013年1月	8	3	9	8	1	5	4	3	3	リーグ4位
2012年1月	10	5	11	11	2	6	5	7	4	リーグ5位
2011年1月	9	4	11	10	2	4	5	4	4	リーグ5位
2010年1月	7	4	11	7	1	2	3	2	3	リーグ5位

この首都圏に於けるカープファン大増殖の原因には様々な説があり、2012年6月にテレビ朝日の深夜番組「アメトーーク！」でカープ芸人が取り上げられたことなどがその代表例だが、再放送は3年後の2015年。影響は限定的だったはずだ。

筆者は、東京で飲食店を経営している、広島出身者による草の根の活動の賜《たまもの》ではないかと思っている。数年前、都内の飲食店経営者が「東京ドームを真っ赤に染めるプロジェクト」を企画、自腹でユニフォームを購入し、来店客に「ユニフォームあげるから応援に来て」と言って回ったという話を耳にしたことがある。

カープの応援は憶えやすい。しかもカープファンは明るくてノリがいい。応援が楽しくてそのままハマる人は少なくないらしい。

筆者の周囲にいる、広島とは縁がないのにカープファンというひとたちは、球団の生い立ちや選手の育成方針、応援の楽しさを得々として語る。まさに布教である。

広島に縁がない人たちをこれほどまでに魅了するのだから、広島県人にとってのカープは特別な存在なのだろう。カープ戦の広島地区に於ける地上波中継は、2016年シーズンはホームゲーム72試合中54試合。

顧客満足度調査（スコア）

	総合満足度	チーム成績	チーム選手	球場	ファンサービス地域振興	ユニホーム・ロゴ	応援ロイヤルティ	観戦ロイヤルティ	成績
2016年1月	62.47	45.67	61.51	67.89	62.97	70.34	70.41	70.65	リーグ4位
2015年1月	71.01	65.59	74.32	69.57	66.28	73.54	75.41	75.72	リーグ3位
2014年1月	65.20	55.18	68.08	68.84	62.51	71.49	77.72	77.50	リーグ3位
2013年1月	58.00	33.61	57.05	68.60	60.19	67.87	73.21	74.71	リーグ4位
2012年1月	54.11	23.05	53.67	68.21	58.76	65.65	66.68	69.77	リーグ5位
2011年1月	56.59	23.02	57.92	69.79	61.26	68.15	70.31	70.06	リーグ5位
2010年1月	61.15	24.83	64.95	72.67	64.42	72.65	67.14	68.75	リーグ5位

2016

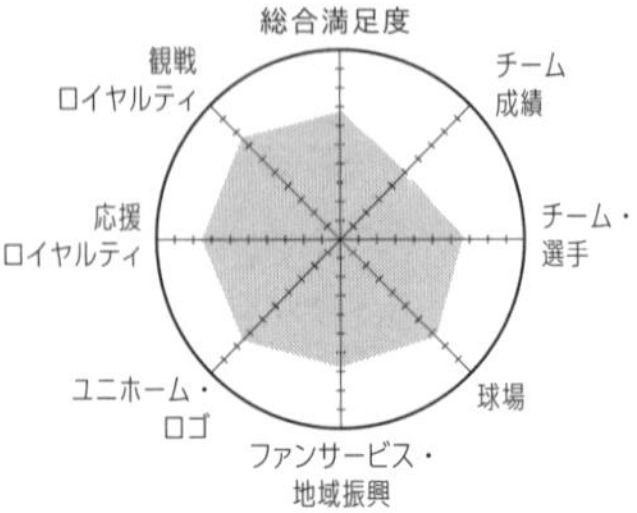

2015

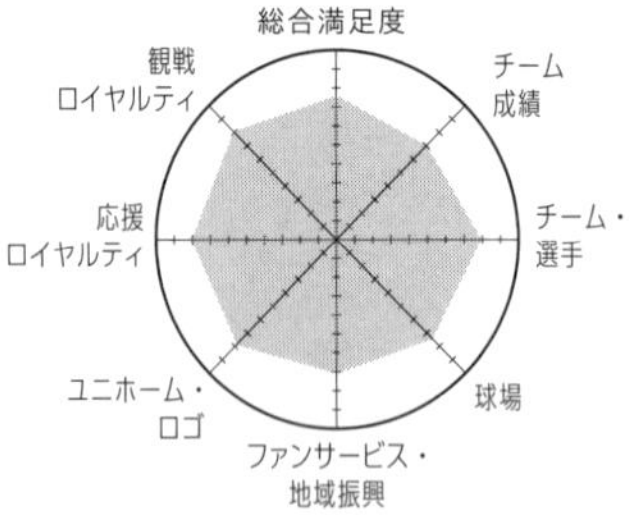

2014

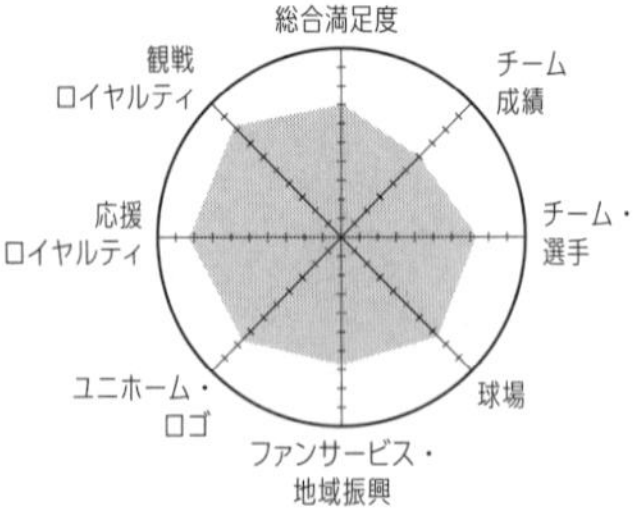

2013

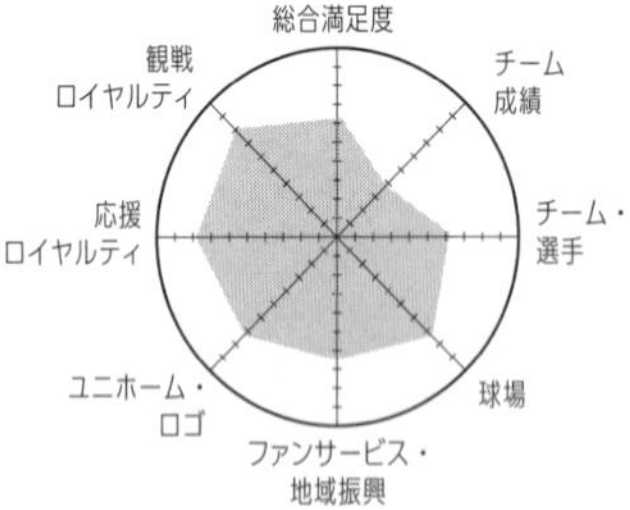

2012

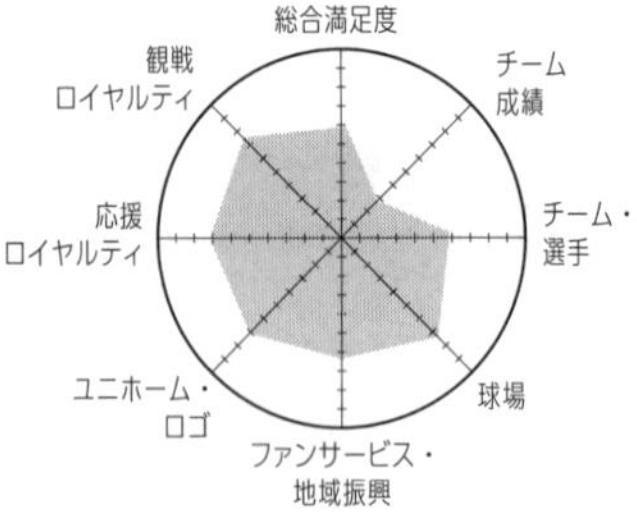

2011

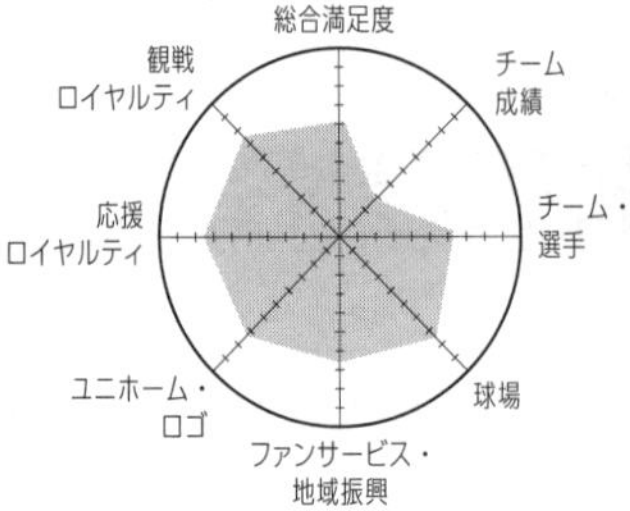

驚くべきことに、ビジターについても71試合中31試合、地上波で放送されている。

これはタイガースの48試合に次ぐ回数だが、タイガースはサンテレビの奮闘によるところが大きい。地元放送局のバックアップ体制は広島が12球団一だろう。

地元自治体のバックアップ体制という点でも12球団一だ。市民の思いが行政を動かしていることは間違いない。球場周辺のマンホールはカープ坊やの絵柄である。ここまでやってもらえている球団が他にはないことは言うまでもない。

読売ジャイアンツ

徹底した親会社との分業、他球団にない特殊な経営形態

◉ミニ球団史

1934年に読売新聞が創設した日本で最初のプロ野球団。球団創設からの82年で、リーグ優勝36回、日本一が22回。

阪神タイガース、中日ドラゴンズとならんで、球団創設時から1度も親会社が交代していない。創設当時の球団名は大日本東京野球倶楽部。1935年に東京巨人軍に変更、1947年に現球団名になった。

1937年に後楽園球場が完成、この時から本拠地球場として後楽園球場を使用。1988年に東京ドームが完成して以降は、東京ドームを本拠地球場として使用している。後楽園球場も東京ドームも、読売新聞社のグループ会社ではなく、現在では少数派となった、球場と球団が一体化していない3球団のうちの1つ。

12球団の本拠地球場としては最大の4万6500人収容の東京ドームを本拠地にしていながら、毎年9割を超える稼働率を誇る、球界随一の人気球団。

球団経営会社の独立は2002年

現在の球団経営会社は㈱読売巨人軍だが、この会社、法人設立は実は2002年7月。それまでは読売新聞のグループ会社である㈱よみうり（現・㈱読売新聞西部本社）が、球団経営を手掛けていた。

それ以前は、読売新聞グループは㈱読売新聞社、㈱大阪読売新聞社、㈱よみうりの3社体制をとっており、㈱よみうりは、新聞事業以外の事業を行う会社だった様で、商業登記簿謄本の目的欄には、「野球競技の挙行並びに指導、選手の養成に関する業務」「東京読売巨人軍の宣伝業務並びに宣伝のために東京読売巨人軍を表示する標章＊を附した運動用具、衣料品、印刷物等の商品を製造販売卸売する一切の業務」とある。要するに球団の選手マネジメントと、球団の宣伝、グッズ製造販売である。

これ以外に、「よみうりホールの運営、不動産及び動産の取得管理、賃貸室の運営」「テレビジョン受像機及び付属品の販売修理」などが目的欄にならぶ。

現在の体制は、グループ本社、東京本社、大阪本社、西部本社、巨人軍、中央公論新社の6社体制。

法人格の流れとしては、㈱読売新聞社をグループ本社と東京本社に分割、㈱よみうりから巨人軍の事業を切り離した上で、㈱よみうりを西部本社に社名変更した様だが、6社の役割は、グループ本社は持ち株会社で、東京本社と大阪本社、西部本社が新聞事業の会社という位置づけ。それまで㈱よみうりで手掛けていた文化事業は、東京本社に組み込まれたらしい。

球団はベースボールオペレーションに専念？

筆者はかなり以前から、巨人はベースボールオペレーションと、ビジネスオペレーションを完全に分離していて、球団はベースボールオペレーションに専念、ビジネスオペレーションは全て新聞本社の方で扱っている、という話を球界関係者から聞いていた。

チケットも放映権も、そのシーズンの全試合分を本社が一括で買い上げ、その販売も全て本社側がコントロールしている。つまり、**球団は選手マネジメントしかやっていない**というのだ。

確かにそう言われると、思い当たるフシがないではない。筆者は2011年1月に、週刊東洋経済での記事執筆の際、桃井恒和球団社長（当時）にインタビューを受けてもらったことがあるのだが、ジャイアンツに取材を受けてもらえたのは、後にも先にもこの時1回だけ。

以降は取材の申込みをしようとすると、所定の申請書に記入して提出せよと言われる。ところがその所定の申請書は、選手もしくはコーチの取材以外の欄が全くなく、取材の趣旨を伝えるべく、別途依頼書を添付して送ってもなしのつぶて。確認の連絡を入れても全く話が通じず、無視されて終わるということが続いた。

球団が選手マネジメントしか扱っていないのであれば、この反応はある意味当然で、20

11年1月に球団社長に会えたこと自体が奇跡だったのだ。

球団から確認がとれない以上、自力で裏付けを探すしかない。球団のHPにはそれを裏付けるような記載はなく、東京本社の新卒採用ページにその端緒が見えるという程度だったのだが、2年ほど前、目の前の霧が晴れるような資料を国会図書館で発見した。

新潟経営大学地域活性化研究所が、設立15周年を記念して、2013年12月に開催したシンポジウム「プロスポーツ組織の顧客関係戦略」の講演録がそれ。

このシンポジウムには、新潟経営大学の教授、Jリーグの競技・事業統括本部のスタッフ、アルビレックス新潟の後援会スタッフとともに、読売新聞東京本社事業局のスポーツ事業部の佐藤琢亮氏が参加しており、ここでジャイアンツ球団の経営構造を語っているのだ。

球団には興業権がない？

あくまでこの講演が行われた2013年12月の時点の話なのだろうが、ジャイアンツはスカウティング、ドラフト、FA、外国人補強選手の悩み解決などを手掛け、事業局側はチケット、放映権、スポンサーシップの販売など、お金にまつわる部分のかなりの部分を担当。ファンクラブの運営やグッズ販売はお互いに協力しながら行っている、とある。

確かに㈱読売巨人軍の商業登記簿謄本に書かれている事業目的にも、「野球選手の指導、養成」「少年野球教室等の運営」に加え、グッズの製造販売らしき項目は載っているが、興業や放映に関する項目が見あたらない。

東京ドームで開催されるジャイアンツ戦のチケットの券面の主催欄には、読売新聞社、日本テレビとあり、球団名がない。

一方、新聞情報という新聞の業界紙に読売新聞グループが公表している、グループ6社の決算情報によると、球団の年商は毎年二百数十億円もある。

東京ドームは赤の他人だから、飲食収入や広告看板の収入は一切、球団には入らないはずなのに、一切合切が入るホークスに匹敵する水準だ。似たような観客動員数の阪神タイガースの推定年商のおよそ倍もある。

とすれば、本社事業局が何らかの名目で二百数十億円の大半を占める金額を支払っているはず。興業権を球団からシーズン初めに一括で本社が買い上げ、本社が興業権に基づいてチケットを販売し、日本テレビに全試合分の放映権を売っているとすれば、筆者が球界関係者から聞いた、「事業局が全試合分のチケットと放映権を買い上げている」という話と符合する。

球場は一体化していないのに年商はホークス並み

2011年1月に桃井社長（当時）にインタビューをした際、何とか聞き出した売上げ構成は、チケット7割、放映権1割、グッズ5%、その他15%だった。

この構成比を2016年3月期の年商253億円に当てはめると、チケット代177億円と、放映権25億円の合計202億円で、本社が興業権名目で買い上げているという計算になる。

この決算期に対応する2015年シーズンの主催ゲームの観客動員数は、CSも含めて313万人。チケット総額が177億円とすると、1人あたりは5600円強。似たような観客動員数の阪神タイガースの推定平均単価は2400円だから、その倍以上。

一般席も全体にチケット単価は高いが、東京ドーム3階部分のプレミアムラウンジなど、高額のシートが単価をさらに引き上げている面もあるのだろう。

ちなみに、佐藤氏がシーズンシートに関する興味深い数値を公表している。2013年12月の時点で、シーズンシートの契約席数は1万～1万5000だと言っているのだ。1万と1万5000ではだいぶ違うので、幅のある数字ではあるが、4万6000席のうちの2～3割という計算になる。

シーズンシートは高額の席が中心になるのだろうが、意外に少ない。というのも、東京ドームの座席のうち、6～7割は年間契約で押さえられているので、一般売りに出されるチケット枚数は全体の3～4割でしかない、だからよけい、東京ドームの巨人戦のチケットは取れないのだという話を耳にしたことがあるからだ。

読売新聞の販売店所属の新規契約獲得部隊である拡張員が、一定程度東京ドームの巨人戦のチケットを持ち歩いているのは間違いないのだろうが、一般販売に回っているチケットが全体の3~4割というのは、いくら何でも大げさな話なのだろう。

一方、放映権の方は、主催72試合で25億円として計算すると、1ゲームあたりは3472万円。かつて1ゲーム1億円と言われた相場感からすると、かなり安い。

日本テレビ以外の放送局が、ジャイアンツ主催ゲームを放送しようとする場合、放映権をどこから買うのか、球団からなのか、日本テレビからなのか、読売東京本社からなのかは不明だが、いずれにしても、日本テレビが買う際の単価と、それ以外のテレビ局が買う際の単価が違うのだろう。

損益情報は開示しているのに決算公告義務は不履行?

ジャイアンツは中日ドラゴンズと並んで、今も会社法440条の決算公告義務を履行していない可能性が濃厚な球団だ。㈱読売巨人軍の商業登記簿謄本には、公告媒体は「東京都内で発行する読売新聞に掲載」とある。

ここ何年間も、国会図書館で執拗に読売新聞を繰り、決算公告が掲載されていないか、探しているのだが、発見できたことは1度もない。

従って、他球団と違って貸借対照表が見られないので、資産規模や内部留保の状況がわからないのだが、球場が一体化していない以上、資産は数十億円規模に留まるのではないかと思う。

その一方で、簡便な損益情報は、新聞情報という新聞社の業界紙上で読売グループ6社で開示している。12球団で定期的に損益情報を開示しているのは、ジャイアンツ以外ではホークスとカープだけ。

集計してみると、売上高は必ずしも観客動員数には比例していないところを見ると、本社との間で何らかの調整がかかっているのかもしれない。

佐藤氏は他にも実に興味深い情報を講演で開示している。事業局が向き合う相手は日本テレビやメディア、球団は東京ドームだと言っている点だ。

ということは、東京ドームの賃料は球団が負担していることになる。2016年シーズンに、ジャイアンツが東京ドームで開催したゲーム数は66。使用料は観客動員数に関係なく1試合あたり1750万円だそうなので、年間11億5500万円。

東京読売ジャイアンツの財務数値集計表　単位金額：百万円

決算期	売上高	営業利益	経常利益	当期純益	来場者数（千人）				シーズン順位
					ホーム総計	公式戦		CS・日本シリーズ	
						ホーム	ロード		
03/3	19,114	2,362	2,380	1,346	3,873	3,783	–	90	1
04/3	23,998	–	3,341	1,846	3,763	3,763	–	–	3
05/3	24,748	–	3,091	1,757	3,744	3,744	–	–	3
06/3	24,382	–	3,273	1,863	2,922	2,922	–	–	5
07/3	23,538	–	2,751	1,593	2,892	2,892	–	–	4
08/3	24,069	–	2,476	1,358	3,046	2,911	–	135	1
09/3	24,343	–	2,256	1,178	3,235	2,876	2,060	359	1
10/3	24,843	–	2,784	1,540	3,242	2,934	2,224	308	1
11/3	21,856	–	2,042	1,097	2,966	2,966	2,193	–	3
12/3	22,174	–	2,756	1,430	2,716	2,716	2,066	–	3
13/3	25,079	–	3,751	2,168	3,298	2,903	2,025	395	1
14/3	24,510	–	2,521	1,462	3,279	3,008	2,144	271	1
15/3	25,013	–	2,439	1,412	3,199	3,018	2,232	181	1
16/3	25,329	–	2,285	1,476	3,139	3,001	2,210	138	2
17/3	–	–	–	–	3,140	3,004	2,199	136	2

売上高、営業利益、経常利益、当期純利益は新聞情報掲載値。
来場者数のうちCS、日本シリーズはホーム球場開催分。
ホーム総計は公式戦ホームとCS、日本シリーズホーム開催分の合計。

これ以外に運営管理会社・シミズオクトに支払われる実費が球団負担となっているはずで、その額は推定5、6億円。

年俸総額に見る球団スタンスの変遷

さらに球界最高水準の選手年俸は言うまでもなく球団負担だ。2015年、2016年は2シーズン連続でホークスを下回ったが、2016年のシーズンオフに、FA権を行使した、山口俊、森福允彦《もりふくまさひこ》、陽岱鋼の3選手を獲得。この3人だけで21億円の大補強だ。いずれも複数年契約の様なので、1年あたり6億8000万円。2017年シーズンは、おそらく年俸総額ランキングで3年ぶりにトップに返り咲くことになるのだろう。

ジャイアンツというと、今から10年近く前、各球団のスター選手を高額の年俸でかきあつめ、挙げ句に出場機会を与えず飼い殺しにし、他球団のファンを激怒させた時期がある。実際には出場機会を与えないと言うよりは、球界を代表するような選手ばかりが1チームに集まったため、競争が激しすぎて出場機会を得られなかったということだったのだろうから、移籍する選手も選手だったのだと思う。

プロのスポーツ選手たるもの、出場機会が得られてナンボのはずなのに、高額の年俸に惹かれてなのか、はたまた自分だけは出場機会を得られると思ってのことなのか、次から次へとジャイアンツに移籍していく選手の思惑を、当時筆者は心底不思議に思った。

最も露骨だったのは２００７年のシーズンオフ。２００８年の年俸総額が、前年の41億円から一気に11億円も上がったのは、高額の年俸で４人の選手を新規に獲得したからだ。

内訳は、ヤクルトのグライシンガー選手に2億５０００万円（前年４７００万円）、横浜のクルーン選手に3億円（前年2億円）、メジャーから呼んだゴンザレス選手に1億２０００万円、ヤクルトのラミレス選手に5億円（前年3億円）である。

最下位のヤクルトから４番バッターとエースピッチャーを引き抜くという非情さだったわけだが、翌シーズンは一気に7億円も減ったのは、前年のような大補強をしなかった上に、前年4億円の年俸を得ていた上原浩治投手がメジャーに移籍し、1億９５００万円の年俸を得ていた二岡智宏選手が日本ハムファイターズに移籍したことが効いたからだ。

２０１０年シーズンが2年連続で3位に終わり、２０１１年に高額選手の放出や大幅ダウンが実施されたため、２０１１年、２０１２年は2年続けて阪神タイガースの総額を下回っている。

読売巨人軍の年俸総額推移　　単位：百万円

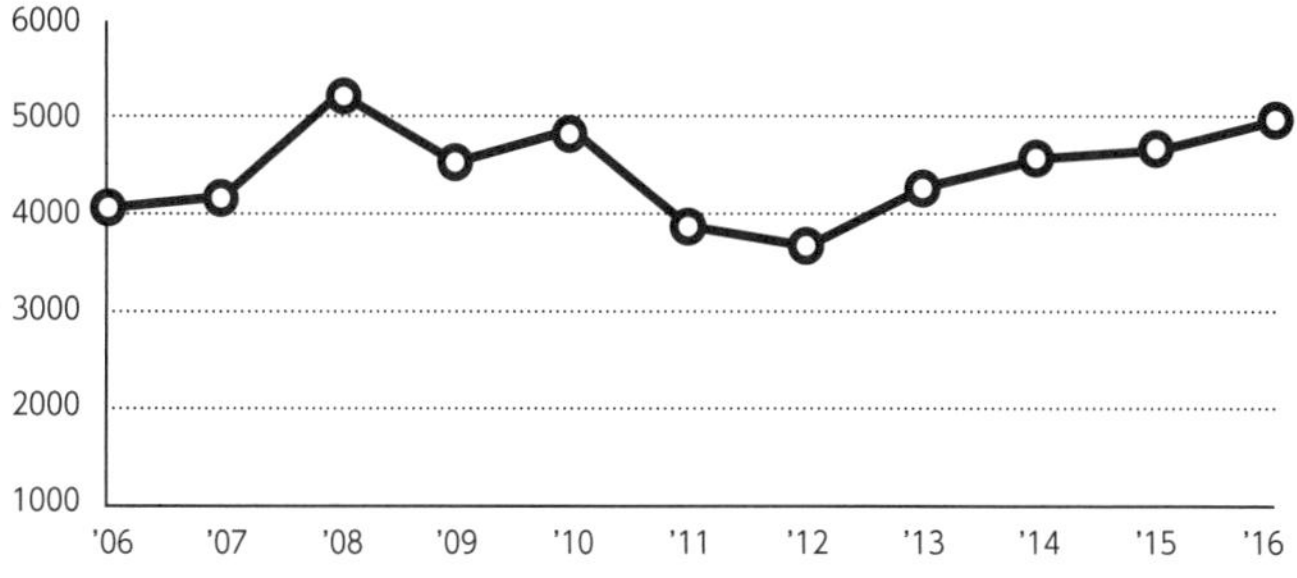

だが、ここ数年はじわじわ上昇。かつてのような傍若無人《ぼうじゃくぶじん》さは影を潜めているとはいえ、球場も一体化しておらず、球界1〜2位の水準の年俸を支払い、賃料が突出して高い東京ドームを本拠地にしていながら、なおも利益が出ているのは、高い単価で全チケットを買い上げてくれる、読売東京本社事業局の営業力あってのことと言うべきだろう。

その事業局が一括で買い上げたチケットに売れ残りが出た場合、どういう処理をしているのかについては、佐藤氏もシンポジウムでは明らかにしていない様なのでわからない。期末に球団に買い戻させるような調整をかけているのか、それとも事業局側のコストとして処理しているのか。

巨人、阪神、広島だけは黒字で、親会社から自立している、という報道をよく目にするが、球団単体でビジネスが自己完結している阪神、広島と、単体では自己完結していないジャイアンツを比較することは、そもそも間違っていると言わざるを得ない。

２０１６年シーズンの地上波放送は21回

プロ野球人気衰退の象徴とされる、ジャイアンツ戦の中継回数減。全試合を買い上げている日本テレビは、地上波でどのくらい放送しているのか、調べてみたところ、２０１６年シーズンは18回、放送していた。このほかＮＨＫが3回、放送しているので、地上波の放送回数は合計で21回。

ただ、この21回のうち平日のゴールデンタイムに放送されたのはわずか4回。大半が土曜、日曜のデーゲームだ。

また、ジャイアンツがビジターの場合の全国中継の回数は9回あったが、これも5回は土曜と日曜だった。

北海道や中京、関西、九州では、地元球団の主催ゲームだけでなく、ビジターのゲームもゴールデンタイムで当たり前に放送されている。ゴールデンタイムにテレビで野球を放送していないのは首都圏だけなのだ。

ジャイアンツファンは日本一でなければ満足しない？

最後に慶應鈴木教授の顧客満足度調査に見るファンの傾向に触れておきたい。この調査は2009年1月から始まっており、対象シーズンである2008年から2015年までの8シーズンで、ジャイアンツは5回リーグ優勝を果たし、そのうち2回は日本一になっている。それ以外の3シーズンも3位が1回と2位が1回。Bクラスは1度もない。

にもかかわらず、ジャイアンツは日本一になった2009年シーズン終了後の2010年1月調査で12球団中2位になったことが1度あるだけで、9位3回、7位、5位、4位が1回ずつという結果に終わっている。

日本一になった2012年シーズン終了後の2013年1月調査でも、セ・リーグ6球団中では1位だったが、12球団中では4位。

しかも順位を下げている原因は、実は成績や選手ではない。成績や選手へのスコアが比較的高い年でも、成績や選手以外の構成要素の得点が全般的に低いのだ。特にファンサービス、応援ロイヤルティ、観戦ロイヤルティへの評価が極端に低い。

ジャイアンツファンは、ジャイアンツが日本一にならないと満足しないというイメージはあるのだが、この結果を見ると別のイメージが浮かび上がる。

なぜジャイアンツは応援・観戦ロイヤルティが低いのか

東京ドームでジャイアンツ戦を観戦するには、結構気合いが要る。とにかくすさまじい混雑ぶりなので、ラッシュアワーのピーク時の通勤電車に乗る時のような、心の準備が要る。この覚悟は、甲子園球場で阪神戦を観戦する際には全く必要がない。一部のジャイアンツファンに漲《みなぎ》っている、殺気にも似た真剣さは、阪神ファンにはないものだ。

そもそもチケットもかなり頑張らないととれない。東京ドームは内野

顧客満足度調査（順　位）

	総合満足度		チーム成績	チーム選手	球場	ファンサービス地域振興	ユニホーム・ロゴ	応援ロイヤルティ	観戦ロイヤルティ	成績
		セ								
2016年1月	9	4	4	4	9	11	10	10	10	リーグ2位
2015年1月	9	4	2	5	8	11	11	11	11	リーグ1位
2014年1月	5	2	2	2	5	9	6	9	7	リーグ1位
2013年1月	4	1	2	2	5	8	6	9	10	日本一
2012年1月	9	4	6	6	7	9	8	10	10	リーグ3位
2011年1月	7	3	5	7	10	10	7	10	9	リーグ3位
2010年1月	2	1	2	2	5	9	5	5	6	日本一

席の前後の段差が16㎝しかないので、通路側、それも視界方向に通路がある通路沿いの席でなければ、間違いなく前の列の人に視界を遮られ、ゲームが全く見えない。だが、ジャイアンツ戦で通路側の席のチケットを入手するのは至難の業《わざ》。

結果、東京ドームでジャイアンツ戦を観戦する機会はほとんどない。ただ、2016年シーズンは本書執筆のため、意を決して東京ドームと横浜スタジアムで1回ずつ、ジャイアンツ戦を観戦した。特に横浜スタジアムでは、ジャイアンツファン一色の外野ビジター応援席を体験してみた。

若いお父さんと子供たちという組み合わせの人たちは、比較的ライト層と言われるファン層らしく、観戦姿勢も至って穏やかだが、筋金入りのコアなファンは年配男性に多く、この人たちはかなり激しい。そして誤解を恐れずに言うならば、とにかく怖いの一言に尽きる人たちが一定数いる。

カープファンのような、見ず知らずの他人を巻き込み、楽しませてしまうようなノリではなく、とにかく真剣で、それゆえに怖い。阪神ファンを怖いと思ったことは1度もないが、ジャイアンツファンは怖い。

顧客満足度調査（スコア）

	総合満足度	チーム成績	チーム選手	球場	ファンサービス地域振興	ユニホーム・ロゴ	応援ロイヤルティ	観戦ロイヤルティ	成績
2016年1月	59.42	61.19	63.16	60.16	54.96	63.23	62.76	61.82	リーグ2位
2015年1月	57.58	71.62	67.04	59.07	50.12	60.51	60.05	61.11	リーグ1位
2014年1月	63.47	76.36	73.35	61.01	56.71	67.19	69.93	71.41	リーグ1位
2013年1月	63.50	73.81	70.68	60.79	57.62	65.16	69.41	69.08	日本一
2012年1月	57.16	53.56	63.47	59.91	53.79	63.39	62.04	62.02	リーグ3位
2011年1月	59.98	68.62	67.65	61.14	54.25	65.01	61.89	64.28	リーグ3位
2010年1月	65.39	83.74	75.17	62.48	57.26	67.83	63.82	63.86	日本一

2016

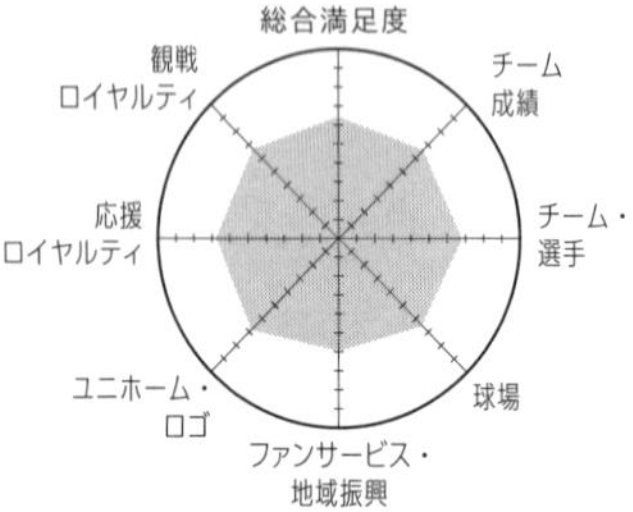

2015

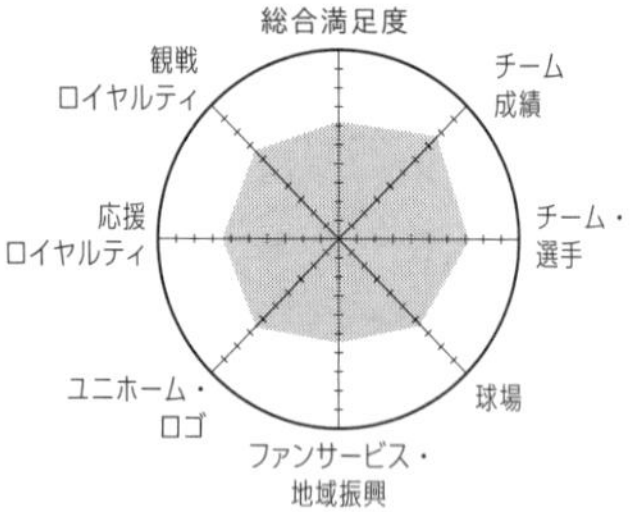

2014

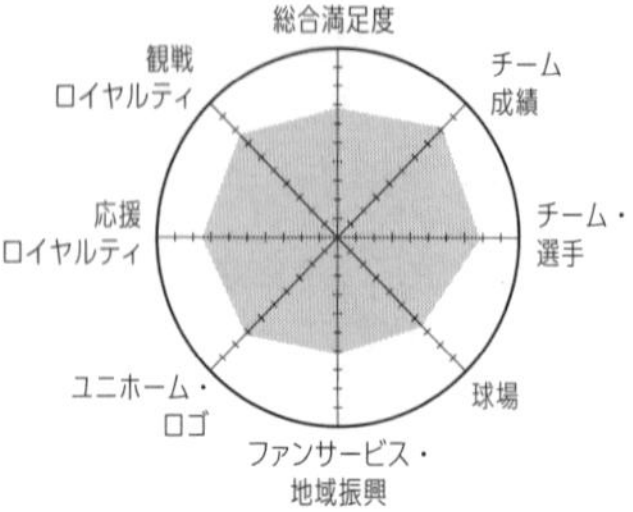

2013

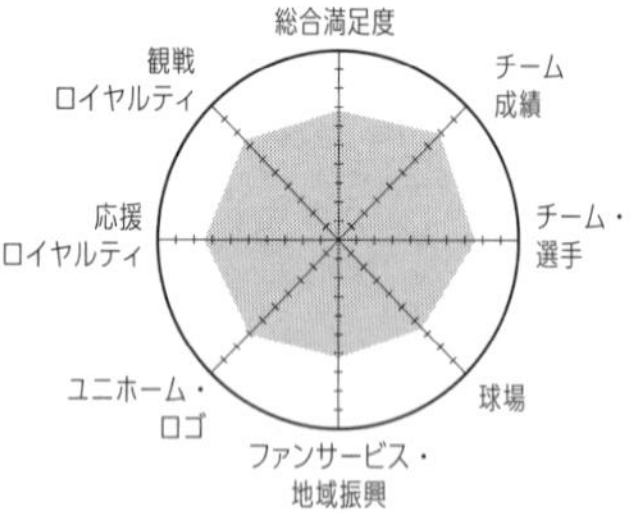

2012

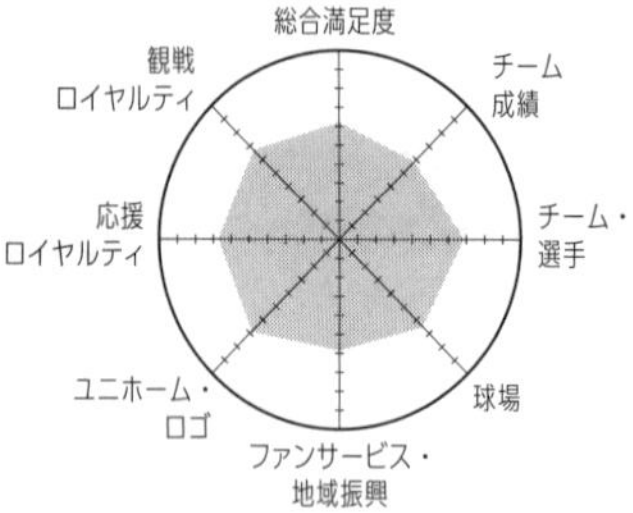

2011

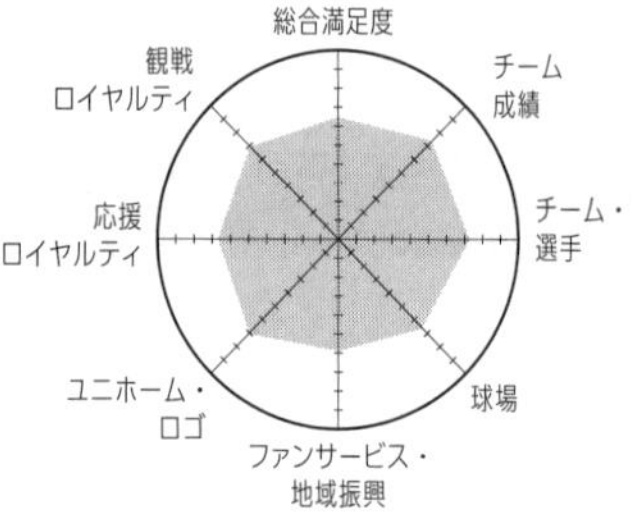

筆者の主観と言われればそれまでだが、もしも若い世代のジャイアンツファンの中にも同じ感覚の人たちが一定数いるとしたら、応援・観戦ロイヤルティの低さに繋がってもおかしくないと思うのだ。

横浜DeNAベイスターズ

悲願の黒字化達成、親会社交代で驚異の急成長

◉ミニ球団史

ルーツは1929年創設の下関の林兼商店（後の大洋漁業→マルハ）の実業団チーム。プロ球団となったのは1949年。1950年から球団名が大洋ホエールズとなる。1954年に本拠地を神奈川県川崎市の川崎球場に移転。1978年、横浜スタジアムの完成とともに、本拠地を横浜スタジアムに移し、球団名も横浜大洋ホエールズとなる。

大洋漁業の株式保有割合は55％に過ぎず、残りの45％は国土計画が保有していたが、同年、国土計画はライオンズ球団を買収したため、保有株は30％がニッポン放送に、15％がTBSに譲渡された。

球団名が横浜ベイスターズに変わるのは1993年。大洋漁業がCIで社名をマルハに変えたことを機に、球団名から企業名をはずし、地域密着を目指す方針に転換した。

そのマルハも球団の赤字に耐えきれず、2001年に保有株の譲渡先を模索。第2位株主のニッポン放送に譲渡しようとしたところ、ニッポン放送がヤクルト球団株を20％保有するフジテレビの親会社であったことから、オーナー会議で承認が下りず、窮余の策として第3位株主のTBSへの譲渡で決着する。

そのTBSも、自社の収益悪化とともに球団の保有を断念。2011年秋、DeNAがTBS及びBS-TBSの保有株（合計66・92％）を取得してプロ野球に参入。球団名も横浜DeNAベイスターズに変更、球団社長にマーケティングのプロである、弱冠36歳の池田純氏を送り込んだ。

新体制となった球団は、横浜スタジアムとの間で、チケット売上げの25％だった球場使用料を13％に引き下げる交渉に成功。あらゆる集客作戦を講じ、球団買収からの5年間で観客動員数を1・8倍にし、買収当時24億円あった赤字を縮小。2016年12月期での黒字化が確実になった。池田氏は任期満了を待たずに2016年シーズン終了後すぐに辞任。後任には元総務省官僚の岡村信悟氏が就任した。

球団は2016年1月、TOB（株式公開買付）により球場運営会社である㈱横浜スタジアムの買収に成功。2016年シーズンから球場と球団の一体経営が実現している。

5年間で動員数、売上高ともに1・8倍増

ベイスターズ驚異の成長ぶりと、どんな施策でこの驚異の成長が実現したかは、既に多数の報道が出ているのでここでは触れず、もっぱら数字に着目してみたい。

球団が官報公告を開始したのは2005年12月期から。当然貸借対照表のみの公告で、損益計算書は公告されていない。

２０１１年12月期以降も損益計算書の公告はされていないが、池田前社長が自身の著書『空気のつくり方』（幻冬舎）で、２０１１年12月期から２０１５年12月期までの５期間の売上高と当期純損益を開示している。

これによると、２０１１年12月期は51億円の売上高に対し、24億円の赤字。２０１２年12月期は58億円の売上高に対し、19億円の赤字。２０１３年12月期は68億円の売上高に対し、19億円の赤字。２０１４年12月期は77億円の売上高に対し14億円の赤字。２０１５年12月期は93億円の売上高に対し、３億円の赤字。そして２０１６年12月期は晴れて黒字化する見込みだという。

官報公告で出てくる当期純損益は、この数値とはだいぶ違うので、官報公告に出ている数字は親会社による補填後の数字と考えられる。

親会社のＤｅＮＡが開示しているセグメント情報では、２０１５年３月期（球団は12月決算だが親会社は３月決算）からスポーツ事業セグメントが独立しており、売上高は池田氏の公表数値と微妙に違うものの、ほぼイコール。

セグメント情報では10億円の営業赤字で、当期純損益は３億円の赤字ということは、営業外損益もしくは特別損益での底上げがあるのか、或いは

単位：百万円

決算期	親会社決算セグメント情報ベース		
	売上高	内部取引	営業利益
04/12	－	－	－
05/12	－	－	－
06/12	－	－	－
07/12	－	－	－
08/12	－	－	－
09/12	－	－	－
10/12	－	－	－
11/12	－	－	－
12/12	－	－	－
13/12	7,765	0	▲1,389
14/12	9,892	4	▲1,003
15/12	－	－	－

球団単体では営業黒字だが、連結処理の過程でセグメント情報上は営業赤字になってしまうのか、そのあたりは解明できていない。

いずれにしても、赤字は観客動員数増に伴う増収によって解消に向かったことは間違いないだろう。

5年間でスポンサー収入の構成比が上昇？

それでは売上げ構成はどうなっているのだろうか。ＴＢＳ時代末期の２０１１年１月、週刊東洋経済の取材で加地隆雄社長（当時）にインタビューをした際には、年商は85億円で、チケット収入が30億円、放映権が35億円、スポンサー収入が15億円、グッズが5億円という回答を得ている。

ただし、放映権の35億円のうち、真水は10億円で、25億円は実質ＴＢＳからの赤字補塡の意味あいが強そうだった。とすると、当時の実質的な年商は60億円弱で、チケットが5割、放映権が17％、

横浜DeNAベイスターズの財務数値集計表

決算期	官報公告ベース							売上高	来場者数（千人）				シーズン順位
	総資産			負債		総資産			ホーム総計	公式戦		CS・日本シリーズ	
		流動	固定		流動		当期純益			ホーム	ロード		
05/12	2,989	1,039	1,949	1,661	1,481	1,327	0.5	4,500	976	976		–	3
06/12	2,814	972	1,841	1,482	1,300	1,330	3	5,100	1,106	1,106		–	6
07/12	2,671	922	1,748	1,335	1,164	1,335	4	5,700	1,231	1,231		–	4
08/12	2,443	892	1,550	1,105	928	1,336	1	5,200	1,129	1,129	1,844	–	6
09/12	2,053	537	1,516	1,220	1,012	833	▲503	5,800	1,246	1,246	2,045	–	6
10/12	2,859	1,374	1,484	2,025	1,824	834	1	5,600	1,209	1,209	1,982	–	6
11/12	2,139	611	1,527	1,304	1,100	834	0	5,100	1,102	1,102	1,840	–	6
12/12	4,035	2,590	1,444	3,321	3,127	712	▲121	5,800	1,165	1,165	1,922	–	6
13/12	2,292	820	1,472	1,616	1,425	676	▲36	6,800	1,425	1,425	1,924	–	5
14/12	2,476	972	1,504	1,835	1,646	640	▲35	7,700	1,564	1,564	1,917	–	5
15/12	2,750	1,201	1,549	2,045	2,026	705	64	9,300	1,813	1,813	2,197	–	6
16/12	–	–	–	–	–	–	–	10,300	1,939	1,939	2,186	–	3

売上高は11年12月期~15年12月期は球団公表値。それ以外は推定値。来場者数はNPB公表値。

グッズが8%、スポンサー収入が25%強という構成だったことになる。動員数が1・8倍になっているので、チケット収入は少なくとも1・8倍以上にはなっているはずで、2017年シーズン分の年間指定4500席も12月中旬に完売しているので、チケット単価自体も上がっているはずだ。

現在の構成比もおそらく当時のままではなく、グッズとスポンサー収入の構成比は上がっているだろう。ベイスターズはセ・リーグチームの中では冠試合が多く、肌感覚では主催ゲームの8割くらいは冠試合になっている印象だ。ゲームスポンサー営業に強く、年間指定の販売力もあるとなれば、他のスポンサー営業も当然強いだろう。球場との一体化で、スポンサー営業はメニューの幅が広がり、動きやすくもなったはずだ。

放映権に関しては、首都圏球団であるため、地上波での放送は殆どないが、BS、CSでは前オーナーという立場ゆえか、TBSが主催全試合を放送している。また、ベイスターズはインターネット放送のチャネルが12球団中最も多い。スポナビ、ニコニコ動画、DeNAのショールームの3媒体に加え、DAZNが加わった。

中継の基本映像を自社制作しているので、横浜スタジアム入口付近のビヤガーデンに大型のモニターを設置し、基本映像を流している。チケットを持っていなくても入れる場所でのパブリックビューイングを、シーズン中通して流せるのは、基本映像を自社制作していればこそだろう。

年俸総額は下位の常連

費用はどうか。球場使用料は、ＤｅＮＡが親会社になってからしばらくは、料率引き下げ交渉の成功が効いた感があるが、チケット収入に比例する条件設定なので、観客動員数の増加とともに、元の水準に戻りつつある。

球場を子会社化して以降、賃料条件が従来通りなのかどうかは、㈱横浜スタジアムの２０１７年１月期決算開示でわかるだろう。

球団経営会社にとって最大のコストである選手年俸総額はどうか。２００６年シーズン以降の11年間の年俸総額を追ってみると、広島ほど安くはないが、低位で安定していることがわかる。成績が悪いから上げようがないのか、年俸が安いから勝てないのか。フロントの混乱もあり、ＦＡ権を取得した主力選手が抜けるので、年俸総額も下がってしまう。内川聖一選手が抜けた２０１１年は12球団中9位だったし、村田修一選手が抜けた２０１２年は11位。２０１３年に5億円近く増えて、順位も8位に上がったのは、中日からブランコ選手を2億円で、メジャーからモーガン選手を1億５０００万円で獲得したことが効いている。

が、２０１５年、２０１６年は他球団の年俸総額の上昇幅が相対的に大きかったため、２年連続で最下位だった。

池田前社長は、「せっかく育った選手に、年俸で報いることができずに出ていかれてしまうようなことは、二度とないようにしたい」と言っていた。

２０１６年シーズンは広島よりも下位の12球団中最下位だったが、初のクライマックス進出で、２０１７年シーズンは順位を上げるはずだ。

球場株式が資産計上されるのは２０１６年12月期から

次に貸借対照表に着目してみたい。長年多額の赤字に苦しみ、ようやく単年度黒字が実現しようという段階なので、純資産はわずか7億円。自己資本比率にすると25％。高いとは言い難いが、上場会社でもこのくらいは十分許容範囲なので、イメージほど低くない。

資産の方は、２０１０年12月期と２０１２年12月期に一時的に流動資産が大きく増え、それが総資産も底上げしている。流動負債も同額増えているので、赤字補填以外に親会社が融資の形で資金支援をした可能性がある。

固定資産がそこそこの金額計上されており、横須賀市の選手寮・青《せい》

横浜ＤｅＮＡベイスターズの年俸総額推移

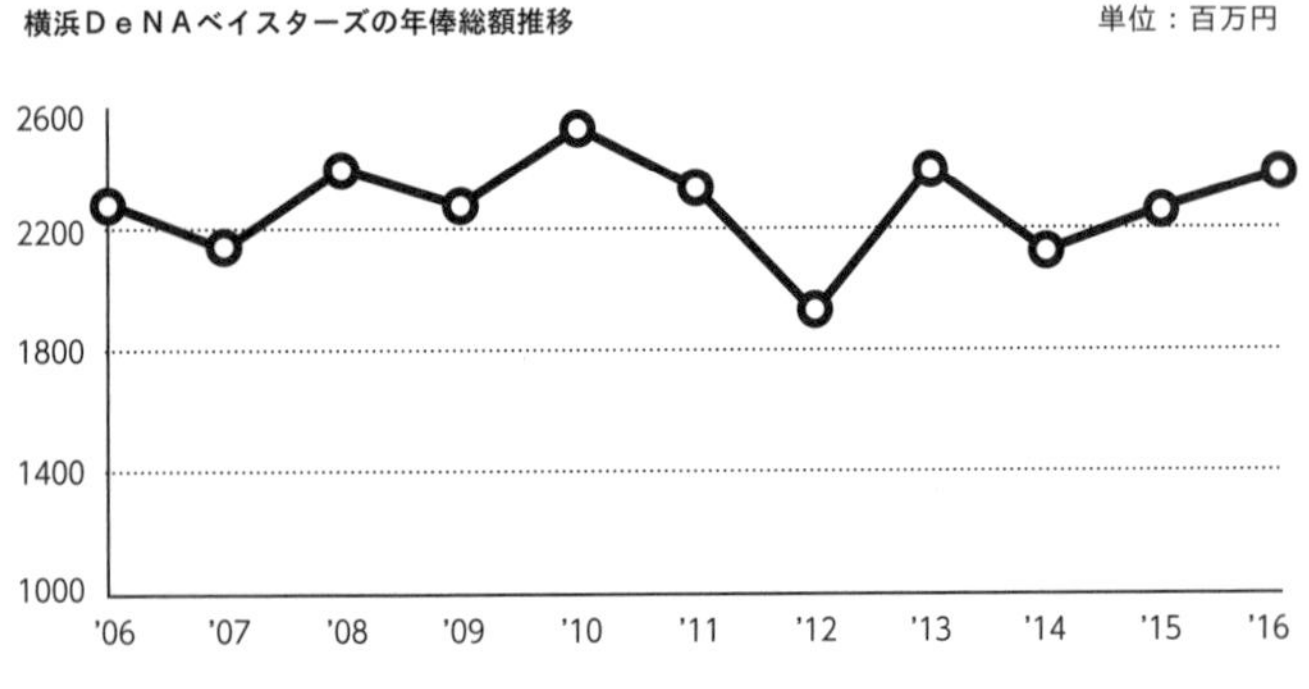

星寮《せい》などだろうか。2軍の本拠地である追浜公園内の横須賀スタジアムは横須賀市の所有で、球団と一般社団法人シティサポートよこすかが共同で指定管理者となって運営しているので、球団の資産ではない。

尚、横須賀市は横須賀スタジアムに隣接する第2、第3球場を廃止して総合練習場を整備。同公園の一部を都市公園からはずし、ここにベイスターズが新しい選手寮を建てる計画を2016年4月に公表している。

公告済みの官報は2015年12月期までなので、TOBで取得した横浜スタジアムの株式はまだ資産に反映されていない。TOBは2015年11月から2016年1月にかけて実施されたからで、2016年12月期の貸借対照表には反映されるはずであり、少なくとも買収にかかった74億円分の株式が載ってくるはずだ。

ちなみに、2011年暮れの球界参入時に支払い、10年後に戻ってくるはずの保証金25億円が球団の貸借対照表には見あたらない。この分は球団ではなく親会社側で資産計上されているのだろう。

運営会社で建てて横浜市に寄贈、見返りに施設利用権

次に球場の経営状況を見てみよう。横浜スタジアムは底地を財務省が所有し、上物は横浜市が所有。球場の運営は㈱横浜スタジアムが請け負う形になっている。

球場の建設と球団の横浜への誘致は、後に社会党委員長に転出する、名物市長・飛鳥田《あすかた》一《いち》雄《お》氏が心血を注いだ一大事業。

横浜市の財政が苦しい中、運営会社である㈱横浜スタジアムが、株主にはむこう45年間、年間指定席が与えられる特典付きで、払い込み総額20億円、ひと口２５０万円で、８００口の公募増資を実施。市内の企業３０２社、市民２９３名から出資を募って52億円の建設費のうちの20億円を賄った。

50名以上から出資を募ったためか、㈱横浜スタジアムは有価証券報告書提出会社である。筆者が入手出来たのは２００１年12月期以降の有価証券報告書なので、そこから数字をピックアップして集計したものが下記の表だ。

完成したスタジアムは、１９７８年３月18日付で㈱横浜スタジアムが横浜市に寄贈。その見返りに、45年間にわたってプロ野球興業開催にあたっての優先使用、売店経営、広告掲出やテレビ、ラジオの放送許可、アマチュア利用等に

金額の単位は一株あたり配当のみ円、それ以外は百万円

決算期	純資産	利益余剰金	自己資本比率	配当	一株あたり	配当性向	ROE
01/1	12,835	9,355	93.17%	174	25	26.1%	5.20%
02/1	13,121	9,641	93.89%	174	25	36.2%	3.66%
03/1	13,254	9,774	94.70%	174	25	53.5%	2.45%
04/1	13,391	9,911	93.98%	174	25	55.9%	2.43%
05/1	13,459	9,979	94.56%	174	25	71.2%	1.89%
06/1	13,520	10,040	94.21%	174	25	73.5%	1.82%
07/1	13,693	10,214	94.01%	209	30	58.4%	2.62%
08/1	13,929	10,450	93.09%	174	25	39.1%	3.22%
09/1	14,099	10,619	93.83%	174	25	50.7%	2.44%
10/1	14,209	10,730	93.50%	174	25	61.1%	2.00%
11/1	14,305	10,826	93.43%	174	25	64.4%	1.88%
12/1	14,288	10,822	94.12%	174	25	102.6%	1.19%
13/1	14,418	10,938	93.56%	174	25	59.8%	2.02%
14/1	14,602	11,121	93.16%	174	25	48.8%	2.44%
15/1	14,778	11,298	92.61%	174	25	49.7%	2.37%
16/1	15,049	11,568	92.85%	174	25	39.2%	2.95%

伴う施設管理業務委託を受ける契約を横浜市との間で締結している。

横浜市は清掃、グラウンド整備、防火設備のメンテナンスや機械設備の保守点検などの業務を㈱横浜スタジアムに委託しており、その対価も横浜市から同社に支払われている。

寄贈時点で総工費相当額の52億円の施設利用権を、㈱横浜スタジアムは資産計上したはずで、45年の契約期間に対応し、45年償却で減価償却を実施し続けてきたのだろう。改修の都度、改修部分を横浜市に寄贈し、その分が施設利用権として固定資産勘定に上乗せされるので、施設利用権の残高の減り具合は年度によって異なるが、1978年から38年を経て、施設利用権の残高は4億4800万円まで減っている。

この契約方式は楽天球団と宮城県の間の契約とそっくりだ。寄贈契約に基づき、㈱横浜スタ

横浜スタジアムの財務数値集計表

決算期	売上高	うちベイスターズ	営業利益	営業利益率	当期純利益	純資産	金融資産	施設利用権	設備工事負担金	設備投資	減価償却
01/1	4,487	1,116	1,115	24.8%	667	13,776	10,609	2,402	326		411
02/1	3,991	1,038	875	21.9%	481	13,973	11,011	2,096	526	491	472
03/1	3,534	914	516	14.6%	325	13,995	10,983	1,742	826	667	517
04/1	3,542	928	500	14.1%	325	14,248	11,291	1,671	856	678	496
05/1	3,348	817	396	11.8%	255	14,232	11,405	1,360	1,068	517	508
06/1	3,409	789	374	11.0%	246	14,351	11,608	1,060	1,158	393	518
07/1	3,651	791	466	12.8%	357	14,565	11,773	847	1,434	533	470
08/1	3,796	894	504	13.3%	444	14,962	12,292	633	1,523	428	495
09/1	3,722	785	430	11.6%	343	15,026	12,701	420	1,476	306	508
10/1	3,519	785	376	10.7%	284	15,196	13,051	321	1,361	250	412
11/1	3,349	731	346	10.3%	270	15,310	13,223	458	1,242	206	354
12/1	3,182	667	200	6.3%	169	15,180	13,223	442	1,130	285	345
13/1	3,090	384	364	11.8%	290	15,410	13,218	557	1,145	286	349
14/1	3,577	477	386	10.8%	356	15,674	12,304	735	2,051	1,577	505
15/1	3,643	668	369	10.1%	350	15,956	12,725	609	2,103	389	526
16/1	3,963	793	438	11.1%	444	16,207	12,572	484	2,582	908	575

出所：有価証券報告書。

ジアムが都市公園法5条の管理許可を得ている点もそっくりだが、㈱横浜スタジアムが横浜市に支払う対価の規定は少々特殊だ。

球場は横浜公園の中にあり、底地の所有者は財務省。横浜市は公園用地として財務省から公園全体の底地を無償で借りている。無償なのはあくまで公共性が高い公園用地としてだから。

このため、球場で有料興業を実施するとなると、横浜市は財務省から使用料を請求されるので、財務省からの請求額をそのままスルーで㈱横浜スタジアムに請求する形がとられており、横浜市はこれ以外の使用料は徴収していない。

33年間で積み上がった金融資産は130億円超

楽天方式と決定的に違うのは、球場運営会社と球団が一体ではなかった点だ。球団は球場に賃料を支払い、しかも飲食・物販や広告看板の収入は全て球場のもの。実際、球団は長年、多額の赤字に悩み続けるわけだが、球場は着実に利益を積み上げていることがわかる。

TBSがDeNAに球団株式を譲渡する前年の2011年1月期決算の期末時点で、純資産は143億円。このうち利益の蓄積である利益剰余金は108億円に上り、自己資本比率は何と93・4％。

開場から33年間で積み上がった現預金は、国債など安全資産で運用されていて、固定資産勘定に計上されている有価証券の大半は現金化がたやすい資産ばかり。総資産１４４３億円のうち、実に１３２億円が金融資産という、大変なキャッシュリッチぶりだった。

㈱横浜スタジアムは年間25円の配当もきっちり実施し、それでもなおこれだけキャッシュが積み上がった。

球場収入の中心はやはり飲食物販だ。球場使用料の料率もさることながら、飲食物販を球団に渡さなかったことも、スタジアムの利益とキャッシュが積み上がった原因だろう。

ＤｅＮＡにオーナーが交代した際、チケット売上げスライドの賃料の料率を、交渉して25％から13％に引き下げているが、前述した通り、㈱横浜スタジアムは有価証券報告書提出会社である。当然球団側も、この豊かなフトコロ具合はわかっていたはずで、なぜ交渉できなかったのか不思議だ。

２０１７年３月もしくは４月には開示されるであろう２０１７年１月期決算は、ＴＯＢ後初の決算になる。

スタジアムのキャパは現在、12球団の本拠地の中では最も少

横浜スタジアムの売上構成推移　　単位：百万円

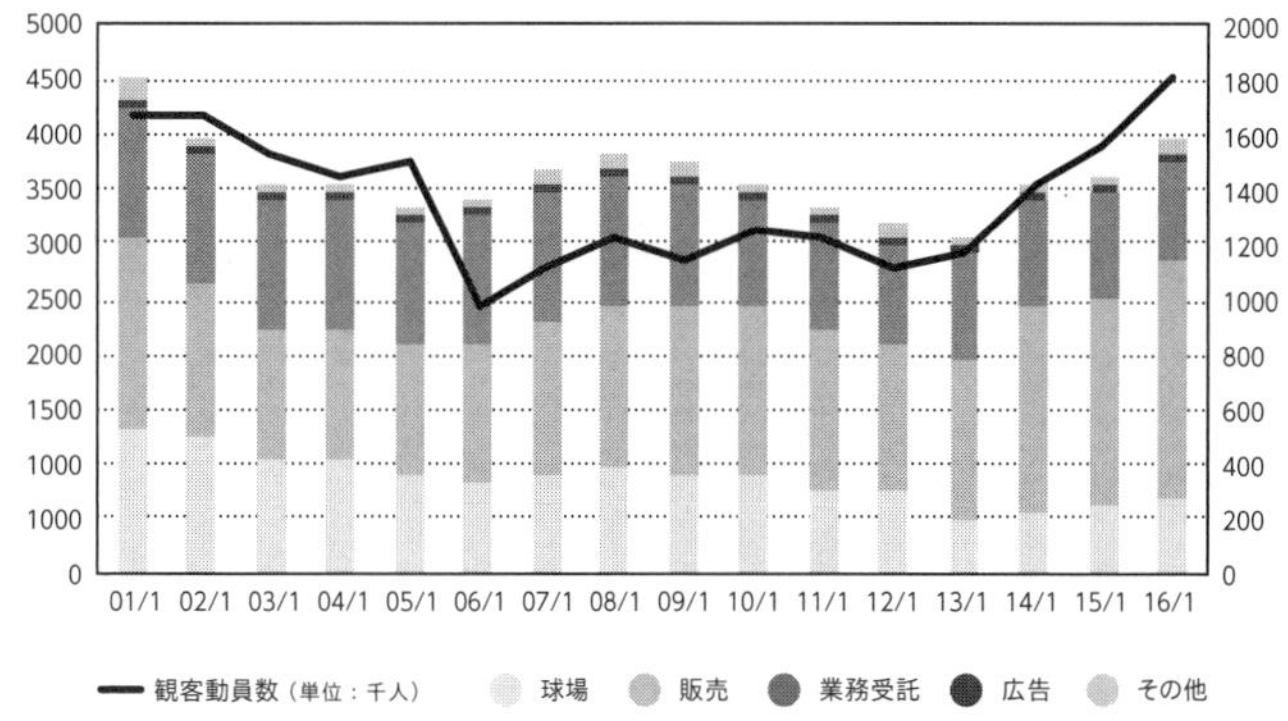

ない2万8966人。２０１６年シーズンの平均稼働率は93％に達している。収容人数の拡大は喫緊《きっきん》の課題だし、五輪会場に選ばれた以上は、相応の改修も実施しなければならない。

実際に大規模改修を行えば、数十億円単位で資金は消えていくわけで、球団としては、この潤沢な金融資産をいかに有効に使うか、その手腕が問われるところだろう。

追い出せる少数株主を追い出さなかったワケ

少々専門的な話になるが、２０１５年11月から２０１６年1月にかけて実施したＴＯＢで、球団は㈱横浜スタジアムの発行済み株式総数の76％を握った。２００５年施行の会社法は、議決権の３分の２以上を握った株主に、残りの株主から、その保有株式を強制的に買い取れる権利を認めた。

つまり、3分の2を握ったら、残りの株主が売りたくないと言っても、強制的に買い上げてしまうことができるようになった。強引極まりないが、経団連の強い強い意向で会社法に盛り込まれてしまった。

従って、球団も残り24％弱の株主から、保有株を強制的に買い上げる

顧客満足度調査（順　位）

	総合満足度		チーム成績	チーム選手	球場	ファンサービス地域振興	ユニホーム・ロゴ	応援ロイヤルティ	観戦ロイヤルティ	成績
		セ								
2016年1月	11	5	11	9	10	7	11	9	7	リーグ6位
2015年1月	11	5	11	11	12	8	10	10	9	リーグ5位
2014年1月	10	5	11	10	10	8	11	10	8	リーグ5位
2013年1月	12	6	12	11	12	11	12	11	11	リーグ6位
2012年1月	12	6	12	12	12	12	12	12	11	リーグ6位
2011年1月	12	6	12	12	12	12	12	12	12	リーグ6位
2010年1月	12	6	12	12	11	12	11	11	12	リーグ6位

ことが、制度上は可能だったのだが、敢えてそれをしなかった。なぜか。
株主の中に横浜市がいたこと。そして株主の多くが一般市民や地元企業であり、地元密着の市民球団を目指す上で、彼らの支持を失うことは回避したかったからだろう。

横浜市はそもそも球場の所有者である。45年の契約は２０２３年に切れる。45年の契約期間が満了したら、その先はどうするのか、契約にはまったく謳《うた》われていないという。

ＪＲ関内《かんない》前にして緑豊かな横浜公園内という抜群の立地。この場所を今後も本拠地にして行こうと思えば横浜市との連携は絶対条件になる。

横浜市は横浜市で、日本大通りを挟んで球場の向かい側に市庁舎を構え、２０２０年に移転した後の跡地利用計画については、未だ決まっていない。五輪を控え、球団と球場との連携は、横浜市にとっても必要不可欠なはずだ。

最新調査では劇的に順位が上がる可能性あり

慶應大学鈴木教授の顧客満足度調査では下位の常連。成績が他の項目の評価も下げてしまう典型だ。特に２０１５年シーズンは前半を首位で

顧客満足度調査（スコア）

	総合満足度	チーム成績	チーム選手	球場	ファンサービス地域振興	ユニホーム・ロゴ	応援ロイヤルティ	観戦ロイヤルティ	成績
2016年1月	57.99	37.03	58.93	57.75	60.77	61.74	65.68	64.94	リーグ6位
2015年1月	53.73	33.37	54.45	56.69	58.49	60.64	61.06	61.70	リーグ5位
2014年1月	53.63	33.16	54.94	57.23	57.82	59.56	69.29	70.88	リーグ5位
2013年1月	48.81	21.24	47.16	53.62	51.73	57.61	65.05	66.29	リーグ6位
2012年1月	38.89	13.48	36.59	51.40	44.60	52.65	55.83	56.83	リーグ6位
2011年1月	43.06	14.63	39.34	51.53	47.97	58.25	53.97	52.77	リーグ6位
2010年1月	46.18	14.06	49.09	53.81	50.26	60.97	55.29	55.87	リーグ6位

2016

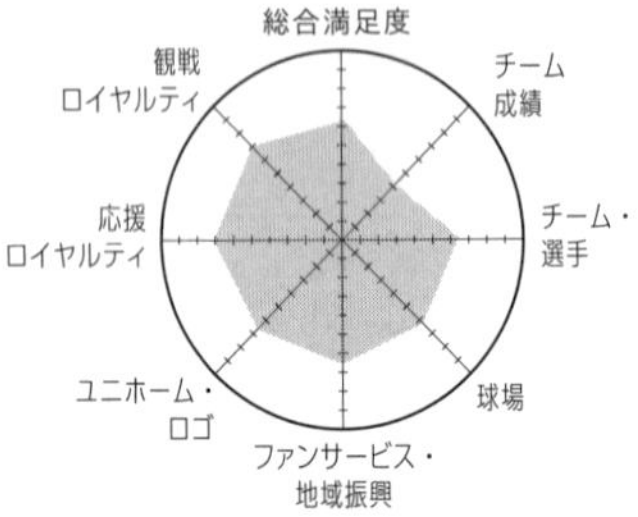

2015

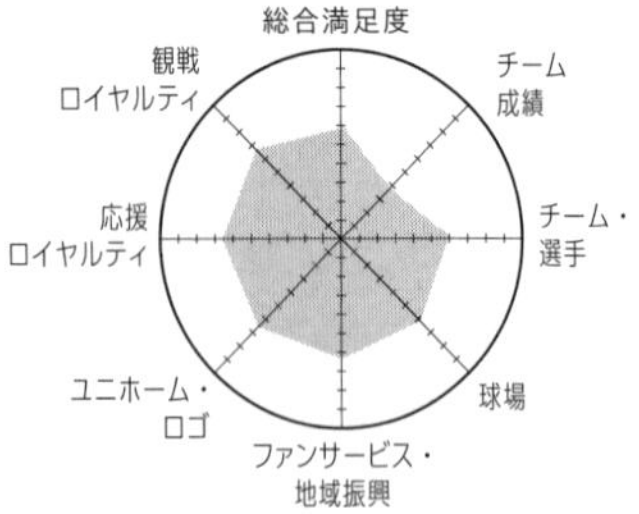

2014

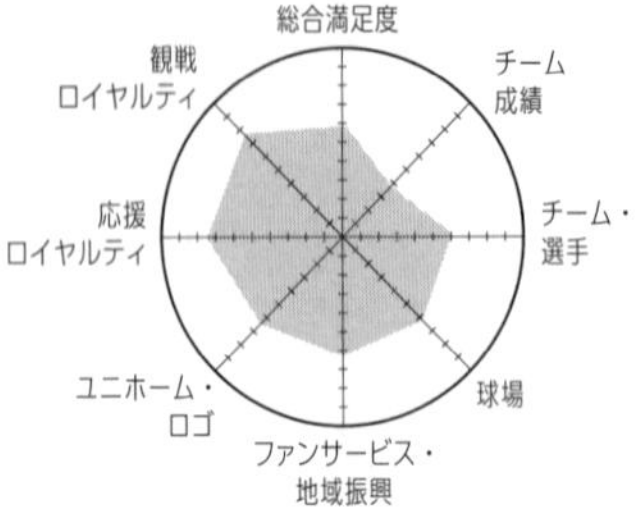

2013

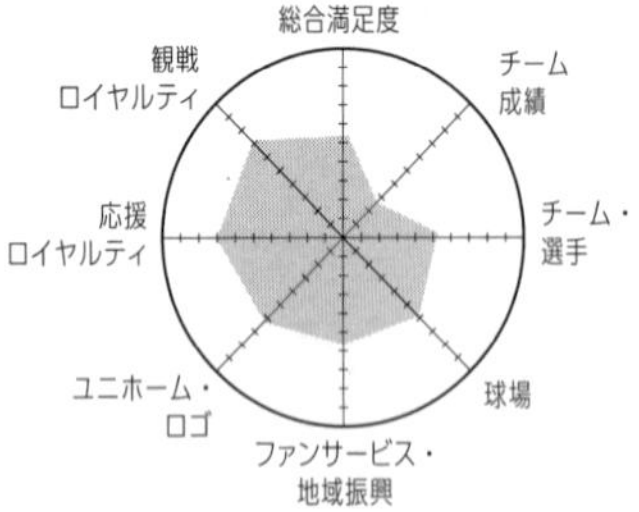

2012

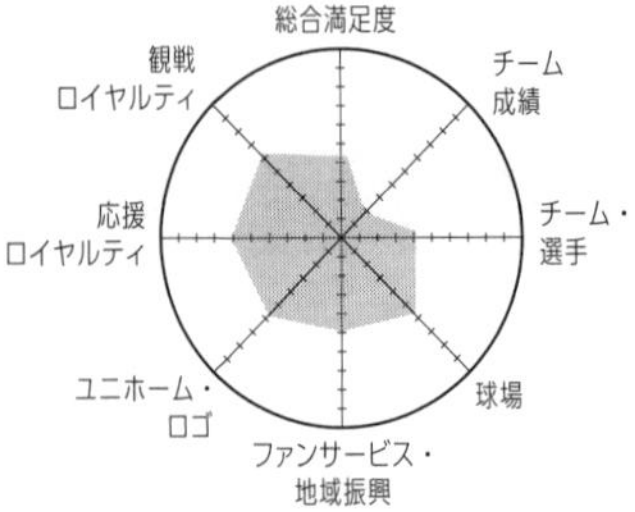

2011

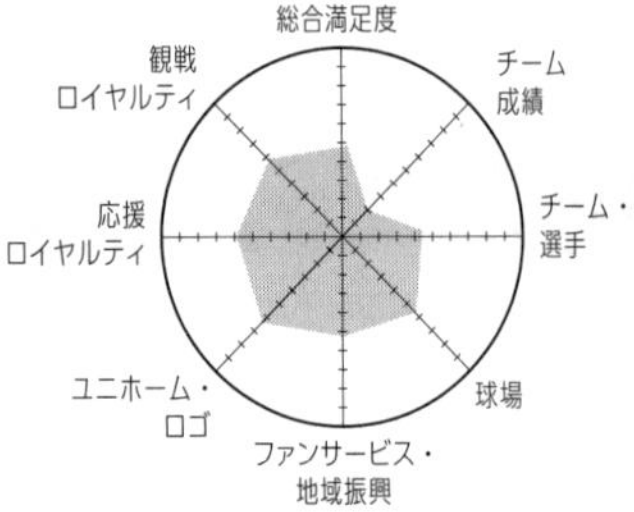

折り返しながら、後半で失速してまさかの最下位。これでは期待させられた分、落胆も大きかろう。

親会社交代初年度の2012年シーズンが対象となっている2013年1月の調査ではどちらも11位だが、翌2014年1月の調査ではこの2項目だけが8位に浮上している。調査対象は親会社交代から2年目となる2013年シーズン。観客動員数が前年の116万人から142万人にハネ上がっており、ファンサービスへの評価は観客動員数に現れていると言っていい。

問題の2016年1月調査対象の2015年シーズンも、この2項目だけはさらに上昇しており、ファンは球団側のファンサービスに向けた努力を評価していることがわかる。

それでもファンサービスや観戦ロイヤルティには変化の兆しが現れている。2016年シーズンは初めてクライマックス進出を決め、しかもファーストステージではジャイアンツを破った。2017年1月の調査では劇的に順位が上がる可能性大だ。

40年前の教訓が今も生き続ける球界

最後に、TBSはなぜギブアップしたのか、検証してみた。TBSが球団を売却したのは

２０１１年暮れだから、２０１２年３月期決算の期中。その前の期の２０１１年３月期、ＴＢＳの営業利益はわずか77億円。これで24億円の赤字子会社は抱えられない。

２０１２年３月期はおそらくＤｅＮＡが赤字補塡をしているはず。そんな理由からか、ＴＢＳの営業利益はいきなり45億円弱も改善している。


さらに遡ってマルハがＴＢＳに球団を売った時のマルハの営業利益は１０８億円。これで20億〜30億円の赤字補塡は無理だ。一方、ＴＢＳの営業利益は当時は３５０億円あった。

ついでに、ベイスターズ以外の11球団のうち、親会社がない広島を除く10球団の親会社のうち、売上高と営業利益が公表されている9社について、２００４年のソフトバンク、楽天の参入時と、２０１１年のＤｅＮＡ参入時、そして直近の３つの時点の売上高と営業利益を集計し、次ページの表にまとめた。

球界に於ける発言力が、利益水準が高いかどうかは全く関係がなく、しかも年功序列（球界への参入順）ですらないことがわかる。

同時に、新規に参入しようとする企業は必ず、「簡単に売られては困る」「長く保有できる収益力が必須条件」などと言われるわけだが、それはフライヤーズを1年で手放した日拓、ライオンズを4シーズンで手放した太平洋クラブや、２シーズンで手放したクラウンライターが残した教訓にほかならない。ダイエーはまがりなりにも16年間保有し続けたためか、短期間での譲渡の引き合いに出されることはまずない。

日拓、太平洋クラブ、クラウンライターが短期間で球団を手放したのは、それぞれ１９７３年、１９７６年、１９７８年。最後のクラウンライターの球団譲渡から、既に40年近くが経過している。

各球団の大半の現場スタッフにとっては、自分が生まれる前、もしくは生まれていても、物心がつくかつかないかの時代の話のはずだが、それでもこの40年近く前の教訓が、今も昨日のことのように語られる。それが球界というところなのだ。

球団親会社の業績　　単位：百万円

球　団	親会社	決算期	売上高	営業利益
北海道日本ハムファイターズ	日本ハム	2004/3	926,019	23,625
		2011/3	989,308	33,175
		2016/3	1,240,728	46,340
福岡ソフトバンクホークス	ソフトバンクグループ	2004/3	517,393	▲54,893
		2011/3	3,004,640	629,163
		2016/3	9,153,549	999,488
埼玉西武ライオンズ	西武ホールディングス	2004/3	414,731	23,146
		2011/3	459,096	31,204
		2016/3	508,081	65,956
東北楽天ゴールデンイーグルス	楽 天	2003/12	18,082	4,750
		2010/12	346,144	63,766
		2015/12	713,555	94,689
オリックスバファローズ	オリックス	2004/3	720,773	84,775
		2011/3	970,110	73,960
		2016/3	2,369,202	287,741
読売ジャイアンツ	読売新聞グループ6社連結	2004/3	479,490	21,208
		2011/3	423,086	18,016
		2016/3	384,329	17,478
阪神タイガース	阪急阪神ホールディングス	2004/3	307,384	22,155
		2011/3	638,770	64,743
		2016/3	707,359	110,293
東京ヤクルトスワローズ	ヤクルト本社	2004/3	238,847	16,394
		2011/3	305,944	20,401
		2016/3	390,412	40,057
中日ドラゴンズ	中日新聞社（単 体）	2004/3	164,848	12,626
		2011/3	144,092	473
		2016/3	136,722	5,089

ロッテは親会社の業績開示なし。ライオンズは2004年3月期のみ西武鉄道の実績。
カープは市民球団のため親会社なし。タイガースは2004年3月期のみ阪神電気鉄道の実績。

ベイスターズ親会社の業績　　単位：百万円

親会社	決算期	売上高	営業利益
DeNA	2011/3	112,728	56,096
	2012/3	146,501	60,262
	2016/3	143,709	19,816
TBSホールディングス	2001/3	289,560	35,826
	2002/3	291,255	31,242
	2004/3	295,015	25,271
	2011/3	342,754	7,705
	2012/3	346,538	12,162
	2016/3	348,539	17,179
マルハニチロ	2001/3	891,117	10,896
	2002/3	841,017	8,088
	2016/3	884,811	16,972

マルハニチロは2001年3月期と2002年3月期はマルハの実績。

阪神タイガース

球場収益がなくても黒字が出せる圧巻の集客力

●ミニ球団史

1935年に阪神電気鉄道が創設。ジャイアンツに次いで2番目に古い球団で、本拠地球場を1度も替えていない唯一の球団であり、ジャイアンツ、中日ドラゴンズとならぶ、球団創設以来度も親会社が替わっていない3球団の1つ。

球団名は創設から1940年9月までが大阪タイガース、1940年9月から1944年までが阪神軍。戦争による中断を経て、1946年から1960年までが大阪タイガース、1961年に現・球団名の阪神タイガースに変更された。

本拠地が甲子園球場であるため、春、夏の高校野球の期間中は京セラドームでホームゲームを開催する。

保護地域は保護地域制度発足以来一貫して兵庫県だが、オリックスがバファローズと合併し、兵庫県と大阪府のダブルフランチャイズになった2005年から2007年までの間は、公平性を保つため、阪神も兵庫県と大阪府のダブルフランチャイズだった。

「どこにでもいる阪神ファン、どこにでも行くロッテファン」と言われる通り、関西地区での絶対的な人気に加え、全国どこにでも熱心なファンがおり、その総数は1000万人とも2000万人とも言われる、球界屈指の人気球団だが、2012年以降観客動員数は300万人割れが続いている。

驚異のキャッシュフロー

阪神タイガースの本拠地・甲子園球場は阪神電鉄の所有である。従って、球場の飲食・物販収入や広告看板収入は、球団には入っておらず、球団の収入はチケット収入、スポンサー収入、放映権、ファンクラブ会費、グッズ、ロイヤルティなどだろう。

官報公告開始は2004年12月から。公告開始当初2年間は12月決算だったが、3期めから3月決算に変わった。

総資産は2016年3月期末時点で152億円あり、そのうち143億円が流動資産。球場資産は親会社の所有であるため、流動資産の大半が現預金である可能性が高い。

2005年12月期末時点と、2007年3月期末時点で総資産の金額が大きく違うのは、年間シートやファンクラブ会費、スポンサー収入などの入金が終わる3月への決算期変更によるものと考えられる。

甲子園球場開催ゲームでのチケット販売状況を見ると、1塁側、3塁側の内野席はそれぞれアイビーシート、ブリーズシートと命名されていて、このアイビーシートとブリーズシートは一般向けに販売されているが、甲子園全体の1割弱を占めるネット裏の約5000席は、シーズン中一般売りされないので、全て年間シートとして完売しているものと考えられる。価格は1席あたり39万〜60万円なので、平均50万円で5000席とすると、このゾーンだけで25億円の売上げが立つ計算だ。

また、アイビーシート、ブリーズシートもかなりの割合が年間指定で販売されており、売れ残ったものだけが一般に売りに出されている。このゾーンも1席あたりアイビーシートで28万〜42万円、ブリーズシートで22万〜38万円する。

外野席の中段一帯も年間指定席になっており、シーズンが始まる直前の時点で、相当額のキャッシュが貯まっていても不思議ではない。

尚、甲子園球場は2007年のシーズンオフから2009年のシーズンオフの3シーズンかけ、シーズンオフに21世紀の大改修と称する大規模改修工事が実施されている。

阪急阪神ホールディングスの2008年3月期有価証券報告書記載の設備投資計画では、阪神電鉄の計画として200億円の投資予定額が記載されている。

従って、21世紀の大改修は、球場を所有する阪神電鉄が行ったもので、球団がこの改修に伴って資産を取得した形跡はない。

チケット収入は巨人の半分以下?

２０１１年１月に広報担当の四藤慶一郎常務取締役（当時。現・球団社長）にインタビューした際、売上げ構成がチケット収入６割、放映権15％、グッズとファンクラブ会費が10％ずつ、ロイヤルティ収入が５％というコメントを得ている。

極めておおざっぱだが、ボリュームゾーンのアルプス席のチケット単価が２５００円（ファンクラブ２３００円）、外野が１９００円（ファンクラブ１７００円）、アイビーシート、ブリーズシートの年間指定分の１試合あたりの１席単価がざっと４５００円（外部販売価格と同じ）、ネット裏の年間シート単価が１席７０００円とすると、球場全体で２４００～２５００円前後が平均単価ではないだろうか。

同じような観客動員数の巨人のチケット売上単価は推定で５６００円なので、巨人の単価は阪神の2倍以上という計算になる。

プロ野球のチケットの単価という点では、やはり巨人の単価は異常に高いので、巨人は法人対象の年間シート中心の販売なのだろうと思う一方で、甲子園の年間シートはかなり割安な印象を受ける。

実際、年間シートの単価をゲーム数で割ってみると、最高額のネット裏最前列付近の席でも１ゲームあたり１万３００円しかしない。

他球団よりも多そうな放映権収入、ロイヤルティ収入

ロイヤルティ収入が他球団とは比べものにならないくらい多そうなのもこの球団の特徴だ。何しろ世の中に出回っているタイガース関連のグッズは多い。球団のカタログに載っている、球団自身が製造販売しているグッズは、世の中に出回っているもののほんの一部にすぎない。以前、毎朝同じ車両に乗り合わせていた男性は、スーツ族ではなかったせいもあるが、とにかく春夏秋冬、毎日タイガースのロゴ入りの衣類を身につけていた。Tシャツ、トレーナー、パーカーから冬場のスタジアムコートに至るまで、取りそろえて持っていた。球団もロイヤルティ売上げは積極的に取りに行っている印象で、球団のウェブサイトにはライセンシー募集のコーナーが設けられている。

日本テレビが1シーズン分を一括で買い上げてしまうジャイアンツは例外として、阪神は放映権収入も他球団に比べると多そうだ。というのも、地上波の中継回数が12球団中断トツで多いのだ。

2016年シーズンで、ホーム開催の71試合中、中継がなかったのは7試合だけ。64試合はソフトバンクと並んで12球団中2位。

圧巻なのはビジター中継の回数だ。ビジターゲーム72試合のうち、48試合が地上波中継されており、これは日本ハム、広島の31試合を大きく上回る。ビジターゲームで中継がなかったのは24試合だが、このうち半分の12ゲームは巨人戦だ。日本テレビが独占放映権を得てい

るとしたら、日本テレビの許諾を得なければ放映できない。

球団に放映権料が入るのはホームゲームだけだが、これだけの回数の地上波放送があれば、他球団よりも放映権収入が多いのは当然だろう。

ちなみに中継で最も貢献しているのは独立系のサンテレビ。地上波放送がデジタル放送に移行するまでは、ＵＨＦと呼ばれていた放送局の１つ。関東圏ならＭＸやテレビ神奈川、テレビ埼玉や千葉テレビなどと同じ分類のテレビ局だ。

サンテレビはホームゲームの地上波放映回数64回中28回、ビジターゲームでは48回中27回、合計55回放送した。

選手年俸総額では上位の常連

利益も毎期着実に積み上げているせいか、２０１６年３月末時点で純資産は73億円。自己資本比

阪神タイガースの財務数値集計表

単位：百万円

決算期	官報公告ベース							売上高（推定）	来場者数（千人）				シーズン順位
	総資産			負債		総資産			ホーム総計	公式戦		CS・日本シリーズ	
		流動	固定		流動		当期純益			ホーム	ロード		
04/12	4,922	3,729	1,192	1,175	543	3,747	378	14,100	3,523	3,523		−	4
05/12	7,569	6,429	1,140	2,853	1,914	4,716	1,016	12,500	3,227	3,132		95	1
06/12	11,527	9,732	1,795	6,575	5,462	4,951	716	12,600	3,154	3,154		−	2
07/12	12,775	10,869	1,905	7,871	6,678	4,902	237	12,570	3,144	3,144		−	3
08/12	14,277	12,995	1,282	9,110	7,787	5,166	358	11,900	3,076	2,976	2,148	100	2
09/12	13,766	12,216	1,549	8,345	7,059	5,420	397	12,000	3,007	3,007	2,144	−	4
10/12	13,737	12,392	1,345	8,351	7,179	5,392	130	12,000	3,098	3,005	2,195	93	2
11/12	13,612	12,639	972	8,046	7,086	5,554	214	11,600	2,898	2,898	1,980	−	4
12/12	13,298	12,398	899	7,690	6,931	5,593	124	10,900	2,727	2,727	1,967	−	5
13/12	14,882	13,778	1,103	8,388	7,879	6,494	950	11,100	2,864	2,771	2,062	93	2
14/12	15,643	14,695	948	8,409	8,121	7,181	1,067	10,800	2,873	2,689	2,112	184	2
15/12	15,289	14,322	967	8,016	7,881	7,319	564	11,500	2,878	2,878	2,230	−	3
16/12	−	−	−	−	−	−	−	11,600	2,910	2,910	2,270	−	4

来場者数はNPB公表値。CS、日本シリーズはホーム開催時。
総計は公式戦ホームとCS、日本シリーズホーム開催時の合計。

率は47・8％。5割近い水準で、財務体質はかなり良好だ。

費用項目の代表格である選手年俸総額は12球団の中でも上位の常連。2006年からの11年間で総額が30億円を下回ったのは2013年シーズンのみ。

40億円の大台に乗った2011年は、久保康友投手に1億円アップの1億8000万円、ロッテから獲得した小林宏投手に1億7000万円、鳥谷敬選手に1億円アップの2億6000万円、ブラゼル選手に1億2000万円アップの2億円、マートン選手に1億円アップの2億円、複数年契約で藤川球児投手と城島健司選手に前年と同額の4億円ずつを支払っている。結果、巨人を抜いてトップに立った。

2013年に総額で10億円下がったのは、藤川、小林宏、城島の3選手が退団したため。2014年は呉昇桓《おすんふぁん》投手獲得で3億円使っているほか、メッセンジャー投手が1億3000万円アップの2億5000万円、マートン選手も1億1000万円アップで3億5000万円。そのほか、リーグ2位の成績に報いるためか、細かい昇給が多く、再び10億円上がっている。

近年はソフトバンクの年俸総額が急上昇、ジャイアンツを抜いてトップに立っているうえ、オリックスの年俸総額が急増しているため、順位こそ4位に後退しているが、球界屈指の集客力に裏打ちされた豊富な資金力で、選手に高額の報酬を支払う太っ腹球団だ。

ファンサービスは最低？

慶應大学鈴木教授の顧客満足度ではなかなかに面白い結果が出ている。ユニフォームやロゴのスコア順位は比較的高いのに、ファンサービスでは10位、11位という結果が続いているのだ。

球場の座席の居住性、ビジョンやフード、トイレに関しては球場の評価に入っており、ファンサービスで括っている項目の中には、選手との交流や地域住民へのサービス、貢献度や、チームが地域住民の誇りとなりシンボルとなっているかどうかが含まれている。

相変わらず12球団の中では高い集客力を維持しているとはいえ、動員数が３００万人を割る年が続いており、かつての勢いに翳《かげ》りが出ているのは確かだ。

その原因を筆者の身辺の阪神ファンに聞くと、「他球団から大枚をはたいてスター選手を連れてくる。まるでやってることが巨人」だからだと言う。この意見が全体を代表しているかどうかはわからないが、広島ファンが急増している理由が「自前の選手育成」と「少ない予算で有望選手を開拓している」点にある様なので、同じ理由で阪神ファ

阪神タイガースの年俸総額推移

単位：百万円

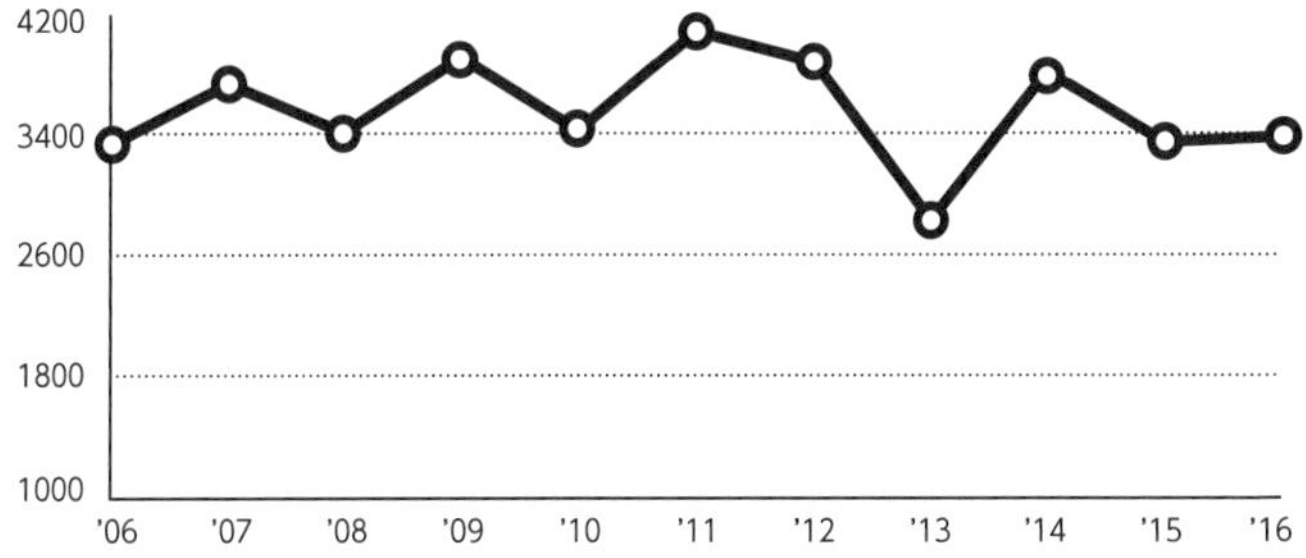

ンが減っているというロジックは納得性が高い。

もっとも、２０１６年シーズンは若手をずいぶん使った。結果は出なかったが、使い続ける我慢ができれば、選手のスコアだけでなく、「誇り」に思えてファンサービスのスコアも上がってくるのではないかと思う。

中途半端なアルプスの価格設定

ちなみに、甲子園球場の評価について個人的な意見を言わせていただくならば、座席の居住性は、内野のアイビー、ブリーズシートと、隣接するアルプスでは天と地ほどの差があり、アルプス席のチケット代を外野スタンドと同じ１９００円にするか、もう少し居住性を上げて、もう少し単価を上げるかするべきではないだろうか。

筆者は２０１６年シーズンに甲子園で2回観戦しており、１回はアルプススタンドで観戦した。アルプススタンドはベンチシートで隣の席との間を仕切るひじかけはない。座席の幅は40㎝あるが、隣の席に大柄な人が座るかどうかで観戦環境が大きく変わる。

顧客満足度調査（順　位）

	総合満足度		チーム成績	チーム選手	球場	ファンサービス地域振興	ユニホーム・ロゴ	応援ロイヤルティ	観戦ロイヤルティ	成績
		セ								
2016年1月	8	3	5	8	8	10	4	8	9	リーグ3位
2015年1月	5	2	6	6	5	10	3	5	4	リーグ2位
2014年1月	8	3	7	8	9	11	2	4	6	リーグ2位
2013年1月	10	5	10	10	9	10	3	5	5	リーグ5位
2012年1月	7	3	7	8	5	10	2	3	3	リーグ4位
2011年1月	5	2	7	5	4	7	3	5	6	リーグ2位
2010年1月	6	3	6	6	8	8	2	4	2	リーグ4位

運の悪いことに、筆者が観戦した日は右隣と1列前に座った男性が、いずれも力士のような大柄な男性。隣の男性は普通に座っただけで、筆者の座席幅の4分の1を占領してしまうので、筆者の右半身は見ず知らずの隣の男性の汗と体温をしっかり受け止めるハメになった。前の男性も、背もたれがないのでこんもり盛り上がった背中に筆者の膝頭が当たってしまう。まったく生きた心地がしない3時間半だった。

こういうリスクを回避したければ、４５００円払ってアイビーシートもしくはブリーズシートをとるべきなのだが、２５００円と４５００円の差は大きい。居住性を上げて、３２００〜３５００円くらいに設定しても暴動は起きない気がする。

フード類の水準もどちらかと言えば低い。店舗の数は多いが、同じメニューの店が複数あるだけなので、バリエーションに乏しい。だがこの球場はそれでいい。球場の目の前にあるダイエー甲子園店（現・イオン甲子園店）の地下2階の食料品売り場が観戦フードを取りそろえているからだ。

顧客満足度調査（スコア）

	総合満足度	チーム成績	チーム選手	球場	ファンサービス地域振興	ユニホーム・ロゴ	応援ロイヤルティ	観戦ロイヤルティ	成績
2016年1月	60.03	51.49	59.75	60.19	58.36	67.14	65.81	64.42	リーグ3位
2015年1月	62.06	61.69	62.95	62.09	57.47	69.63	67.75	68.42	リーグ2位
2014年1月	58.53	49.85	58.30	59.22	52.07	68.11	71.49	71.93	リーグ2位
2013年1月	52.67	28.70	50.41	58.42	52.50	68.12	70.85	71.55	リーグ5位
2012年1月	60.06	47.65	59.99	61.63	52.24	71.56	70.81	72.24	リーグ4位
2011年1月	64.43	65.71	70.50	64.70	58.54	72.23	69.24	69.27	リーグ2位
2010年1月	61.57	51.05	69.32	60.97	57.59	73.78	66.48	68.99	リーグ4位

2016

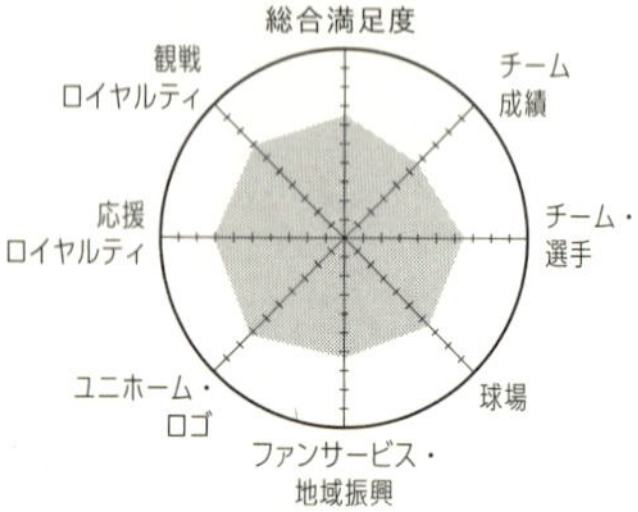

2015

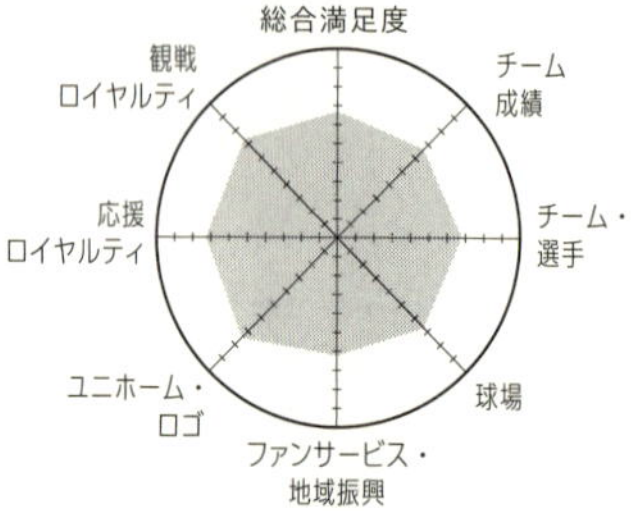

2014

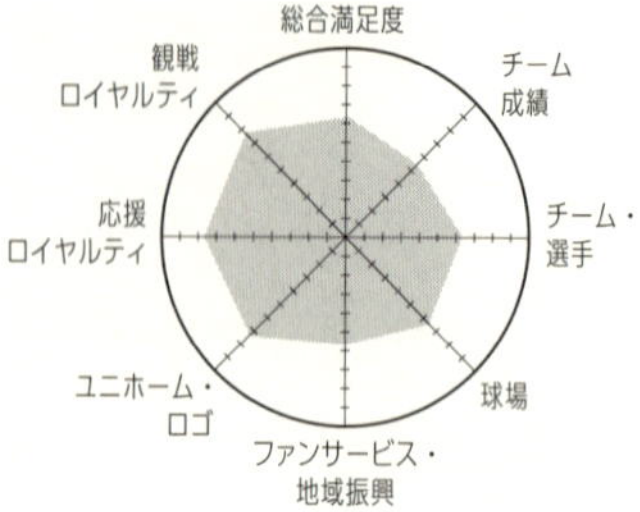

2013

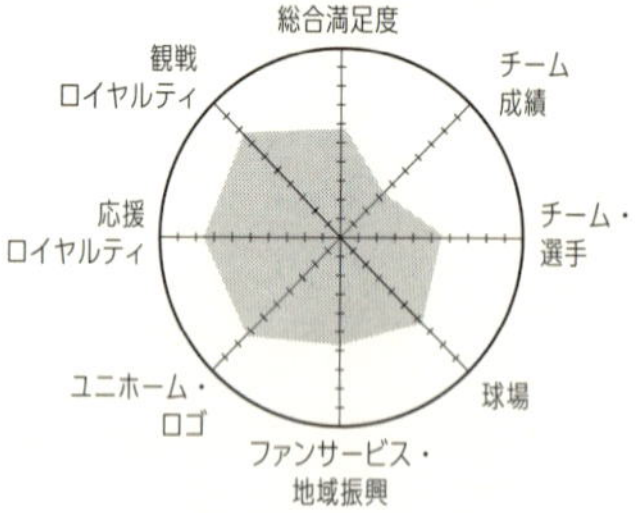

2012

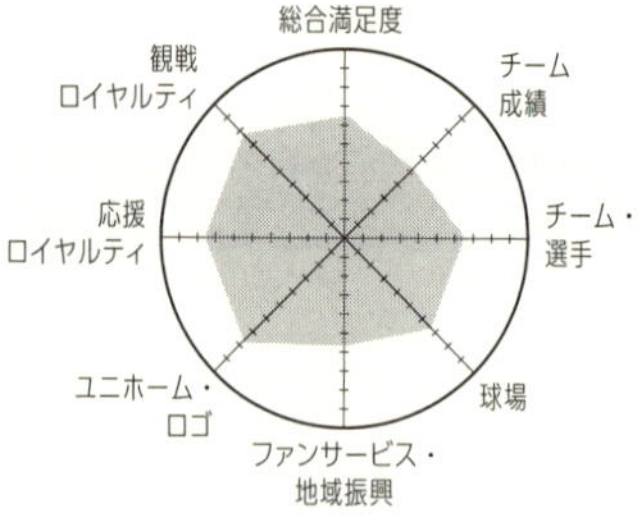

2011

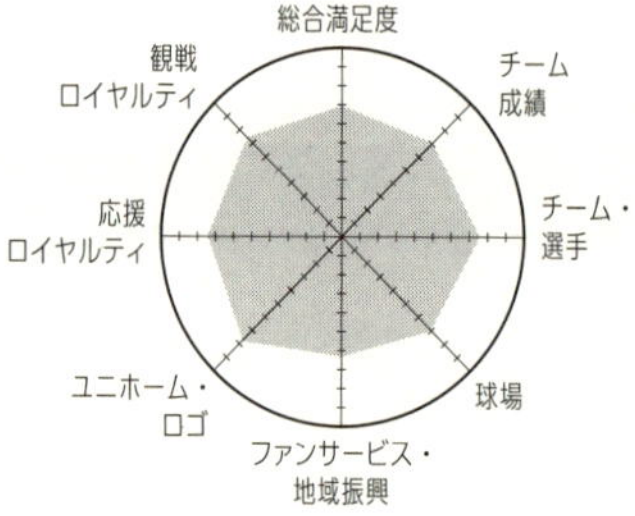

東京ヤクルトスワローズ

自由度ゼロでも球団職員の幸福度は12球団一？

◉ミニ球団史

1949年創設の国鉄スワローズがルーツ。1965年に国鉄が産経新聞とフジテレビに球団を譲渡、球団名もサンケイスワローズになり、翌1966年、サンケイアトムズに再変更した。

その後1969年に産経新聞が業績不振を理由に球団株式をヤクルト本社に譲渡。翌1970年、球団名はヤクルトアトムズに変わる。現球団名であるヤクルトスワローズに変わるのは1974年から。

本拠地球場は1952年から1963年まで後楽園球場を使用し、1964年に神宮球場に移転した。

明治神宮所有の神宮球場は学生野球最優先の球場で、プロ野球興業を行う上でハンディが大きく、他球団が続々と球団改革を進める中、球団改革の歩みは遅い。

球団は地方へのフランチャイズ移転が繰り返し噂されたが、現在も神宮球場を本拠地とし続けている。

成績は1950年からの67年間でBクラスが48回で、うち最下位が15回。リーグ優勝はわずか7回で、うち日本一は5回。このうちリーグ優勝は4回、日本一は3回が野村克也監督の時代。20

01年を最後に日本一からもリーグ優勝からも遠ざかっていたが、2015年、14年ぶりにリーグ優勝を果たした。

資産規模は10球団中最小

ヤクルト球団が官報公告を始めたのは2010年12月期からで、現行決算公告を行っている10球団の中では最も遅い。263ページ掲載の2005年12月期〜2009年12月期の数値は、2011年1月の取材時に球団から得た情報で埋めている。

資産規模は、資産規模がわからない巨人、中日を除く10球団の中で最も小さく、2015年12月末時点で21億円。

本拠地球場は明治神宮所有の神宮球場なので、球団は賃借人の立場であり、球場に関する権利は皆無と見ていいだろう。

固定資産の中身は確認できていないが、2軍の本拠地である戸田球場は、底地は国の所有でヤクルト本社が借地権を持ち、球団が管理しており、球団の資産ではない。戸田寮もヤクルト本社の所有だ。

球場に関する権利はないはずなので、流動資産は現預金の可能性が高い。毎期少額の最終赤字を計上しているが、この数値は親会社による赤字補塡後の可能性が高く、実際の赤字額はもっと大きいと考えるべきだろう。

毎期赤字なので純資産規模も小さく、10億円を切っているが、自己資本比率は38%弱とまずまずの水準に維持されている。

ビジターファンが観客動員数増に大きく貢献

2011年1月に週刊東洋経済の取材で、新純生常務（当時）にインタビューした際に聞いている売上げ構成は、チケット6割、スポンサー収入2割、放映権2割、グッズ3%。

この当時に比べ、2015年、2016年と観客動員数が大幅に伸びているので、チケット収入をはじめ、全体が底上げされていることはあるだろうが、スポンサー営業力が大きく伸びた実感はないし、グッズが当時よりは充実してきたので、グッズの構成比は伸びているかもしれないが、全体としては大きく変わった印象はない。

その観客動員数の伸びだが、2015年シーズンは14年ぶりにリーグ優勝を果たしたので、基本的にはヤクルトファンの来場者数増によるところが大きいと言えるだろうが、2016年シーズン、ヤクルトは5位に沈んだのに、ペナントレース中の動員数はむしろ伸びた。**これは明らかにカープファンの恩恵である。**

神宮球場の観客動員数は、スワローズが最下位に沈んだ2013年シーズンに前年比で8

%も伸びている。翌２０１４年シーズンも、スワローズは２年連続で最下位。にもかかわらず観客動員数は落ちなかった。

これは明らかに首都圏に於けるカープファン大増殖の流れと一致する。筆者自身、スワローズファンで、１９９０年代初頭から25年以上神宮に通っているが、２０１２年頃から、ネット裏２階席と、３塁側の風景が明らかに変わりだした。

カープ戦になると、ネット裏２階席ではカープファンに囲まれ、１塁側で観戦していると、１塁側はいつもの通り余裕があるのに、対岸の３塁側がほぼ満席になるようになったのだ。

２６３ページの資料は、セ・リーグの各本拠地球場に於ける、対戦カード別の入場者数の推移をグラフ化したものだ。他の球場はほぼ、どのカードもまんべんなく伸びているのに対し、神宮はカープ戦だけが突出して伸びていることがおわかり

東京ヤクルトスワローズの財務数値集計表 単位：百万円

決算期	官報公告ベース							売上高（推定）	来場者数（千人）				シーズン順位
	総資産			負債		総資産			ホーム総計	公式戦		CS・日本シリーズ	
		流動	固定		流動		当期純益			ホーム	ロード		
05/12	1,771	1,203	567	598	434	1,173	▲22	5,100	1,307	1,307		−	4
06/12	1,991	1,258	733	821	624	1,170	▲3	5,130	1,315	1,315		−	3
07/12	1,945	1,301	643	785	613	1,160	▲9	5,200	1,333	1,333		−	6
08/12	1,848	1,141	707	694	504	1,154	▲5	5,000	1,281	1,281	2,049	−	5
09/12	1,767	1,127	640	634	416	1,133	▲21	5,200	1,332	1,332	2,051	−	3
10/12	1,797	1,301	496	668	471	1,129	▲2	5,200	1,332	1,332	1,967	−	4
11/12	2,065	1,504	561	937	797	1,128	▲1	5,360	1,444	1,348	1,813	96	2
12/12	1,847	1,306	540	719	554	1,127	▲0.2	5,160	1,322	1,322	1,939	−	3
13/12	1,846	1,276	570	793	595	1,052	▲75	5,590	1,432	1,432	1,947	−	6
14/12	1,837	1,179	657	853	665	983	▲68	5,610	1,438	1,438	2,081	−	6
15/12	2,103	1,279	824	1,305	1,126	798	▲185	7,270	1,880	1,657	2,355	223	1
16/12	−	−	−	−	−	−	−	6,940	1,779	1,779	1,987	−	5

05/12〜19/12は球団からの取材情報。官報公告は10/12以降。金額の単位は百万円。来場者数はNPB公表値。CS、日本シリーズはホーム開催時。ホーム総計は公式戦とCS、日本シリーズホーム開催時の合計。

いただけるだろう。

来場者がどちらのチームのファンなのかまではカウントしたデータなど、世の中には存在しないし統計の取りようもないだろう。従って、あくまで肌感覚に頼らざるを得ない。

新幹線なら広島から1時間で行ける甲子園でも、赤いユニフォームのカープファンが大増殖しているが、もともと稼働率が高い球場なので、阪神ファンがカープファンに置き換わっても統計には表れない。

神宮はビジターファンの天国

しかしもともと稼働率が低い神宮では、置き換えが起きず純増という現象が起きる。球場の構造も、ビジターファンにとって実に好都合にできている。

まず、ビジター席に規制がない。セ・リーグの首都圏の球場は神宮、東京ドーム、横浜スタジアムの3箇所。東京ドームは外野席のうち、阪神戦以外はレフト側の半分までがジャイアンツ応援席。ビジターファンのエリアは外野席の半分に限定されている。

東京ドームは内野席もジャイアンツファースト全開だ。フィールドをとり囲む前方の席は1塁側、3塁側ともに年間指定席で一般には買えない。3塁側の内野にもジャイアンツ応援席がこまごまと入り込んでいて、ビジターファンにとってはチケットがとりにくいだけでなく、ファンが分断されてしまう。

セ・リーグ本拠地のカード別
入場者数推移

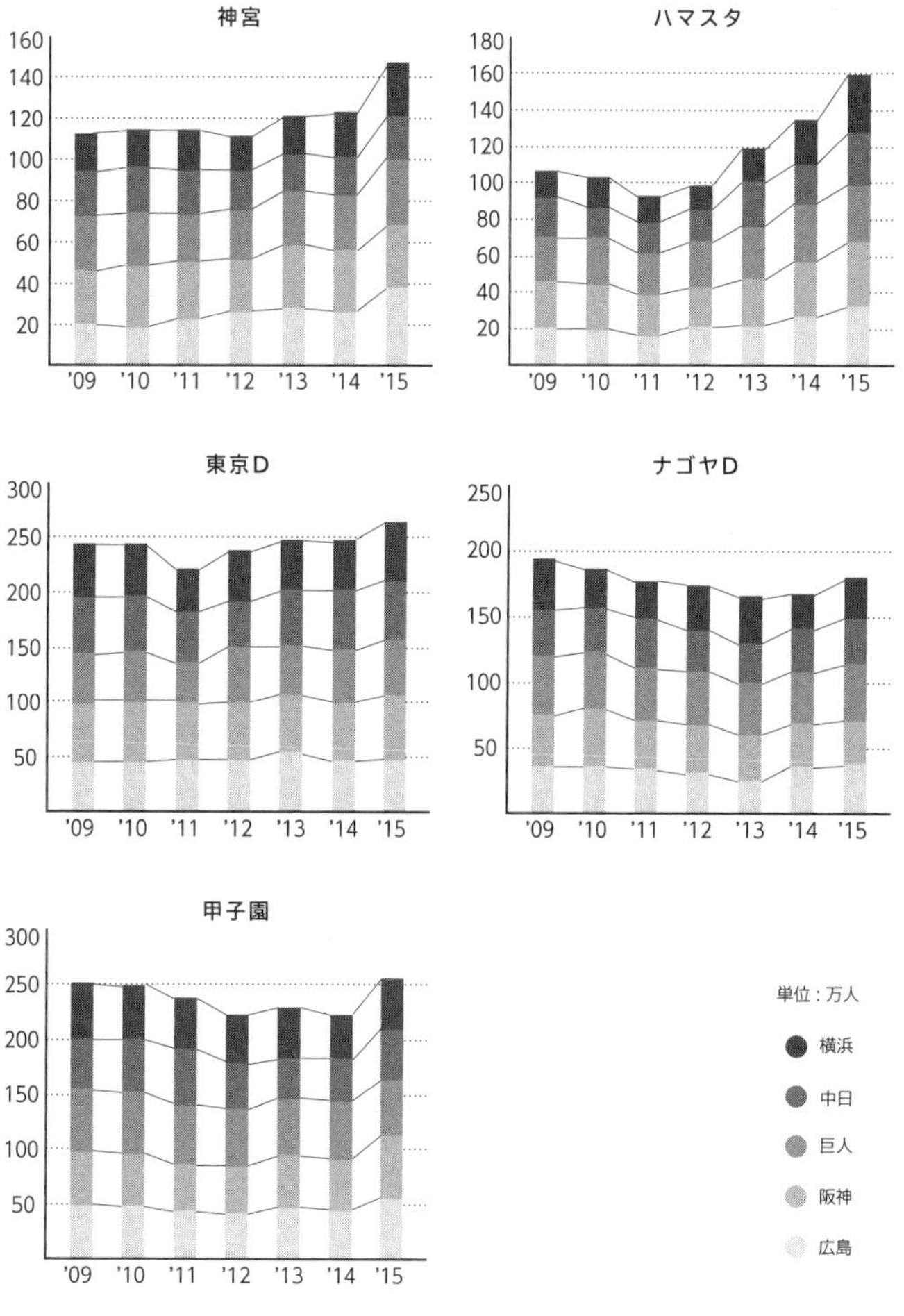

そのうえ、7回表前のビジターのラッキー7の応援タイムには、「○○ファンの皆様、応援どうぞ」のアナウンスがないだけでなく、延々と告知を続けて応援を妨害する。新聞検索をかけていたら、ビジター側の応援歌のBGMを流すという画期的なことをやったという記事がヒットしたのだが、筆者が観戦した8月24日のカープ戦では告知で応援を妨害していた。

横浜スタジアムは、巨人、阪神戦以外ではビジター側のラッキー7で、ビジターチームの応援歌のBGMを流しているが、レフト側外野席の半分はベイスターズ応援席。

内野族と外野族とで評価が分かれる

その点、神宮は席に全く制限がなく、チケットが自由に買えるうえ、どのチームが相手でも必ずビジターチームのラッキー7でBGMも流すサービスぶり。

そもそもこの球場は、とても不思議な球場だ。

各球団が挙《こぞ》って高い付加価値を付けて高い値段で売っているネット裏の席も、他の席と同じ材質、同じサイズ。A席だろうがS席だろうが、B席だろうが、下段にはカップホルダーが付いていていて、上段には付いていていない。

外野席の構造も不思議で、グラウンドに近い下段の席4列ほどが指定席になっているのだが、ここの居住性が最悪なのだ。座席幅は37㎝しかなく、隣との間隔も設けられていない。

ところが、上段の自由席は、背もたれがないタイプではあるが、座席幅が39㎝あるうえ、座席と座席の間に6㎝もの間隔を設けてある。外野の居住性としては、おそらく12球団の本拠地の中では断トツの高さなのだ。

フードショップも外野の方が内野よりも充実していて、なおかつコンコースも広々としている。ライト側よりもレフト側の方がショップの水準も高い。この球場が一番大事にしているのは、最も安いチケットで入場してくる、ビジターファンだとしか思えない構造なのだ。

だからこそ、外野族と内野族とでは、この球場に対する評価は明確に分かれ、外野族の評価は最高だが、内野族の評価は低いのだ。

制約てんこ盛りで自由度はゼロ?

以上は球場の問題であって、基本的に球団の責任ではないのだが、そのくらい神宮は融通が利かない。

ここ数年、ようやく周回遅れで女子トイレの洋式化が少しずつではあるが進み、ペアシートなどの座席も新設されるようになった。

外野フェンスが防球ネットに囲まれていて、構造上ほぼ広告看板が設置できないのもこの球場の特徴だが、苦肉の策でネット裏の放送席周辺や、スコアボードの一部、ベンチの屋根などが広告スペースとし

東京ヤクルトスワローズの年俸推移　　単位：百万円

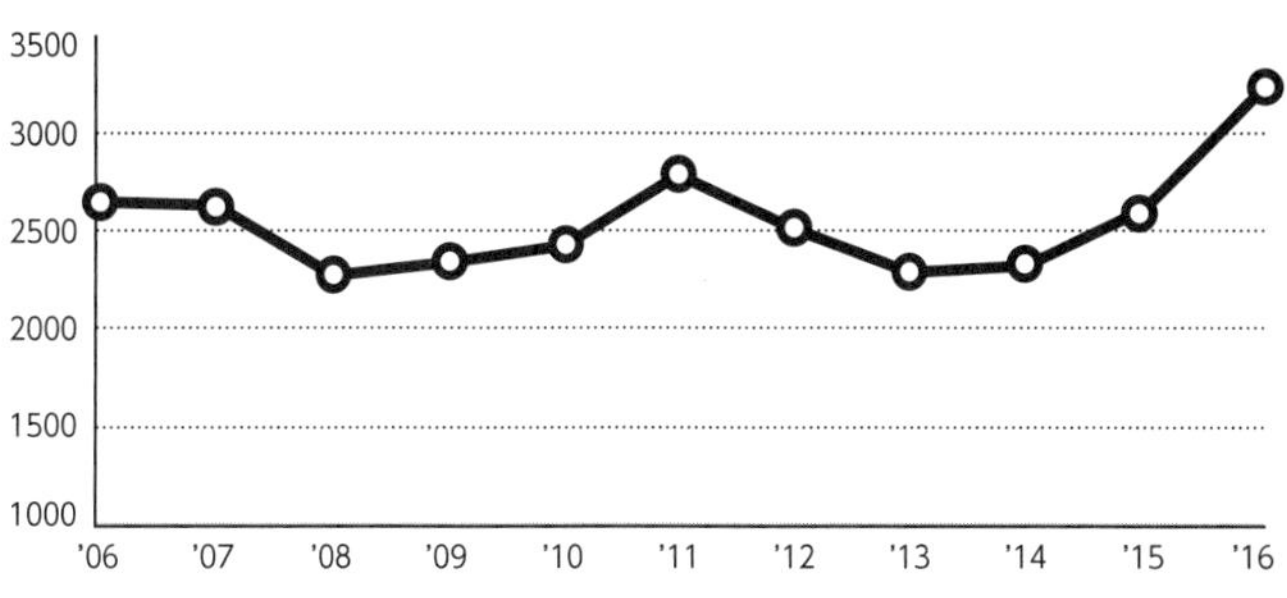

て使われるようになってきた。

数少ない広告スペースに広告を出している広告主は、球団のスポンサーとほぼ一致するが、球団にどのくらい恩恵があるのかは疑問だ。

ユニークなチケットを企画しようとしても座席の居住性を上げる権限もなければ、飲食は球場の専管事項なので飲食をセットで付けることもできない。ここ1〜2年は、突然何かに目覚めたようにグッズの投入数が増えたが、顧客満足度を上げるための施策を打ち出そうにも、自由度はほぼゼロ。

だからこそ、他球団のスタッフからは、「12球団中一番仕事がラクな球団」などと陰口をたたかれる。それがヤクルト球団なのである。

リーグ優勝のご褒美？　30億円台に乗った選手年俸総額

ただ、自発的に売上高の水準を上げる術がない割には、選手年俸はそこそこ出ている。

3億円プレーヤーの青木宣親選手のメジャー挑戦で2012年に総額が大きく減り、2013年、2014年はほとんど補強らしい補強をせ

顧客満足度調査（順　位）

	総合満足度		チーム成績	チーム選手	球場	ファンサービス地域振興	ユニホーム・ロゴ	応援ロイヤルティ	観戦ロイヤルティ	成績
		セ								
2016年1月	4	1	2	2	11	9	7	3	4	リーグ1位
2015年1月	8	3	12	8	11	7	6	3	5	リーグ6位
2014年1月	9	4	10	9	11	10	8	7	9	リーグ6位
2013年1月	5	2	6	6	11	7	7	6	6	リーグ3位
2012年1月	5	2	4	4	11	7	6	5	6	リーグ2位
2011年1月	11	5	8	9	11	11	9	8	8	リーグ4位
2010年1月	10	5	8	10	12	11	9	9	10	リーグ3位

ず、2年連続の最下位。さすがに補強の必要性を感じた様で、2015年はそこそこの補強をしたら、まさかのリーグ優勝。2016年はそのご褒美もあり、トリプルスリーの山田哲人《てつと》選手とオンドルセク投手が2億円の大台に乗り、総額では30億円の大台に乗った。

球場への評価は当然に連続11位

慶應大学鈴木教授の顧客満足度調査の結果を見て、筆者自身思わず吹き出したのは球場に対する評価だ。見事に11位のオンパレード。応援ロイヤルティや、観戦ロイヤルティは比較的安定的にまあまあの水準で、ユニフォーム、ロゴやチーム、選手に対する評価は可もなく不可もなくといったところか。

チームは負傷者にことのほか寛容で、雰囲気ものんびり。宮本慎也選手は引退の際、「野球が楽しいと思ったことは一度もない」と語り、選手たちはそれなりに競争に晒されているのだろうが、その厳しさがファンにまで伝わるほどではない。

そのチームの雰囲気の良さやのんびり感、ぬるさ感が好きだというファンは少なくないだろう。

顧客満足度調査（スコア）

	総合満足度	チーム成績	チーム選手	球場	ファンサービス地域振興	ユニホーム・ロゴ	応援ロイヤルティ	観戦ロイヤルティ	成績
2016年1月	63.05	71.37	71.49	57.72	59.44	65.34	67.82	67.44	リーグ1位
2015年1月	57.61	30.12	60.85	58.36	58.78	66.02	68.88	68.22	リーグ6位
2014年1月	55.06	35.86	57.27	57.19	55.28	64.85	70.06	70.86	リーグ6位
2013年1月	60.89	57.47	65.62	56.64	58.11	64.46	70.03	71.48	リーグ3位
2012年1月	61.01	63.53	68.17	57.52	58.13	64.71	68.02	67.64	リーグ2位
2011年1月	54.98	42.53	59.31	55.31	53.87	62.69	64.51	64.29	リーグ4位
2010年1月	54.20	41.98	60.49	53.75	53.64	62.21	58.35	59.90	リーグ3位

顧客満足度構成概念レーダーグラフ（ヤクルト）

2016

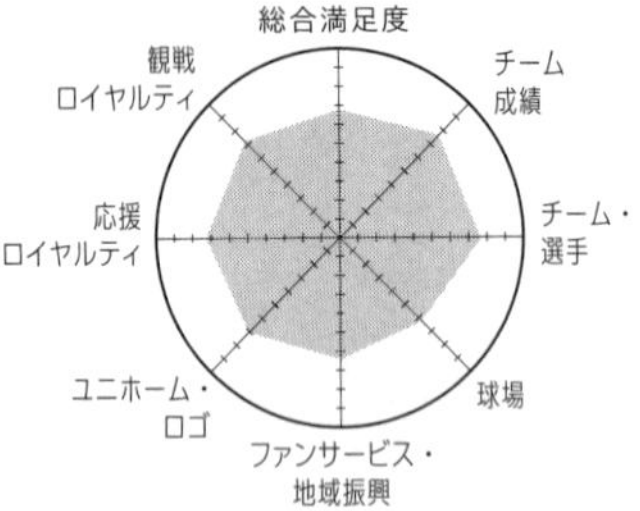

2015

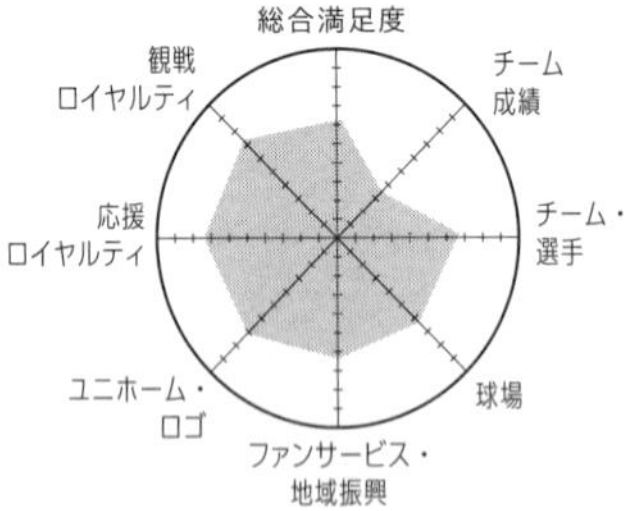

2014

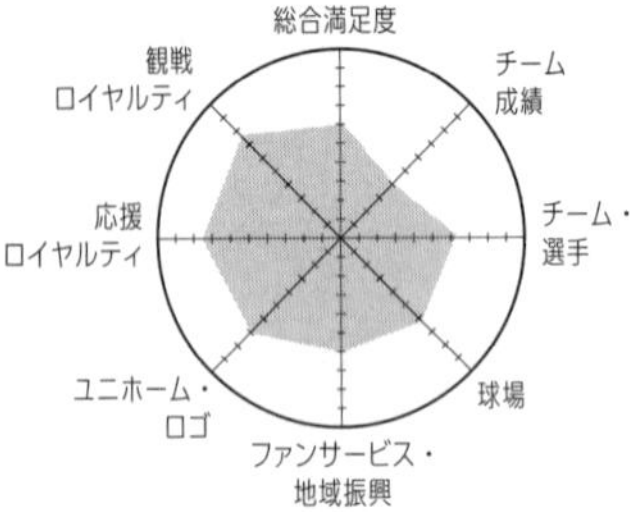

2013

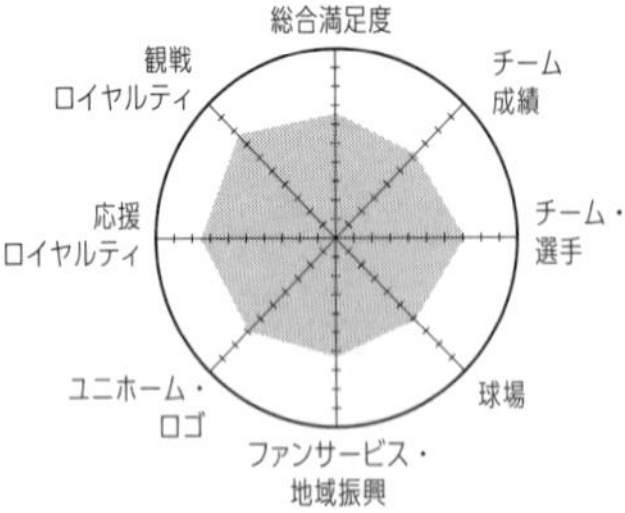

2012

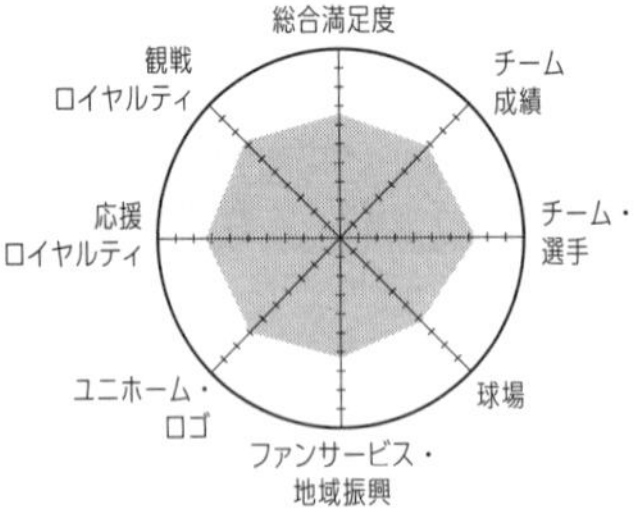

2011

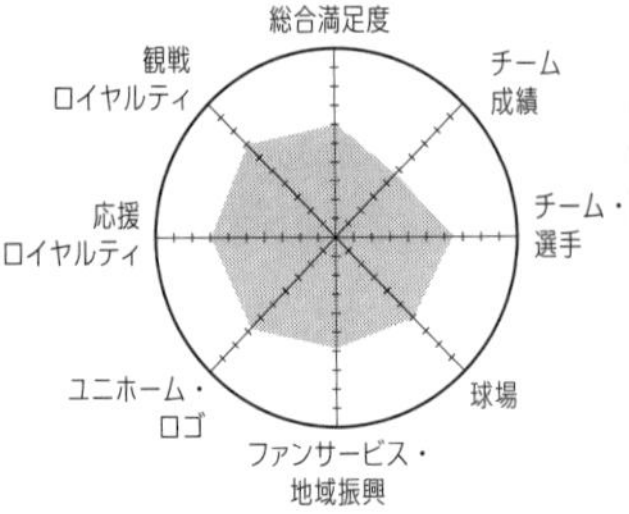

神宮球場は抜群に交通アクセスがいいだけでなく、都心部だというのに緑に囲まれ、空気の匂いが違う。設備やサービスへの不満は多々あるが、やはりヤクルトにはここを動かないでほしいのだ。

中日ドラゴンズ

球界一実態不明、群を抜く経営情報の秘匿度

●ミニ球団史

1936年に中日新聞の前身である新愛知新聞社が創設した名古屋軍がルーツ。巨人、阪神に次いで3番目に古い球団。球団創設以来、親会社が替わっていないのもこの3球団のみ。1944年に産業軍、1947年から中部日本ドラゴンズを名乗り、翌1948年中日ドラゴンズに。一時期名古屋ドラゴンズを名乗った時期があるが、その時期を除けば一貫して中日ドラゴンズを名乗っている。

本拠地は1996年までナゴヤ球場（現・2軍本拠地）。1997年のナゴヤドーム完成と同時にナゴヤドームに移した。

成績は、球団創設からの80年間でAクラス47回、うちリーグ優勝9回で日本一が2回。2回の日本一のうち、2007年の日本一はリーグ2位からクライマックスを勝ち上がって勝ち取った。2007年の日本一及びリーグ優勝9回中4回は落合博満監督時代。直近は4年連続Bクラス。

決算期すら不明

12球団中唯一、全く経営実態がわからないのが中日ドラゴンズである。

会社法４４０条規定の決算公告媒体は、商業登記簿謄本を見る限り、名古屋市内で発行する中日新聞とあるので、この6年は国会図書館でくまなくチェックしているのだが、未だに1度も見つけることができないでいる。

球団側にも掲載しているのなら掲載日を教えてくれるよう頼んだのだが、取材は全面拒否。ジャイアンツも会社法４４０条規定の公告は発見できないでいるが、損益科目だけは新聞情報紙上で公表しているうえ、球団職員による講演録も見つかったので、ある程度の情報は得られた。

だが、中日に関してはまったく手がかりがない。決算期すらわからない。下記の表のうち、来場者数とシーズン順位はＮＰＢの公表値で埋めたが、売上高は似たような収益構造の球団の数字と、来場者数を突き合わせて推定値を割りだしたもので、１００％筆者の推定値である。

決算期は親会社の中日新聞が3月決算なので、とりあえず3月にしてみたが、親会社が3月決

中日ドラゴンズの財務数値集計表　単位：百万円

決算期	売上高（推定）	来場者数（千人）				シーズン順位
		ホーム総計	公式戦		CS・日本シリーズ	
			ホーム	ロード		
03/3	10,800	2,404	2,404	–	–	3
04/3	10,500	2,336	2,336	–	–	2
05/3	10,500	2,482	2,330	–	152	1
06/3	10,300	2,284	2,284	–	–	2
07/3	11,200	2,474	2,398	–	76	1
08/3	12,600	2,580	2,390	–	190	2
09/3	10,900	2,427	2,427	1,834	–	3
10/3	11,000	2,407	2,298	1,987	109	2
11/3	11,540	2,497	2,193	1,892	304	1
12/3	11,300	2,444	2,143	1,867	301	1
13/3	10,650	2,168	2,080	1,730	88	2
14/3	9,000	1,998	1,998	1,790	–	4
15/3	9,000	2,000	2,000	1,917	–	4
16/3	9,200	2,049	2,049	2,035	–	5
17/3	9,260	2,058	2,058	2,189	–	6

来場者数はNPB公表値。CS、日本シリーズはホーム開催時。
総計は公式戦ホームとCS、日本シリーズホーム開催時の合計。

算でも子会社は12月決算という例はいくらでもあるので、これとて正しいかどうかはわからない。

ナゴヤドームに払っているであろう賃料の水準も不明だが、飲食物販、広告看板の収入が球団に入らないのであれば、当然球団は赤字だろう。

ゲームの主催は中日新聞と球団の連名

まず、資産規模についてだが、本拠地球場のナゴヤドームは、㈱ナゴヤドームの所有だし、2軍の本拠地として使用しているナゴヤ球場（かつての1軍本拠地）も㈱ナゴヤドームの所有なので、資産規模はかなり小さいはずで、ヤクルトもしくはロッテあたりの規模とさほど変わらないのではないかと思う。

㈱ナゴヤドームは中日新聞を筆頭に、トヨタ自動車、中部日本ビルディング、名古屋鉄道、中部日本放送などが出資、球団も出資している。

次に収益項目だが、球場資産を持っていないとすると、球場の飲食物販収入や、広告看板収入は球団には入らないはずで、球団の収入になっているのは、チケット、スポンサー、グッズ、放映権といったところだろう。

また、球団が100％興業権を持っているわけではない様で、チケットの券面に書かれている主催者名は、中日新聞社と球団の連名だ。ジャイアンツはチケットの主催者欄に球団名がなく、球団が興業権を持っていない可能性が高かったが、中日の場合は球団名が入っているので、球団が全く興業権を持っていないわけではないだろう。

もっとも、どういう契約関係で中日新聞と連名になっているのかはわからず、チケット収入が全額、球団に入っているのかどうかもよくわからない。

ナゴヤドームのゲームのチケットは、中日新聞の販売店でも買えるので、一定割合のチケットを中日新聞が球団から買い上げているか、或いは興業権の持ち分を中日新聞が買い、その持ち分相当のチケットを、中日新聞が発券しているかの、どちらかではないだろうか。

ホームの中継放映回数は12球団中最多

また、もしも興業権が中日新聞と半々なのだとしたら、放映権収入も必ずしも全て球団の収入になっているとは限らない。

日本ハムやソフトバンク、阪神、広島同様に、中日も地上波でのテレビ中継回数はかなり多い。ビジターゲームの地上波中継はゼロだが、ホームゲームは71ゲームのうち68ゲームが放送されており、これは阪神も上回る頻度だ。当然、球団にはそれなりの放映権料が入っていなければおかしい。

スポンサー営業はけっこう強そうで、主催71ゲームのうち21ゲームに冠スポンサーが付いているほか、ネット裏の1階席と、フィールドシートの前方が、一般用には全く売り出されてていないので、これらのゾーンは年間指定で完売できているものと見られる。

ようやくできた球団自前のチケットサイト

ドラゴンズは2015年シーズンまでは自前のチケットサイトを持たず、コンビニやプレイガイド、もしくは中日新聞販売店でチケットを売っていた。コンビニやプレイガイドの場合は、有料ファンクラブ会員のみ、手数料が無料だったが、それ以外は手数料ゼロで買う手段がない、唯一の球団だった。

2016年シーズンは、「ドラチケ」という球団自前のチケットサイトを創設。球場発券サービスも開始した。

しかし、有料ファンクラブ会員以外でドラチケを利用するには、無料ファンクラブ会員への登録が必須で、なおかつクレジットカード払いの球場発券を選択しても、システム手数料がかかる料金体系なので、チケットのシステム自体はプレイガイドもしくはコンビニに業務委託をしている可能性がある。

リストラの痕跡が生々しい選手年俸ランキング

かつては年俸水準が高いチームだったが、2014年に球団史上に残る大リストラを断行。2016年シーズンは11位に後退している。

2009年にも9億円、年俸総額がダウンしているが、これはリストラではなく、年俸3億4000万円の川上憲伸《けんしん》投手がメジャーに挑戦したほか、年俸6億円のタイロン・ウッズ選手が退団したため。

2014年は前年から総額6億円のダウン。谷繁元信兼任監督1年目でチーム成績が前年の2位から4位に落ちたことが原因だろうが、吉見一起投手が1億1600万円ダウンで2億9000万円から1億7400万円、浅尾拓也投手が2億2000万円から1億6500万円に5500万円ダウン、谷繁兼任監督が1億9000万円から1億3000万円に6000万円ダウン、荒木雅博選手が1億7000万円から1億2000万円に6800万円ダウン、和田一浩選手が3億3000万円から2億5000万円に8000万円ダウンと、主力が大幅なダウンを余儀なくされている。

そして極めつけは井端弘和選手への3000万円提示。前年の1億9000万円から一気に1億6000万円のダウン提示で退団を余儀なくされ、巨人に4500万円で拾われた。

2015年も2年連続で4位だったためにリストラが継続。2016年は順位が5位に下がり、川上憲伸投手が戦力外通告を受けたほか、

中日ドラゴンズの年俸総額推移

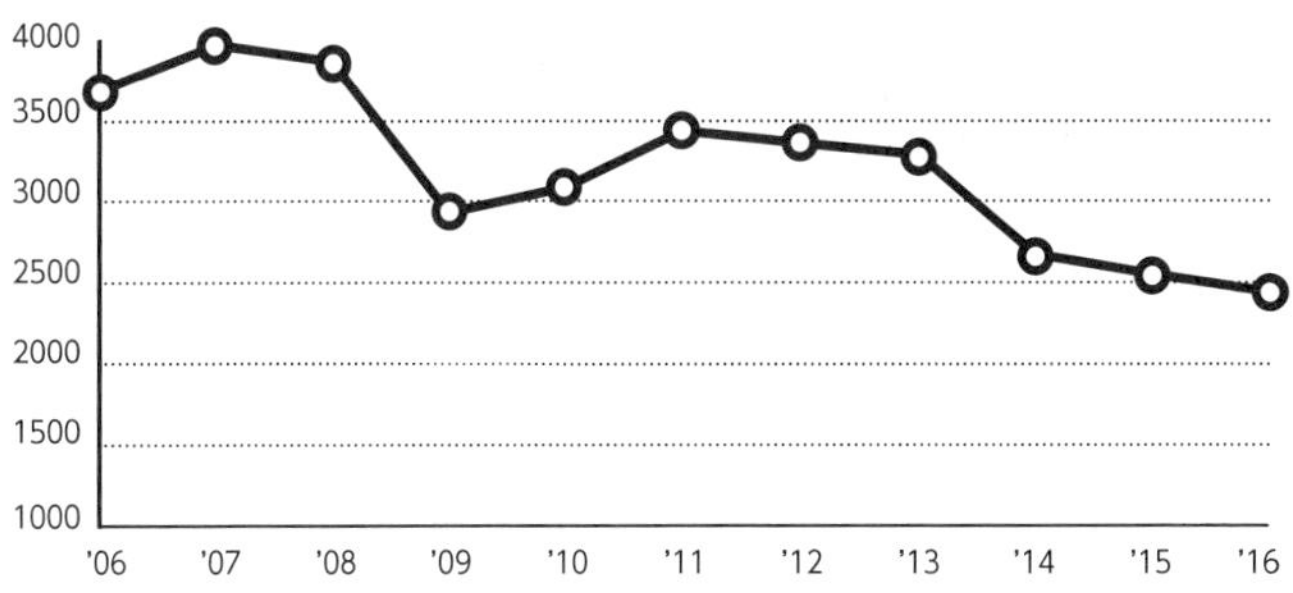

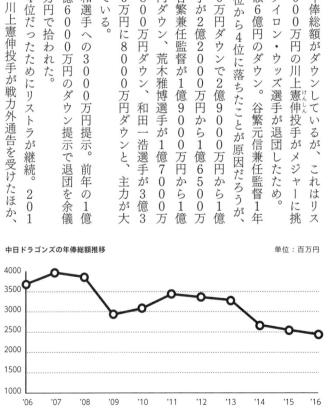

山本昌投手、小笠原道大選手、和田一浩選手が引退を決めている。

顧客満足度は全項目で最下位

こういう状況をファンはどう思っているのか。２０１６年９月25日のナゴヤドーム最終戦、ゲーム終了後の挨拶に立ったのは森繁和監督代行ではなく、佐々木崇夫球団社長。スタンドからは罵声《ばせい》が飛んだ。

慶應大学鈴木教授の顧客満足度調査でも、中日の評価は最悪だ。総合満足度は２年連続で最下位。２０１６年１月調査では全項目が最下位だった。

この結果は成績だけが原因ではなさそうだ。プロパー選手の非情な放出、球団内の不協和音がファンにわかる形で表に出る。挙げ句に谷繁監督のシーズン途中での降板。

中日のファンサービスのスコアはＡクラスの常連だった頃から低い。「勝つことが一番のファンサービス」が、２０１１年シーズンまで指揮を執った、「監督・落合博満」の持論だったが、ファンの受け止め方は違ったということだろう。

「ＧＭ・落合」退任後の道筋はまだ見えていない。２０１６年シーズン

顧客満足度調査（順　位）

	総合満足度		チーム成績	チーム選手	球場	ファンサービス地域振興	ユニホーム・ロゴ	応援ロイヤルティ	観戦ロイヤルティ	成績
		セ								
2016年1月	12	6	12	12	12	12	12	12	12	リーグ5位
2015年1月	12	6	10	12	9	12	12	12	12	リーグ4位
2014年1月	11	6	9	11	12	12	12	11	11	リーグ4位
2013年1月	9	4	3	4	10	12	11	10	9	リーグ2位
2012年1月	4	1	1	3	9	11	11	9	9	リーグ1位
2011年1月	4	1	2	3	5	9	6	5	5	リーグ1位
2010年1月	5	2	4	4	6	10	6	3	4	リーグ2位

の状況からすると、次回２０１７年1月の調査でもこの球団が満足度調査で浮上する可能性はほぼない。ファンを泣かせる状況から一刻も早く脱してほしい。

顧客満足度調査（スコア）

	総合満足度	チーム成績	チーム選手	球場	ファンサービス地域振興	ユニホーム・ロゴ	応援ロイヤルティ	観戦ロイヤルティ	成績
2016年1月	48.44	30.59	47.05	54.38	47.64	56.28	56.46	56.08	リーグ5位
2015年1月	50.55	34.72	52.22	58.79	48.43	57.85	59.90	60.10	リーグ4位
2014年1月	53.41	48.31	54.91	56.93	46.93	57.94	66.56	67.61	リーグ4位
2013年1月	57.91	72.64	66.85	57.65	51.18	58.22	68.69	69.42	リーグ2位
2012年1月	61.29	85.89	73.36	59.04	49.57	61.25	65.14	65.02	リーグ1位
2011年1月	65.07	82.68	75.58	64.52	56.89	67.68	69.24	69.56	リーグ1位
2010年1月	63.04	73.76	73.32	62.31	54.74	67.45	66.84	68.19	リーグ2位

2016

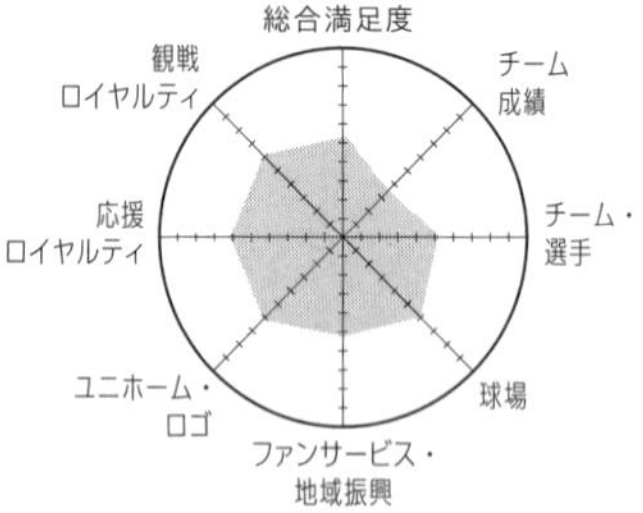

2015

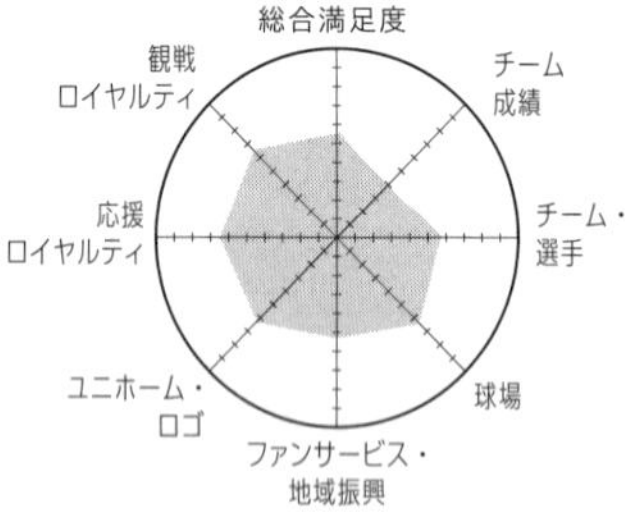

2014

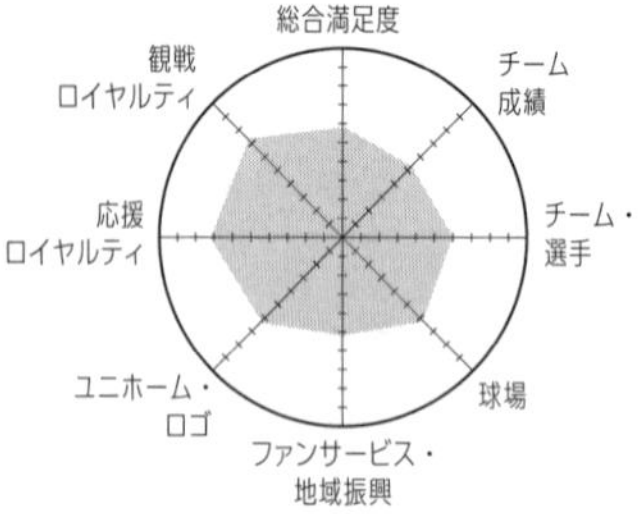

2013

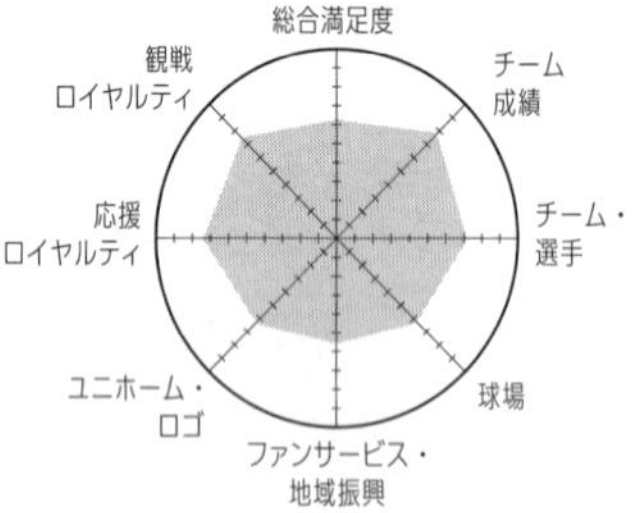

2012

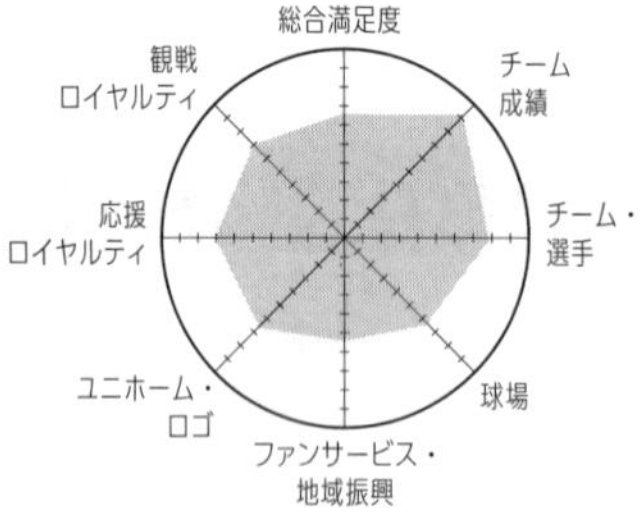

2011

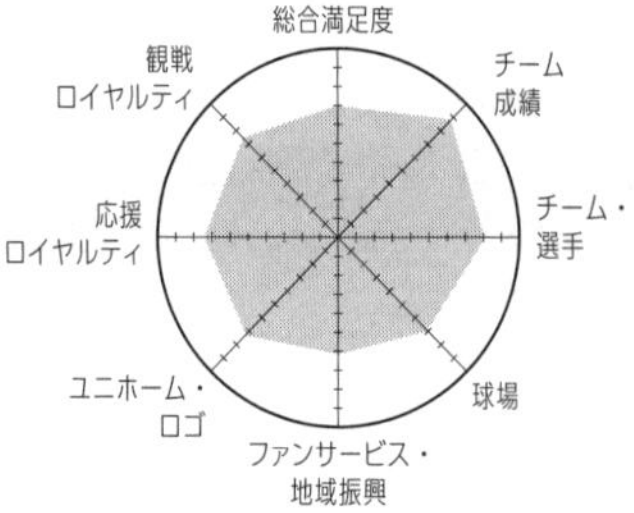

4

プロ野球興業を支える裏方たち

裏方なくして、プロ野球なし

本章では、普段は表に出ることはないものの、プロ野球運営に不可欠な企業群について紹介をしたい。

1 ㈱シミズオクト

裏方ひとすじ85年、シミズなくば興業成立せず

創業：1932年
本社：東京都新宿区
年商：推定310億円

スポーツ、音楽イベントの舞台設営・施設運営管理、警備の国内最大手企業。神宮球場での六大学野球の巡視アルバイトから身を起こした創業者・清水芳一氏が、次第にスポーツ興業での観客の誘導ノウハウを蓄積。後楽園球場、神宮球場などでのスポーツイベントの整理員業務を確立した。

後にスポーツ大会で設営に必要な大工仕事などを請け負うようになり、コンサートの舞台設営業務にも進出。スポーツイベントの整理業務は㈱シミズスポーツ、コンサートの舞台設営はシミズ舞台工芸㈱で請け負うようになった。

２００１年の入札契約適正化法施行を受け、競争入札への参加条件をクリアする必要性から2社が合併、㈱シミズオクトが誕生した。

著名アーティストのコンサート舞台設営で多数の実績を持ち、日本で初めて、10万人単位のコンサートに海外から大型のスクリーンを持ち込んだことでも知られる。

プロ野球の本拠地球場では、入場時の荷物チェックから場内案内、清掃、警備、グラウンド整備、ショップの販売スタッフやチケット売り場のスタッフに至るまで、幅広い業務を受託。神宮球場とマツダスタジアム以外の全ての球場で何がしかの業務を請け負っている。

2 日本総業㈱

シミズのテリトリーをじわり侵食

創業：1972年
本社：東京都渋谷区
年商：推定46億円

シミズオクトＯＢが設立した、シミズオクトのライバル企業。Ｋｏｂｏパーク、横浜スタジアムはシミズオクトとの並行受注だが、神宮球場の業務は単独で請け負っている。

2017年の横浜スタジアムのアルバイト募集要項では、整理・案内、VIP受付・案内、アナウンス、アトラクション運営、警備、販売、スコアボード操作、グラウンド整備、マスコット業務（マスコットの中身）まで募集している。

3 阪神園芸㈱

甲子園のグラウンド守護神

設立：**1968年**
本社：**兵庫県西宮市**
年商：**推定14億円**

阪急阪神ホールディングス傘下の造園工事業者。甲子園球場のグラウンド整備で有名。内野全域が土の甲子園で、雨天時にカバーシートで内野全域を覆い、雨が上がると整然とシートをたたんでいく作業はマスゲームさながら。

4 日本体育施設㈱

マツダスタジアムで実績、宮城に技術移転

設立：1971年
本社：東京都中野区
年商：推定77億円

総合グラウンド、体育施設の設計施工業者。マツダスタジアムに天然芝の納入実績あり。Koboパーク宮城に天然芝のメンテナンス技術を移植。

5 シャープ産業㈱

プロ野球グッズの草分け

創業：1957年
本社：兵庫県神戸市
年商：推定16億円

阪神ファンなら誰でも知っているグッズメーカー。創業者の小林勝喜会長は、甲子園グッズやタイガースグッズを製造するために脱サラし、日本高等学校野球連盟や阪神球団を口説きおとして日本で初めて高校野球グッズと、阪神タイガースグッズの製造販売を始めた。

今や甲子園の風物詩ともなっているラッキー7のジェット風船飛ばしを阪神ファンに定着させたのも小林氏。選手に当たらず真上に上がる様、研究を重ねて製品化した。

その共同開発パートナーがタイガーゴム。だが、安全性規格の変更に伴い、タイガーゴムが製造方法を変更したことが原因かどうかは定かではないが、2015年シーズンから製造委託先をタイガーゴムから他社に変更している。

6 ㈱一球

プロ野球グッズ販売最大手

設立：1984年

本社：東京都中央区

年商：推定37億円

プロ野球12球団全てに取引口座を持つグッズ販売会社。各球場内にも自社ショップを持つ。

7

㈱ライオンゴム

ジェット風船製造東の雄

創業：1935年

本社：東京都葛飾区

年商：2億7500万円

12球団中9球団が導入しているジェット風船の製造業者2強のうちの1社。北海道日本ハムファイターズ、千葉ロッテマリーンズ、埼玉西武ライオンズ、オリックス・バファローズ、横浜DeNAベイスターズ、広島東洋カープの6球団に納入している（一部はOEM供給）。

8

㈱タイガーゴム

ジェット風船製造西の雄

創業：1912年

本社：大阪府東大阪市

年商：推定4億5000万円

ジェット風船製造2強のうちの1社。東北楽天ゴールデンイーグルス、福岡ソフトバンクホークスに納入。タイガース向けのジェット風船をシャープ産業にOEM供給していたが、2015年に取引が終了。独自にタイガースファン向けに「くるトラジェット」の製造を続け、2016年シーズン後半から阪神球団の公認グッズに返り咲いている。

9 エイベックスグループ

チア、マスコットガールの供給で実績

設立：1988年
上場：1998年
グループ年商：1541億円（2016年3月期実績）

オリックス・バファローズの「BsGirls」東京ヤクルトスワローズの「パッション」、福岡ソフトバンクホークスの「ハニーズ」の派遣業務を請け負っている。メンバーのマネジメントも全てエイベックスが請け負っており、募集要項は球団HPに載るが、オーディションの開催主体も、オーディション後の所属先もエイベックス。かつては、北海道日本ハムファイターズのチアリーダーチーム「ファイターズガール」の派遣業務も請け負っていた。千葉ロッテマリーンズのビールの売り子で結成したアイドルグループ「マリーンズカンパイガールズ」、広島東洋カープのビールの売り子で結成した「C－Girls（カープガールズ）」もエイベックスからCDを出し、エイベックスがマネジメントしている。

10 パフォーム・グループ

国際スポーツメディアDAZNひっさげ日本上陸

英国を拠点とする、世界各国のスポーツをインターネット中継する有料放送DAZNの運営会社。上陸早々、Jリーグから2017年シーズン以降10年間の独占放映権を2100億円で獲得した。

プロ野球では2016年8月に広島東洋カープ、横浜DeNAベイスターズと契約、全主催試合の配信を開始したが、プロ野球2球団に関しては独占契約ではない。

11 エームサービス㈱

ヘルメットアイスを日本で最初に売り始めた、球場内飲食店舗運営業務受託の雄

設立：1976年
本社：東京都港区
年商：1663億円（2016年3月期実績）

三井物産と世界3大給食サービス会社の一角・米・アラマーク社の合弁会社。三井物産の社員食堂の運営受託からスタート、企業のオフィスや工場の社員食堂、病院、高齢者施設向け給食業務を手がけ、プロ野球場では、マツダスタジアムの飲食ブースを一括で請け負っているほか、横浜スタジアム、ZOZOマリンスタジアム、ナゴヤドーム、京セラドームで一部フード店舗の業務を受託している。メジャー球場の人気メニュー・ヘルメットアイスを2009年に日本で最初に売り始めたのがこの会社。

12 パシフィックリーグマーケティング㈱

パ・リーグ6球団の共同出資で誕生したマーケティング会社

設立：２００７年
本社：東京都港区

パ・リーグの主催全試合を放送する有料インターネット放送「パ・リーグＴＶ」の運営会社。パ・リーグ６球団のＨＰ制作サポート、６球団共同イベントの実施、チケット販売、スポンサー獲得なども手掛ける。

スポーツライターではない筆者に、初めてプロ野球関連の記事執筆の機会が訪れたのは今から12年前の2004年夏。プロ野球再編騒動の時だった。

球団経営が立ちゆかないから、球団数を減らして2リーグを1リーグにする——。そんなことがファンも選手も一切無視した世界で決められていく。そんな事態が起きたことから、数字を読む仕事として、筆者にお座敷がかかった。

罰当たりなことに、誰の紹介だったのか思い出せないのだが、その際に知り合ったのが、スポーツ経営学の専門家でプロ野球の事情に詳しく、当時帝京大学で教鞭を執られていた、故・大坪正則先生だった。

次に筆者にプロ野球の記事を書くチャンスが訪れたのは、2010年暮れ。パ・リーグの各球団が最もしゃかりきになって球団改革に邁進していた時期で、某週刊誌の記者から記事の執筆ではなく、その記者がどこからか入手してきたパ・リーグ球団の数字の分析を頼まれた。

だが、その記者の、というよりはその媒体の筋立ては、巨人戦の中継がなくなったから誰も野球を観なくなった、だから巨人がこんな努力をしています、というものであって、分析をさせておきながらパ・リーグの球団改革にはほとんど興味がなかったのだ。

そこで俄然、自力で球団経営の記事が書いてみたくなり、官報公告と取材で球団経営の分析を試みる企画を週刊東洋経済編集部に持ち込んだところ、書かせてくれるという。

その際に、何かとアドバイスを頂いたのが、大坪先生で、全球団に取材を申込み、最終的に10球団が受け、2011年1月下旬の発売号で記事を執筆することができた。

それ以来、ぽつりぽつりとプロ野球の記事は執筆していたのだが、2014年夏、とんでもなくおいしい仕事が舞い込んだ。

東洋経済のウェブ媒体である東洋経済オンラインの編集長が交代。新編集長は、「スポーツ分野を強化したい、保守本流のスポーツ系の記事だけでなく、経済の視点から光を当てるものも入れたい」という。

そこで、12球団の本拠地球場を回り、チケットの買いやすさから球場へのアクセス、球場の設備、ファンサービス、地元自治体の協力体制などと、観客動員数や決算公告などの数値を突き合わせて分析を試みる、球場訪問シリーズを提案したところ、執筆させてもらえることになった。

このシリーズ記事がきっかけになって、プロ野球関連の記事の執筆機会が増え、そのおかげでプロ野球の経営をテーマに本1冊書かせてくれるという、ありがたいオファーを頂く機会に恵まれた。

気が付けば、仕事としてプロ野球の取材を始めてから10年以上。球界再編騒動は、スポーツをビジネスと捉える、外の世界の人材を大量に呼び込んだ。

相も変わらず浮世離れした球界の体質にはほとほとあきれるばかりだが、そんな古い体質と向き合い、時に巧みにかわしながら戦い、ファンと向き合う現場の球団スタッフの努力には頭が下がる。

本書は僭越ながら、この十数年の間、球界を変えてきた人たちの努力の跡を、少しでも多くの人に知ってもらいたいという思いで執筆した。

最後に、立場上ここに実名を記せないながら、多大なご協力を頂いた方々、貴重な研究成果の転載を許可して下さったうえ、数々の助言も下さった慶應の鈴木先生、法的なアドバイスをいただいた國松崇弁護士、多田猛弁護士、惜しげもなく気さくに球界事情を教えて下さった故・大坪先生、プロ野球記事の執筆機会を作ってくれた、東洋経済新報社の高橋志津子氏、山田泰弘氏、山田俊浩東洋経済オンライン編集長、そして本書の執筆機会を下さり、遅々として進まない執筆を我慢強く見守って下さった星海社の編集者今井雄紀氏に深く感謝したい。

伊藤歩

参考文献

◉書籍（表題50音順）

裏方ひとすじ〜清水芳一伝〜／裏方ひとすじ刊行委員会（バックステージカンパニー）

㈱シミズオクト誕生／清水卓治（バックステージカンパニー）

監督・選手が変わってもなぜ強い？／藤井純一（光文社新書）

球団格差／小川隆行＋格差検証委員会（リンダパブリッシャーズ）

空気のつくり方／池田純（幻冬舎）

黒子の流儀／春田真（ＫＡＤＯＫＡＷＡ）

このパ・リーグ球団の「野球以外」がすごい！／長谷川晶一（集英社）

Ｊリーグ再建計画／大東和美・村井満（日経プレミアシリーズ）

スポーツ応援文化の社会学／高橋豪仁（世界思想社）

スポーツの経済学／小林至（ＰＨＰ研究所）

生々流転飛鳥田一雄回想録／飛鳥田一雄（朝日新聞社）

地域活性化ジャーナル２０１４年３月号（新潟経営大学地域活性化研究所）

次の野球／横浜ＤｅＮＡベイスターズ（ポプラ社）
ならば私が黒字にしよう／髙塚猛（ダイヤモンド社）
日本プロ野球改造論／並木裕太（ディスカヴァー携書）
パ・リーグがプロ野球を変える／大坪正則（朝日新書）
ハロー！バックステージ／シミズオクト（バックステージカンパニー）
ハロー！バックステージⅡ／シミズオクト（バックステージカンパニー）
広島企業年鑑１９８４年版～２０１６年版（広島経済研究所）
プロジェクトＨ／竹森健太郎（朝日新聞社）
プロ野球12球団ファンクラブ全部に10年間入会してみた！／長谷川晶一（集英社）
プロ野球２・０／小島克典（扶桑社新書）
プロ野球「熱狂」の経営科学／水野誠・三浦麻子・稲水伸行（東京大学出版会）
プロ野球は崩壊する！／大坪正則（朝日新聞社）
ベンチャーリンク２００３年９月号「社長列伝」小林勝喜（ベンチャーリンク）
ホエールズ＆ベイスターズ60年の軌跡（ベースボール・マガジン社）
本質眼――楽天イーグルス黒字化の軌跡／島田亨（アメーバブックス）
マネー・ボール／マイケル・ルイス　中山宥＝訳（ランダムハウス講談社）
野球崩壊／広尾晃（イースト・プレス）

横浜スタジアム物語／山下誠通（神奈川新聞社）
4522敗の記憶／村瀬秀信（双葉文庫）
楽天三木谷浩史／溝上幸伸（ぱる出版）
楽天野球団のシークレット・マネージメント／島田亨（講談社）
りそなーれ2004年1月号「転機の決断」シャープ産業㈱（りそな総合研究所）

●DVD
ダグアウトの向こう2013／横浜DeNAベイスターズ
ダグアウトの向こう――今を生きるということ／横浜DeNAベイスターズ

その他、各球団、本拠地球場、本拠地球場所在地の自治体のウェブサイト、全国紙、スポーツ紙の記事を参考にさせていただきました。

ドケチな広島《ひろしま》、クレバーな日《にち》ハム、どこまでも特殊《とくしゅ》な巨人《きょじん》

球団経営《きゅうだんけいえい》がわかればプロ野球《やきゅう》がわかる

二〇一七年 二 月二四日 第 一 刷発行

著者 伊藤歩《いとうあゆみ》

©Ayumi Ito 2017

発行者 藤崎隆《ふじさきたかし》・太田克史《おおたかつし》

編集担当 今井雄紀《いまいゆうき》

発行所 株式会社星海社
〒一一二-〇〇一三
東京都文京区音羽一-一七-一四 音羽YKビル四階
電話 〇三-六九〇二-一七三〇
FAX 〇三-六九〇二-一七三一
http://www.seikaisha.co.jp/

発売元 株式会社講談社
〒一一二-八〇〇一
東京都文京区音羽二-一二-二一
（販売部）〇三-五三九五-五八一七
（業務部）〇三-五三九五-三六一五

印刷所 凸版印刷株式会社

製本所 株式会社国宝社

アートディレクター 吉岡秀典《よしおかひでのり》（セプテンバーカウボーイ）
デザイナー 山田知子《やまだともこ》（チコルズ）
フォントディレクター 紺野慎一《こんのしんいち》
本文図版 meyco《めいこ》
校閲 鷗来堂《おうらいどう》

●落丁本・乱丁本は購入書店名を明記のうえ、講談社業務あてにお送り下さい。送料負担にてお取り替え致します。なお、この本についてのお問い合わせは、星海社あてにお願い致します。●本書のコピー、スキャン、デジタル化等の無断複製は著作権法上での例外を除き禁じられています。●本書を代行業者等の第三者に依頼してスキャンやデジタル化することはたとえ個人や家庭内の利用でも著作権法違反です。●定価はカバーに表示してあります。

ISBN978-4-06-138610-5
Printed in Japan

星海社新書ラインナップ

83 大塚明夫の声優塾 大塚明夫

埋没するな！ 馬群に沈むぞ！

一夜限り、“本気”の人たちだけを集め行われた声優塾。大塚明夫本人が全国から集まった16人の生徒と対峙したその貴重な記録を一冊に凝縮した、実践的演技・役者論！

92 謝罪大国ニッポン 中川淳一郎

日本人は、なぜ 謝り続けるのか？

ネット編集者・ライター、PRマンとして数多くの謝罪を目撃し体験してきた筆者が、現代社会に渦巻く謝罪の輪廻の実情と原因を豊富な事例とともに検証・分析する！

99 アニメを3Dに！ 松浦裕暁

3DCGが、日本の アニメを変革する！

3DCGアニメのパイオニア「サンジゲン」の代表自らが筆を取り、3DCGが日本のアニメ業界にもたらした衝撃を熱弁。日本のものづくりが世界と戦うために必要なものがここにある！

SEIKAISHA SHINSHO

君は、ジセダイ
何と闘うか？

http://ji-sedai.jp/

「ジセダイ」は、20代以下の若者に向けた、**行動機会提案サイト**です。読む→考える→行動する。このサイクルを、困難な時代にあっても前向きに自分の人生を切り開いていこうとする次世代の人間に向けて提供し続けます。

メインコンテンツ

ジセダイイベント	著者に会える、同世代と話せるイベントを毎月開催中！　行動機会提案サイトの真骨頂です！
ジセダイ総研	若手専門家による、事実に基いた、論点の明確な読み物を。「議論の始点」を供給するシンクタンク設立！
星海社新書試し読み	既刊・新刊を含む、すべての星海社新書が試し読み可能！

Webで「ジセダイ」を検索!!!

行動せよ!!!

次世代による次世代のための

武器としての教養
星海社新書

星海社新書は、困難な時代にあっても前向きに自分の人生を切り開いていこうとする次世代の人間に向けて、ここに創刊いたします。本の力を思いきり信じて、みなさんと一緒に新しい時代の新しい価値観を創っていきたい。若い力で、世界を変えていきたいのです。

本には、その力があります。読者であるあなたが、そこから何かを読み取り、それを自らの血肉にすることができれば、一冊の本の存在によって、あなたの人生は一瞬にして変わってしまうでしょう。思考が変われば行動が変わり、行動が変われば生き方が変わります。著者をはじめ、本作りに関わる多くの人の想いがそのまま形となった、文化的遺伝子としての本には、大げさではなく、それだけの力が宿っていると思うのです。

沈下していく地盤の上で、他のみんなと一緒に身動きが取れないまま、大きな穴へと落ちていくのか？　それとも、重力に逆らって立ち上がり、前を向いて最前線で戦っていくことを選ぶのか？

星海社新書の目的は、戦うことを選んだ次世代の仲間たちに「武器としての教養」をくばることです。知的好奇心を満たすだけでなく、自らの力で未来を切り開いていくための〝武器〟としても使える知のかたちを、シリーズとしてまとめていきたいと思います。

2011年9月

星海社新書初代編集長　柿内芳文

SEIKAISHA SHINSHO